회개

죄에서 떠나
하나님께로
돌아가라

REPENTANCE
by Thomas Boston

Copyright ⓒ 2014 Korean by Word of Life Press,
Seoul Korea.
printed in Korea.

회개

ⓒ 생명의말씀사 2014

2014년 9월 25일 1판 1쇄 발행

펴낸이 | 김재권
펴낸곳 | 생명의말씀사

등록 | 1962. 1. 10. No.300-1962-1
주소 | 서울시 종로구 경희궁1길 5-9(110-062)
전화 | 02)738-6555(본사)·02)3159-7979(영업)
팩스 | 02)739-3824(본사)·080-022-8585(영업)

기획편집 | 구자섭, 이은정
디자인 | 김혜진
인쇄 | 영진문원
제본 | 정문바인텍

ISBN 978-89-04-16475-2 (03230)

저작권자의 허락없이 이 책의 일부 또는 전체를
무단 복제, 전재, 발췌하면 저작권법에 의해 처벌을 받습니다.

회개

REPENTANCE

죄에서 떠나
하나님께로
돌아가라

너희에게 이르노니 아니라
너희도 만일 회개하지 아니하면
다 이와 같이 망하리라
누가복음 13:5

목차
REPENTANCE

1 회개는 무엇인가

: 모든 이들을 향한 하나님의 강력한 경고

1. 회개의 필요성 — 13
: "너희가 만일 회개하지 아니하면"

모든 이들을 향한 경고
예수님의 선언
불행이 죄의 척도는 아니다
모든 재앙은 경고의 의미를 담고 있다
재앙은 우리의 회개를 촉구한다
회개란 무엇인가
회개는 영혼 안에서 어떻게 일어나는가
누가 참 회개자인가
믿는 영혼

2. 회개의 요소 — 59
: "죄를 뉘우치고 죄로부터 돌아서라"

- 죄를 뉘우치다
  죄의식
  슬픔
  수치심
  자기 혐오
  죄의 고백

- 죄를 버리고 하나님께로 돌아가라
  죄를 버리라
  하나님께로 돌아가라

2 지체하지 말고 회개하라

: 모든 이들을 향한 하나님의 기다림

3. 지체치 말고 회개하라 — 123
:"그 후에 심판이 있으리라"

변명하지 마라
회개해야 할 심각성
무엇이 회개를 방해하는가
어떻게 해야 회개할 수 있을까

4. 회개를 미루면 위험하다 — 161
:"좀 더 자자 좀 더 졸자"

파멸에 이르는 길
왜 죽으려고 하는가
회개를 미루는 젊은이들에게
회개를 미루는 중년들에게
회개를 미루는 노년들에게

5. 지체할 이유는 없다 — 201
:"예수여, 나를 기억하소서"

죄인들은 가장 좋은 것을 남용한다
두려워 떠는 죄인들을 위한 희망
회개한 강도
오직 한 강도만 회개했다
임종할 때의 회개

3 하나님의 인내를 남용하지 마라

: 모든 이들을 향한 하나님의 심판

6. 정죄의 심판 — 231
: "더디다고 생각하는 것같이 더딘 것이 아니다"

하나님은 죄인들에 대해 오래 참으신다
죄인들은 하나님의 인내를 남용한다
하늘의 법정에서 선고된 판결
어떻게 반응할 것인가

7. 연기된 형 집행 — 257
: "하루가 천 년 같고 천 년이 하루 같다"

두 가지 심판
그릇된 오해
하나님이 더디 징벌하시는 이유
하나님은 이 세상에서 자신의 원수들을 관대하게 대하신다
인간의 관점에서만 지체하는 것처럼 보일 뿐이다
신속한 심판과 더딘 심판이 둘 다 필요하다
가장 더딘 심판이 가장 확실할 것이다

8. 하나님의 인내를 남용하는 죄인들 — 303
: "멸망이 갑자기 그들에게 임하리라"

죄인들은 형벌의 지체를 어떻게 남용하는가
죄인들이 형벌의 지체를 남용하는 이유는 무엇인가
하나님의 인내를 시험하지 말라

9. 더디지만 확실한 형벌의 집행 — 317
: "선악 간에 모든 일을 심판하시리라"

흔들릴 수 없는 확신

1
REPENTANCE

회개는 무엇인가
: 모든 이들을 향한
  하나님의 강력한 경고

REPENTANCE
죄에서 떠나
하나님께로 돌아가라

1

REPENTANCE

회개의 필요성

: "너희가 만일 회개하지 아니하면"

너희에게 이르노니 아니라
너희도 만일 회개하지 아니하면
다 이와 같이 망하리라
누가복음 13:5

죄가 넘치고 강퍅한 마음이 만연한 오늘날의 현실을 생각할 때, 회개에 대한 교리는 참으로 필요하고도 적절한 가르침이다. 그래야만 타락한 영혼들을 불구덩이에서 건져낼 수도 있고, 아무도 변명하지 못하게 입을 막을 수도 있다.

마치 무슨 일이 있어도 죄를 짓기로 결심한 것처럼, 사람들은 이럴까 저럴까 망설이면서도 회개를 거부한다. 그러나 성경은 단도직입적으로 "너희에게 이르노니 아니라 너희도 만일 회개하지 아니하면 다 이와 같이 망하리라"라고 말씀한다.

1
모든 이들을 향한 경고

"너희에게 이르노니 아니라."

어떤 사람들이 로마 총독 빌라도가 군사들을 동원해 갈릴리 사람들을 죽여서 그 피를 제단 제물의 피에 섞은 참담한 사건을 예수님께 전했다. 그 사건을 접한 일부 군중들은 그들이 혹시 다른 사람들보다 훨씬 더 악한 죄인은 아니었는지 의심했다.

하지만 예수님은 그런 결론은 결코 옳지 않다고 말씀하셨다. 그리고 그들에게 예루살렘의 실로암 망대가 무너져 열여덟 사람이 깔려죽은 사건을 상기시켜주셨다. 예수님은 그들이 다른 사람들보다 더 악한 죄인이기 때문에 그런 일을 당한 것이 아니라고 말씀하셨다. 그리고 이어서 이렇게 말씀하신다.

"(그러나) 너희도 만일 회개하지 아니하면 다 이와 같이 망하리라."

이 두 사건을 올바로 이해하려면, 먼저 다른 사람들의 불행으로부터 무엇을 배워야 하는지를 생각해야 한다. 예수님은 우리에게 다른 사람들의 불행을 우리를 위한 본보기로 삼아 회개를 촉구하고 계신다.

이것이 "그러나"라는 접속사에 담겨 있는 의미다. (영어성경 NIV에는 '너희도 만일 회개하지 아니하면' 앞에 'but'이란 접속사가 사용되고 있다. 물론 헬라어 성경 원문에도 '그러나'라는 뜻의 '알라(ἀλλα)'라는 단어가 쓰여있다./역자 주)

―
예수님의 선언

주님은 우리에게 확실하고도 분명하게 선언하신다. 예수님의 선언에는 두 가지 내용이 함축되어 있다.

회개하지 않으면 멸망을 피할 수 없다

죄인들은 모든 것이 잘 될 것이라고 생각하고 자신의 길을 고집한다. 그러나 주님은 "스스로를 속이지 말라. 회개하지 않으면 구원받을 희망은 없다"라고 말씀하신다. 그 의미를 자세히 살펴보면 다음과 같다.

1. 그 확실성은 "회개하지 아니하면"이라는 말씀에 잘 드러나 있다. 이 말씀은 "회개하지 않으면, 겸손히 뉘우치는 마음으로 죄에서 돌이키지 않으면, 죄로 인해 마음이 강퍅해져 죄를 버리지 않고 죄의 길을 고집하면 멸망을 당할 수밖에 없다"라는 뜻이다.
2. 멸망이 확실하게 뒤따른다. 주님의 말씀에는 "갈릴리 사람들과 똑같은 방식으로 멸망하지는 않더라도 그들처럼 확실하게 멸망당할 것이다. 하나님의 심판이 너희에게 임해 영원히 멸망할 것이다"라는 뜻이 담겨 있다.
3. 멸망의 범위가 확실하게 정해졌다. "다 이와 같이 망하리라."

여기에서 멸망은 영원한 죽음을 의미한다. 일시적인 심판은 회개하지 않은 모든 사람에게 임하지 않지만, 영원한 심판은 아무도 예외를 두지 않는다. 회개하지 않은 죄인은 일시적인 심판은 피할 수 있을지 몰라도 영원한 심판은 절대 피할 수 없다.

4. 주님의 말씀은 단호하다. 두 가지 사실이 이를 입증한다.

1) "너희에게 이르노니"라는 엄숙한 표현이 마지막 구절에 다시 반복되었다. 주님이 직접 회개하지 않으면 멸망할 것이라고 말씀하셨다. 주님의 말씀에는 "지금까지 많은 사람으로부터 그런 말을 들어보았을 테지만 믿으려고 하지 않았다. 그러나 지금 내가 직접 말한다"라는 뜻이 담겨 있다. 예수님의 입에서 이런 말을 직접 듣는다면 죄인들은 크게 고민할지도 모른다. 계속 회개를 거부하면 그리스도의 보혈을 의지할 수 없고, 사망을 피할 수 없다는 사실을 깨달아야 한다.

2) 하나님의 손에 의해 몇몇 사람들에게 일시적으로 주어진 재앙과 모든 사람이 장차 당하게 될 징벌은 서로 밀접한 관계를 맺는다. 전자는 후자를 보증하는 증거다. "이와 같이"라는 문구에 이런 뜻이 담겨 있다.

회개하면 생명을 얻는다

그러나 주님은 회개하면 생명을 얻고, 회개하지 않으면 죽음을 당한다는 원리를 우리에게 말씀하신다. 지은 죄가 아무리 크더라도 회개하고 돌이키면 멸망하지 않는다. 이것은 죄인된 우리에게는 복된 소식이다.

불행이 죄의 척도는 아니다

세상에서 다른 사람들보다 불행을 더 많이 겪는다고 해서 다른 사람보다 더 큰 죄를 지은 죄인이라는 증거는 아니다. "너희에게 이르노니 아니라"라는 표현이 암시하는 대로 하나님은 본보기로 재앙을 내리실 때 종종 큰 죄인들을 즉각 벌하지 않으신다. 그렇다면 그런 섭리가 이루어지는 이유는 무엇일까?

"내 것을 가지고 내 뜻대로 할 것이 아니냐"(마 20:15)라는 말씀에서 알 수 있듯 사람들에게 하나님의 주권적인 능력과 절대적인 통치를 일깨워주기 위해서다. 처음부터 맹인으로 태어난 사람도 하나님이 그렇게 섭리하셨기 때문이다(요 9:3).

모든 사람은 누구나 인간이 당할 수 있는 가장 큰 불행을 당할 가능성을 지니고 있다. 따라서 누가 무슨 고통을 당하더라도 하나님은 아무 잘못이 없으시다. 왜냐하면 그분의 징벌은 그들이 당해야 할 죗값보다 훨씬 덜하기 때문이다.

하나님은 정의의 심판을 당해야 할 수많은 사람들 가운데서 일부만을 주권적으로 선택해 고통을 겪게 하시고, "하나님, 도대체 왜 이러시는 것입니까?"라고 부르짖게 만드신다.

우리는 하나님의 긍휼과 심판이 뒤섞인 시대를 살고 있다. 그렇지 않은 섭리는 모든 사람의 운명이 확실하게 결정될 내세에서 이루어진다. 하나님이 세상 사람들 가운데 일부를 본보기로 벌하시고, 나머지 사람들은 가만 놔두시는 것은 지극히 합당하다. 그 덕분에 모든 사람이 다윗처럼 "인자와 정의를 노래할 수 있게" 되었다(시 101:1). 이 세상에서는 다채로운 섭리가 이루어져 하나님의 놀라우신 지혜를 드러낸다.

일부 사람들에게 임한 하나님의 엄격한 재앙은 다른 사람들에게 베풀어지는 긍휼을 더욱 크게 돋보이게 만든다. 이는 흰색과 검은색을 대비하면 흰색이 더 희게 보이는 이치와 같다. 일부 사람들에게 임한 하나님의 엄격한 심판은 다른 사람들에게는 일종의 거울이 되어 그들 자신이 값없는 은혜와 긍휼에 얼마나 크게 의존하고 있는지를 깨우쳐준다.

사람들은 다른 사람들이 병들어 침상에서 고통스러워하는 모습을 보았을 때, 비로소 건강의 소중함을 확실하게 알게 된다. 또한 살아가는 데 필요한 여러가지 감각이나 지각 능력을 잃은 사람들의 딱하고 비참한 처지를 목격했을 때 비로소 그 소중함을 생생하게 깨닫는다. 따라서 하나님의 손길에 의해 불행을 당하거든 회개하며 감사해야 한다. 하나님이 긍휼이나 육신의 지체(팔다리)를 거두어 가시더라도 그것이 하나님의 긍휼을 더 높이는 계기가 되어 다른 사람들이 주님의 손길을 보게 된다면, 온전한 팔다리를 지니고 있을 때보다 하나님을 더욱 온전히 섬길 수 있다.

이처럼 세상에서 당하는 불행에는 큰 긍휼이 숨겨져 있다. 요셉의 경우가 대표적이다. 그에게는 다른 형제들과는 달리 참으로 놀라운 축복이 주어졌다. 욥의 시련도 영광스런 날이 밝기 전의 어두운 밤과 같았고, 야곱도 천사와 씨름을 한 증거로 탈골되어 절었지만 불완전한 그의 다리가 에서가 거느린 400명의 종자들보다 더 강했다.

이런 섭리가 필요한 이유는 우리에게 큰 심판의 날을 믿는 믿음을 일깨워주기 위해서다. 하나님은 일부 사람들을 특별히 징벌하시어 세상을 심판하는 주권자의 존재를 온 세상에 밝히 드러내신다. 하나님이 모든 사람을 징벌하지 않으시는 이유는 사람들에게 장차 올 심판을 확신시켜주시기 위해서다. 세상에서 아무런 징벌이 이루어지지 않으면 모두 무신론으로 기울 것이고, 모두가 징벌을 받는다면 하나님의 사랑과 긍휼은 의심을 받을 것이다.

남들보다 죄가 더 많은 사람들만 일시적으로 특별한 심판을 받는다고 생각해서, 다른 사람들이 당하는 재앙을 섣부르게 판단하지 않도록 주의해야 한다. 우리나 다른 사람들이 어떤 재앙을 당했다면 그것은 하나님이 보시기에 다 그럴 만한 이유가 있기 때문이다. 고라, 다단, 아비람의 경우처럼 하나님이 특별한 심판으로 특별한 죄를 다스리셨다면, 그 재앙이 죄 때문이라고 판단한다고 해도 사랑의 원칙에서 벗어나는 것은 아니다. 그러나 삶에서 특별한 죄가 발견되지 않는 사람들이 특별한 재앙을 당하는 경우에는 가혹한 비난을 삼가야 한다. 왜냐하면 어떤 사람들이 하나님의 섭리를 통해 특별한 재앙을 당하는 이유는 세상이 전혀 알지 못하거나 설혹 안다고 해도 그 진상을 파악하기 어려운 원인 때문일 수도 있기 때문이다.

따라서 다른 사람들은 하나님의 손길 아래 고통을 당하고 있는데, 우리 자신은 무사하다면 큰 은혜에 감사하며 그분의 긍휼을 높이 찬양해야 한다. 다른 사람들이 무슨 일을 당하든지 주님이 그럴 만하다고 생각해서 그런 일이 일어난 것이라면 우리도 얼마든지 똑같은 일을 당할 수 있다. "우리가 진멸되지 않은 이유는 그분의 인자와 긍휼이 무궁하시기 때문이다"(애 3:22).

모든 재앙은 경고의 의미를 담고 있다

"너희도 만일 회개하지 아니하면 다 이와 같이 망하리라."

사람들이 당하는 재앙은 회개하지 않은 죄인은 반드시 멸망할 것이라는 증거다.

누구에게 임하든 재앙은 하나님이 죄를 얼마나 미워하시는지를 잘 보여준다. "야곱이 탈취를 당하게 하신 자가 누구냐 이스라엘을 약탈자들에게 넘기신 자가 누구냐 여호와가 아니시냐 우리가 그에게 범죄하였도다 그들이 그의 길로 다니기를 원하지 아니하며 그의 교훈을 순종하지 아니하였도다"(사 42:24). 하나님은 자신의 피조물인 인간이 불행을 당하는 것을 기뻐하지 않으신다.

따라서 그분이 직접 손으로 빚어 만드신 인간을 엄히 징벌하신다면 그것은 그분이 죄를 극도로 미워하신다는 명백한 증거다. 하나님의 원수들만이 아니라 하나님의 백성들까지도 죄로 인해 고통을 당한다. 심지어는 사랑하시는 하나님의 아들께서도 인간의 죄를 대신 짊어지고 고통을 당하셨다. 그러니 회개하지 않은 죄인이 어떻게 징벌을 피할 수 있겠는가? 성경은 "푸른 나무에도 이같이 하거든 마른 나무에는 어떻게 되리요"(눅 23:31)라고 말씀한다.

재앙은 하나님의 의로우심을 여실히 보여준다. 하나님은 온 세상의 재판관이시다. 그분은 정의로우실 수밖에 없다. 사람에 따라 정의의 징벌이 더디게 이루어질 수는 있어도, 어떤 사람들은 징벌을 받고 어떤 사람들은 징벌을 영원히 면제받는 경우는 절대 없다. 하나님은 그런 불공평한 처사를 미워하신다. 바울 사도는 하나님이 성도를 괴롭히는 자들에게 보응하시는 것을 의로운 일이라고 말했다(살후 1:6).

고린도전서 10장 11, 12절에서 분명하게 알 수 있는 대로 죄의 길을 고집하다가 어떤 재앙을 당하든 거기에는 다른 사람들을 위한 경고의 의미가 담겨 있다. 다른 사람들의 본보기를 통해 깨닫지 못하는 사람들은 롯의 아내처럼 스스로가 직접 다른 사람들의 본보기가 될 수도 있다.

지혜로운 자는 깨달음을 얻을 테지만 회개하지 않은 죄인은 경고를 받아들이지 않고 죄를 계속 짓다가 멸망할 것이다. 처음에는 멀리 떨어져 있어 절대 다가오지 않을 것 같아 보이는 재앙이 종종 느닷없이 닥치곤 한다.

죄인들이 당하는 모든 재앙은 회개하지 않는 세상을 향해 장차 진노의 폭우가 쏟아질 것을 예고하는 전조. 믿음의 기쁨이 영원한 기쁨의 보증이고 가나안의 첫 열매가 온전한 추수를 암시하는 첫 징조인 것처럼, 세상에서 죄인에게 쏟아지는 하나님의 진노는 영원한 진노의 보증이요 지옥의 첫 열매다. 장차 동일한 성질의 불행이 남김없이 쏟아질 것이다.

세상에서 활개 치는 죄에 대해 하나님이 분노를 드러내심으로써 나타나는 모든 결과를 무관심하게 방관하지 말라. 우리도 결코 무관하지 않다.

"너희도 만일 회개하지 아니하면 다 이와 같이 망하리라"는 말씀대로 그런 재앙은 우리도 동일한 정죄를 당해야 마땅하다고 경고한다.

다른 사람들의 불행을 무관심하게 바라보는 사람들, 그것을 보고 아무런 교훈도 얻지 못하는 사람들이 얼마나 많은지 모른다. 강퍅하고 양심에 화인 맞은 사람들, 다른 사람들이 재앙을 당하는 것을 보고서도 깨달음이 없는 사람들은 결국 큰 재앙을 자초하게 될 것이다.

회개하지 않은 죄인들이여, 주님의 손길을 통해 주어진 수많은 재앙이 멸망을 확실히 보증하고 있는데 어떻게 죄를 고집하면서 심판을 모면할 수 있으리라 생각할 수 있는가? 하나님의 길을 멀리 하는 죄인은 회개하고 돌이킬 때까지 자신의 영혼을 볼모로 내주는 것과 같다.

회개하지 않으면 볼모로 내준 영혼을 되찾지 못하고 영원히 잃게 될 것이다. 하나님이 세상에서 사람들에게 쏟아내시는 분노는 회개하지 않은 자들에게 주어질 영원한 진노를 보증한다. 우리는 볼모로 내준 영혼을 부주의하게 다룰지 몰라도 하나님은 자신이 보증하신 것을 온전히 이루실 것이다. 그러므로 스스로의 행위를 돌아보고 회개하라.

—
재앙은 우리의 회개를 촉구한다

다른 사람들이 당하는 재앙은 우리의 회개를 촉구한다. 우리가 세상에서 목격하는 모든 재앙은 그런 의미를 담고 있다.

하나님은 직접 손을 펼쳐 죄인을 치지는 않으시지만 모두가 알 수 있는 방법으로 죄를 징벌하신다. 하나님은 죄를 엄격하게 다스리는 이유를 "온 이스라엘이 듣고 두려워하여 이 같은 악을 다시는 행하지 못하게 하기 위해서"라고 말씀하셨다.

하나님은 망령되이 행한 나답과 아비후를 불로 심판하셨고(레 10:2, 9), 신약시대 교회의 초창기에도 아나니아와 삽비라의 목숨을

1. 회개의 필요성 __ 23

갑작스레 거두시어 거짓의 죄를 다스리셨다. 이 모든 일이 만민에게 임할 심판을 경고하는 것이 아니면 무엇이겠는가?

우리는 그런 재앙을 보고 마음속에 죄악을 품는 것이 얼마나 위험천만한 일인지 깨달아야 한다. 우리 자신의 내면을 들여다보면 우리 안에 이스라엘의 하나님을 대적하는 죄가 도사리고 있는 것을 보게 될 것이다.

어떤 사람이 뱀을 손에 들고 있다가 물리는 것을 본다면 우리의 손에 들린 뱀을 신속히 내던져야 마땅하지 않겠는가? 그렇지 않으면 그와 똑같은 꼴을 당하지 않겠는가? 다른 사람들이 죄를 지어 잘못되는 것을 보면서도 그런 식으로 형통한 삶을 살기를 바라는 것이 과연 옳은 일일까?

사람들은 말씀을 통한 경고 외에 섭리를 통해 수없이 전달되는 회개의 경고를 들으면서도 아무런 뉘우침 없이 계속 죄를 짓는다.

오, 죄인들이여. 세상을 잘 살펴보고 얼마나 많은 사람이 죄로 인해 멸망했고, 또 여전히 멸망하고 있는지 생각해보라. 그런 사람들이 많은 만큼 죄에서 돌이켜 회개하라고 촉구하는 증거도 많다. 하나님을 향해 마음을 강퍅하게 하고서도 형통한 사람이 누가 있었는가? 자신은 그런 일반 원칙에서 벗어난 예외일 것이라고 생각하는가? 결코 그럴 수 없다. 수많은 사람이 "너희도 만일 회개하지 아니하면 다 이와 같이 망하리라"고 증언한다.

복음 아래서 회개하지 않으면 아무런 변명도 할 수 없다. 섭리를 통해 온 세상에 주어진 회개의 경고는 이방인들의 입을 막아 변명하지 못하게 하기에 충분하다(롬 1:20). 만일 우리가 회개하지 않는다면 말씀과 섭리를 통한 수많은 경고를 무시한 셈이니 무슨 변명이 통하겠는가?

죄인들은 그런 경고를 모두 외면한 채 정욕이 가득한 삶을 지속하려고 온갖 변명을 둘러댄다. 그러나 그런 변명은 하나님 앞에서 무화과나무 잎사귀로 수치를 가리려는 헛된 시도에 지나지 않는다. 주님의 손길을 통해 얼마나 많은 재앙으로 회개를 촉구해야 충분하겠는가?

> "그러므로 내가 가시로 그 길을 막으며 담을 쌓아 그로 그 길을 찾지 못하게 하리니 그가 그 사랑하는 자를 따라갈지라도 미치지 못하며 그들을 찾을지라도 만나지 못할 것이라 그제야 그가 이르기를 내가 본 남편에게로 돌아가리니 그 때의 내 형편이 지금보다 나았음이라 하리라"(호 2:6, 7).

요압의 보리밭을 불살랐던 압살롬의 계획은 하나님의 섭리에 의한 것이었다. 따라서 주님의 손길 아래 재앙을 당했는데도 회개하지 않고 마음을 강퍅하게 하면 더욱 비참한 결과를 맞이하게 된다. 우리가 당하는 모든 고난은 죄악의 길에서 돌이켜 재앙을 모면하라는 하늘의 명령이다.

이제 본문의 핵심 진리를 살펴보기로 하자. 성경은 "죄인들이여, 회개하지 않으면 멸망한다"라고 말씀한다.

"회개하지 않으면"은 예외를 인정하지 않는 절대 조건이다. 누구든지 죄인이라면 회개해야 한다. 그렇지 않으면 멸망한다. 모든 사람은 죄인이다. 모두 죄를 지은 탓에 하나님으로부터 멀어졌다. 회개해야만 하나님께 다시 돌아올 수 있다. 그렇지 않으면 영원히 멸망한다.

죄의 크고 작음에 상관없이 모든 죄인은 회개해야 한다. 그렇지 않으려면 차라리 태어나지 않은 것이 더 낫다.

1
회개란 무엇인가

회개는 구원 은혜를 의미한다. "거역하는 자를 온유함으로 훈계할지니 혹 하나님이 그들에게 회개함을 주사 진리를 알게 하실까 하며"(딤후 2:25).

회개는 하나님이 우리에게 값없이 베푸시는 은혜로서 우리의 영혼 안에 죄를 버리고 하나님께로 돌이킬 수 있는 능력과 성향을 부여한다. 회개는 사람을 위선자와 구별하는 구원 은혜로서 영원한 구원을 확실하게 보장한다.

지속적인 은혜

교황주의자들이나 일부 무지한 자들의 생각과는 달리, 회개는 잠깐 동안 죄를 후회하며 "하나님은 죄인인 제게 은혜로우십니다"라고 하며 일시적으로 죄를 인정하는 것에 그치지 않는다. 물론 그런 경우도 진정으로 죄를 뉘우치는 마음에서 우러나는 회개의 행위일 수 있지만, 회개는 일반적으로 일시적인 행위가 아닌 지속적인 은혜에 해당한다. 영혼의 계속적인 성향과 상태, 곧 마음 깊은 곳에서부터 죄를 슬퍼하며 돌이키려는 성향을 지속적으로 일깨우는 은혜의 원리가 곧 회개다.

영광에 이를 때까지 피를 흘리는 상처

회개는 일부 신자들이 생각하는 것과는 달리 신앙생활을 처음 시작할 당시에만 잠시 경험하는 과정이 아니다. 회개는 마음속에 있는 은혜, 곧 일평생 책임 있게 살아갈 수 있도록 이끄는 원동력이다.

회개는 죄를 슬퍼하는 눈물의 샘이다. 이 마음속의 샘은 때로 마음이 강퍅해지면 잠시 멈추기도 하지만 대개는 죄를 슬퍼하는 눈물을 줄곧 뿜어낸다. 회개를 천국에 가는 첫 번째 단계로 간주하는 사람, 처음 회개의 눈물을 흘렸을 때 주님이 자신을 받아주셨다고 생각하며 첫 관문을 통과했다고 안심하는 사람은 참으로 위험한 상태가 아닐 수 없다.

항상 회개하려고 애쓰지 않는 사람은 진정으로 회개했는지 지극히 의심스럽다. 모세가 광야에서 바위를 치자 그곳에서 물이 뿜어 나와 광야에 있는 동안 내내 흘러나왔던 것처럼, 처음 하나님께 회개할 때 죄의 슬픔으로 인해 상처가 난 마음에서는 계속 피가 흘러나오는 법이다. 그 피는 장차 천국에서 영광을 누리게 될 때까지는 결코 멈추지 않을 것이다(계 21:4).

이처럼 첫 번째 회개와 지속적인 회개는 서로 다른 종류의 회개가 아니다. 다만 차이가 있다면 전자는 죄인의 회개요 후자는 신자의 회개라는 것뿐이다. 이는 숫처녀와 같은 영혼으로 처음 그리스도를 사랑하고 나서도 계속 그분과 영적으로 혼인한 상태가 지속되는 이치, 혹은 믿음을 고백하고 난 뒤에 계속해서 행위가 뒤따르는 이치와 같다. 물론 밤새 길을 걸어온 여행자의 눈에 가장 반갑게 느껴지는 태양은 아침에 떠오르는 태양, 곧 그를 어둠에서 빛으로 인도하는 태양이다. 그러나 정오의 태양과 저녁의 태양도 오전의 태양과 조금도 다르지 않다. 처음의 회개와 지속적인 회개도 이와 마찬가지다.

특별한 은혜

회개는 일반 은혜가 아닌 특별 은혜다. 자연인도 양심의 가책과 마음의 고통을 느끼며 죄를 후회할 수 있다. 그들은 장차 지옥에서 영원토록 그런 심정을 느끼게 될 것이다. 영혼 속에서 처음 벌레가 꿈틀대기 시작한 것 같은 느낌은 결단코 사라지지 않는다. 가룟 유다의 회개는 마술사 시몬이나 바로의 회개와 비슷했다. 그들은 자신의 죄를 깊이 후회했지만 진정으로 회개하지 않았던 에서와 같았다.

돌 같은 마음은 수천 조각으로 깨져도 여전히 조각난 돌에 지나지 않는다. 그들은 죄를 피상적으로 슬퍼하고 즉시 경박한 기쁨에 도취된다. 그들의 마음은 깊은 속까지 찔림을 받지 못했기 때문에 바짝 마른 땅에 떨어진 소량의 빗방울처럼 그 기쁨도 신속히 사라진다(마 13:20, 21). 그러나 참 회개는 결코 다함이 없는 회개로 영혼 안에서 끊임없이 역사한다.

1

회개는 영혼 안에서 어떻게 일어나는가

회개가 영혼 안에서 어떻게 일어나는지 살펴보자. 다음 두 가지 질문을 생각하면 그 대답을 알 수 있다.

회개의 시작 : 성령님

누가 회개를 일으키는가? 누가 회개의 원인자인가? 바로 예수 그리스도의 거룩하게 하시는 영이시다.

"내가 다윗의 집과 예루살렘 주민에게 은총과 간구하는 심령을 부어 주리니 그들이 그 찌른 바 그를 바라보고 그를 위하여 애통하기를 독자를 위하여 애통하듯 하며 그를 위하여 통곡하기를 장자를 위하여 통곡하듯 하리로다"(슥 12:10).

때로는 극악한 죄인들도 진정으로 회개할 수 있다. 박해자 사울이 전도자 바울로 변화되었다. 세상은 그런 변화를 놀라워했다.

하나님의 은혜는 어떤 종류의 죄인들도 쉽게 변화시킬 수 있다. 세리와 창기들이 서기관과 바리새인들보다 앞서 천국에 들어간다.

이런 사실은 회개가 자연적인 일이 아닌 은혜의 사역, 곧 인간의 영이 아닌 그리스도의 영에 의해 이루어지는 사역임을 분명하게 보여준다.

"구스인이 그의 피부를, 표범이 그의 반점을 변하게 할 수 있느냐 할 수 있을진대 악에 익숙한 너희도 선을 행할 수 있으리라"(렘 13:23)라는 말씀이 이를 입증한다. "굳은 마음을 제거하고 부드러운 마음을 주는 것"(겔 36:26)은 주님의 사역이다.

회개는 높임받으신 중보자, 곧 성령을 보내시는 주님의 사역이다(행 5:31). 목회자들은 회개를 전할 수는 있지만, 다른 사람들은 고사하고 자기 자신의 회개도 스스로 일으킬 수 없다. 그들은 씨앗을 뿌릴 뿐, 자라게 하지는 못한다(고전 3:6, 7). 인간이 최선의 노력을 기울일 때 혹시 하나님이 회개를 허락하신다면 그것은 우연의 일치일 뿐이다. 우리의 무기가 강력하다면 그것은 하나님으로부터 비롯했기 때문이다.

회개의 수단 : 말씀

성령께서 회개를 일으키시는 수단은 무엇인가? 그것은 읽거나 전파되는 말씀이다. 말씀은 성령의 능력이 흘러나오는 통로다. 베데스다 연못이 천사가 물을 동하게 할 때 치유의 힘을 발휘했던 것처럼 말씀으로부터 마음을 찌르고, 녹이고, 부드럽게 하는 힘이 흘러나온다.

"그 중에 구브로와 구레네 몇 사람이 안디옥에 이르러 헬라인에게도 말하여 주 예수를 전파하니 주의 손이 그들과 함께하시매 수많은 사람들이 믿고 주께 돌아오더라"(행 11:20, 21).

무신론에 깊이 빠져 있던 한 사람은 그의 아버지가 혹시 읽을까 하여 그의 침실에 의도적으로 놓아둔 신약성경에서 요한일서를 읽고 회개했다.

아우구스티누스도 "낮에와 같이 단정히 행하고 방탕하거나 술 취하지 말며 음란하거나 호색하지 말며 다투거나 시기하지 말고 오직 주 예수 그리스도로 옷 입고 정욕을 위하여 육신의 일을 도모하지 말라"(롬 13:13, 14)라는 말씀을 읽고 회개했다. 또한 한 편의 설교를 듣고 3,000명이 회개한 일도 있었다(행 2장).

회개가 이루어지는 유형은 매우 다양하다. 주님은 영혼에 말씀을 깨우쳐주시어 하나님께로 인도하신다. 많은 사람이 개인적인 고난을 통해 회개에 이른다. 어떤 사람들은 다른 사람들이 재앙을 당하는 것을 보고 회개한다. 루터는 친한 동료가 갑작스레 죽는 것을 보고 스스로를 진지하게 돌아보기 시작했다. 아우구스티누스의 경우에는 "그것을 취하여 읽으라"는 음성을 들었다. 또한 한밤중 꿈을 통해 회개에 이른 경우도 있다.

그러나 이 모든 것은 적절한 회개의 수단이 아니다. 회개의 참

되고 온당한 수단은 말씀을 생각하게 만드는 것이다. 성령께서는 말씀을 수단으로 사용하신다.

말씀은 강퍅한 마음을 깨부순다

"여호와의 말씀이니라 내 말이……바위를 쳐서 부스러뜨리는 방망이 같지 아니하냐"(렘 23:29). 말씀은 마음속에 주님의 길을 예비하는 세례 요한과 같다. 말씀의 각 부분은 제각기 고유한 용도가 있다.

말씀의 계명은 죄를 깨우쳐준다. 바울 사도는 "율법으로 말미암지 않고는 내가 죄를 알지 못하였으니 곧 율법이 탐내지 말라 하지 아니하였더라면 내가 탐심을 알지 못하였으리라"(롬 7:7)라고 말했다.

말씀의 계명은 매우 방대하고 신령하기 그지없는 영혼의 거울이다. 죄인은 이 거울을 통해 자신의 더러운 얼굴과 죄와 부패한 본성과 회개해야 할 행위를 깨닫는다.

말씀의 경고는 심판을 상기시킨다. "무릇 율법 행위에 속한 자들은 저주 아래에 있나니 기록된 바 누구든지 율법 책에 기록된 대로 모든 일을 항상 행하지 아니하는 자는 저주 아래에 있는 자라 하였음이라"(갈 3:10).

말씀의 경고는 죄에 안주한 영혼을 붙잡고 흔들어 하나님의 심판을 향해 달려가고 있다는 사실을 일깨워줌으로써 죄악의 잠에서 놀라 깨어나게 만든다. 말씀은 현세와 내세에 미치는 죄의 위험성을 의식하게 만들어 새 사람이 되지 않으면 멸망할 것이라고 경고한다.

복음은 강퍅한 마음을 불처럼 녹인다

"여호와의 말씀이니라 내 말이 불 같지 아니하냐"(렘 23:29). 말씀은 강퍅한 마음을 굴복시켜 하나님을 향해 죄를 짓지 못하게 만든다.

> "내가 다윗의 집과 예루살렘 주민에게 은총과 간구하는 심령을 부어 주리니 그들이 그 찌른 바 그를 바라보고 그를 위하여 애통하기를 독자를 위하여 애통하듯 하며 그를 위하여 통곡하기를 장자를 위하여 통곡하듯 하리로다"(슥 12:10).

율법을 통해 경각심을 느낀 영혼은 은혜로운 복음에 이끌려 회개하기에 이른다. 율법은 양심과 감정에 무서운 동요를 일으키는 역할을 하고, 복음은 그리스도께서 들어오실 수 있도록 마음을 열고 뜻을 돌이키게 만드는 열쇠 같은 역할을 한다(갈 3:2). 율법이 주어지기 직전에는 강한 바람과 지진이 나타났지만, 복음의 소리는 세미하고 잔잔하며 그 안에 주님이 거하신다.

회개는 복음의 교리다. 성경은 회개를 의무로서 요구한다. 성경은 타락한 죄인에게 하나님께 돌아오라고 요구하면서 회개하는 자에게 긍휼의 희망을 제시하기보다 "율법 책에 기록된 모든 말씀대로 행하지 않는 사람은 저주를 받을 것이다"라고 끊임없이 외친다.

그러나 복음은 회개하는 자에게 기쁜 소식을 전하며 타락한 죄인이 어떻게 구원받을 수 있는지 보여준다. 구원의 희망이 없는 곳에서는 진정으로 하나님께 돌이키는 일도 있을 수 없다.

회개는 은혜 언약의 약속이다. "그 때에 너희가 너희 악한 길과 너희 좋지 못한 행위를 기억하고 너희 모든 죄악과 가증한 일로 말미암아 스스로 밉게 보리라"(겔 36:31). 이것은 하나님이 선택하신 자들, 곧 예수 그리스도의 죽음으로 구원받은 자들의 의무이자 특권이다. 이들은 그리스도의 높아지심 덕분에 그런 특권을 누리게 되었다. 이 특권은 은혜 언약의 축복 가운데 하나로서 세례를 통해 보증된다(막 1:4).

여기에서 설명한 내용을 한마디로 요약하면, 마음을 부드럽게 하고 심령을 녹여 죄에서 돌이켜 하나님께 나아가게 만드는 복음의 사역은 영혼 안에서 역사하시는 그리스도의 영에 의해 이루어진다는 것이다. 그리스도께서는 자신에게 한량없이 주어진 성결의 영을 선택받은 백성에게 부어주신다. 그분은 은혜로 죄를 좋아하는 마음을 녹여 죄를 버리고 거룩함을 좇게 하신다.

■ 적용

1. 겉으로 드러난 삶의 행위만을 바꾸는 것은 회개가 아니다. 삶의 행위를 바꾸는 것과 의지를 변화시켜 마음을 바꾸는 것은 서로 별개다. 전자는 자연적인 능력으로도 가능하지만 후자는 초자연적인 손길이 없으면 불가능하다. 전자는 사람을

회칠한 무덤처럼 보이게 만들고, 후자는 사람을 새로운 피조물로 거듭나게 한다.

2. 율법적인 회개는 진정한 회개가 아니다. 따라서 율법적인 회개에 그치면 바로와 가룟 유다처럼 멸망한다. 하나님의 진노를 두려워하며 초조하고 불안한 양심을 느끼지만 죄를 사랑하는 강퍅한 마음은 그대로 남는다. 타락한 영혼이 율법과 그 공포를 의식하면 마치 집을 청소할 때처럼 마음속에서 죄인을 질식시킬 듯한 자욱한 먼지가 일어난다. 먼지를 가라앉히는 물처럼 복음이 마음에 역사하지 않으면 결코 깨끗해질 수 없다. 죄인은 이따금 심한 번민을 느끼지만 그때만 지나면 다시 정욕이 불일 듯 일어난다.

3. 성령의 감동이 있는데도 그것을 의식하지 못하고 회개를 미루는 것은 어리석다. 아무 때라도 원하면 얼마든지 회개할 능력이 있기라도 한 것처럼 회개를 미루는 사람들이 많다. 인간은 바람과 조수를 통제할 수 없기 때문에 순조로운 기회가 주어졌을 때 서둘러 따르는 것이 좋다. 기회가 사라지면 더 이상 희망은 없다. 주님의 성령께서 진노하며 떠나지 않으시도록 조금도 지체하지 말라.

4. 회개는 성령의 사역이다. 회개하려면 누구를 의지해야 할

> 지 생각해보라. 죄악의 사슬을 끊고, 강퍅한 마음을 부드럽게 하고, 주님께로 돌이키게 만드는 성령의 은혜를 구해야 한다.

1

누가 참 회개자인가

누가 참 회개자인지, 곧 참 회개의 본질이 무엇인지 생각해보자. 참 회개자는 깨달음과 믿음을 지닌 사람을 가리킨다. 깨달음이 없는 죄인은 참 회개자가 될 수 없다. 왜냐하면 그의 눈은 보지 못하고 그의 마음은 애통해하지 않기 때문이다. 또한 믿음이 없는 마음은 죄를 후회할 뿐 그것에서 돌이키지 않는다.

확신이 있는 영혼

참 회개가 이루어지는 영혼은 깨달음이 있는 영혼이다. "그들의 소행과 악행과 자신들의 교만한 행위를 알게 하시고 그들의 귀를 열어 교훈을 듣게 하시며 명하여 죄악에서 돌이키게 하시나니"(욥 36:9, 10).

"그들이 이 말을 듣고 마음에 찔려 베드로와 다른 사도들에게 물어 이르되 형제들아 우리가 어찌할꼬 하거늘 베드로가 이르되 너희가 회개하여 각각 예수 그리스도의 이름으로 세례를 받고 죄 사함을 받으라 그리하면 성령의 선물을 받으리니"(행 2:37, 38).

창조의 첫 번째 사역은 빛의 창조였다. 그와 마찬가지로 새로운 피조물을 만드는 첫 번째 사역은 새로운 빛을 비춰 죄를 깨닫게 하는 것이다.

하나님은 사탄이 그의 일을 마친 곳에서 자신의 사역을 시작하신다. 사탄은 우리의 영혼을 정욕의 품에 안겨 잠들게 만들고, 모든 창문과 커튼을 닫아 지옥에서 깨어날 때까지 깊은 잠에 빠지도록 유도한다. 그러나 주님의 성령께서는 깨우침의 사역을 통해 모든 창문과 커튼을 활짝 열어 젖혀 (항상은 아니지만 대개는) 놀라 깨어나게 하신다.

깨우침의 사역은 어떻게 이루어지는가

죄인의 마음속에 법정을 세우는 것을 통해 이루어진다. 인간이 자기 밖으로 뛰쳐나가지 못하는 한, 그 법정을 회피할 수 없다. 재판을 중단하도록 재판관을 설득시키지 못한다면 그곳에 머물러 심문에 응하는 것 밖에는 별 도리가 없다. 이런저런 변명을 둘러대 스스로의 양심을 묵살시켜 멸망을 자초하는 사람들이 많다.

주님의 성령께서는 이 법정 안에서 잠든 양심을 깨워 재판관의 자리에 앉히시고 인간이 스스로를 심판하게 만드신다. "그가 와서 죄에 대하여, 의에 대하여, 심판에 대하여 세상을 책망하시리라"(요 16:8).

성령의 책망이 주어지면 죄인은 전에 게으름뱅이의 정원처럼 소홀하게 방치했던 자신의 마음과 삶을 살피고 시험하기 시작한다. 마음속 구석구석 샅샅이 파헤쳐지고 은밀한 일들이 환하게 드러난다.

인간은 율법에 의해 죄인으로 단죄된다. 인간의 본성과 마음과 삶을 거룩한 율법에 비춰보면 죄인이요 범법자라는 사실이 명확하게 드러난다.

이런 이유로 바울 사도는 "전에 율법을 깨닫지 못했을 때에는 내가 살았더니 계명이 이르매 죄는 살아나고 나는 죽었도다"(롬 7:9)라고 말했다.

율법은 죄인의 눈앞에 들린 거울이다. 그는 그곳에서 자신의 결함을 발견한다. 그의 양심은 스스로를 단죄하는 수천 명의 증인과도 같다. 그는 자신의 죄를 부인할 수 없다. 그 결과 그의 입은 굳게 닫히고 마침내 죄가 분명하게 드러난다(롬 3:19).

인간은 양심의 심판과 단죄를 받는다. 양심은 율법에 따라 인간에게 영원한 죽음을 당해야 할 죄책이 있다고 선고한다. "기록된 바 누구든지 율법 책에 기록된 대로 모든 일을 항상 행하지 아니하는 자는 저주 아래에 있는 자라 하였음이라"(갈 3:10). 따라서 인간은 자신을 단죄하는 율법의 선고에 의해 스스로가 죄인이라는 사실을 분명하게 깨닫는다.

이런 깨우침은 어떤 결과를 가져오는가

고통스런 죄의식을 일깨운다. 죄를 보게 됨으로써 마음이 영향을 받는다(롬 7:9). 아픈 곳이 찔림을 당하니 전에 보지 못했던 죄를 보게 되고, 그것을 본 눈이 마음을 움직인다. 이는 집안에 햇빛이 들어오면 전에 보이지 않던 먼지가 발견되는 이치와 같다. 전에 가볍게 느껴지던 죄가 이제는 감당하기 어려울 정도로 무겁게 느껴진다. 혼수상태에서 막 깨어나 상처의 고통을 느끼는 사람과 같은 상태가 된다.

죄는 정신을 짓누르고, 등을 휘어지게 만들며, 머리를 무겁게 짓누른다. 죄인은 스스로 그 무거운 짐을 떨쳐낼 수가 없다. 이것이 성경이 그리스도께 나오는 죄인을 무거운 짐을 짊어진 사람에 빗대는 이유다. "네 짐을 여호와께 맡기라 그가 너를 붙드시고"(시 55:22). "너는 말씀을 가지고 여호와께로 돌아와서 아뢰기를 모든 불의를 제거하시고"(호 14:2. 히브리어 원문은 짐 같은 불의를 제거해달라는 뜻이다).

마음에 두려움을 불러일으킨다. "여호와여 그들을 두렵게 하시며 이방 나라들이 자기는 인생일 뿐인 줄 알게 하소서"(시 9:20). 빌립보 감옥의 간수는 죄를 깨닫고 두려워 엎드렸다(행 16:29). 사람을 조금도 두려워하지 않는 강인한 마음의 소유자였지만, 하나님께 대한 두려움이 너무나 커 도무지 감당할 수 없었기 때문이다. 전에는 자신의 위험을 의식하지 못했기 때문에 두려움을 느끼지 못했지만 이제 눈이 열리고 나니 '사방의 온통 두려움'이라는 뜻의 "마골밋사빕"(렘 20:3)이 되었다. 죄를 깨닫고 연약해진 마음이 양심을 향해 불 같은 율법의 칼을 휘두르시는 하나님의 진노 앞에서 어떻게 굳건히 버틸 수 있겠는가?

깊은 죄책감을 느끼게 한다. "그들이 이 말을 듣고 마음에 찔려"(행 2:37). 심장을 화살처럼 뚫고 지나가는 슬픔이 느껴진다. "사람의 심령은 그의 병을 능히 이기려니와 심령이 상하면 그것을 누가 일으키겠느냐"(잠 18:14).

자신의 영혼을 지금까지 죽음으로 몰아넣었다는 사실을 깨닫고 스스로의 죽어버린 심령을 깊이 애도한다. 자신의 영혼이 살았다고 생각했지만 실제로는 죽어 있는 상태라는 것을 의식하는 순간, 슬픔은 더욱더 커진다. 스스로가 행한 일을 돌아보고 짐승처럼 어리석게 행동했다고 자책한다. 그러나 죄책감으로 인해 마음이 갈래갈래 찢기는 슬픔을 느낄 뿐 죄를 떼어 내버리지는 못한다. 그런 슬픔은 순전히 자기 중심적이다. 하나님이 없이는 스스로가 행복할 수 없다는 사실을 알고, 또 하나님의 진노와 저주 아래 영원히 멸망할 수밖에 없는 운명이라는 것을 알지만, 그분과의 관계는 여전히 단절되어 있는 상태다.

극심한 불안을 느끼게 한다. 극심한 불안은 그런 상태에서 벗어날 수 있는 길로 안내한다. "그들이 이 말을 듣고……우리가 어찌할꼬 하거늘"(행 2:37). 불안해하는 영혼 안에서 두려움과 희망이 수차례 교차한다.

물고기 뱃속에 있던 요나처럼 희망과 절망을 번갈아 느낀다. "내가 말하기를 내가 주의 목전에서 쫓겨났을지라도 다시 주의 성전을 바라보겠다 하였나이다"(욘 2:4). 죄책감이 일면 아무리 부주의한 사람이라도 근심에 사로잡히게 되고, 전에는 소홀히 여겨 진지하게 생각하지 않았던 구원을 깊이 생각하기에 이른다. 물에 빠진 사람이 목숨을 건지는 것 외에는 아무 생각이 없는 것처럼 오로지 구원을 염려하는 생각뿐이다.

■ 적용

1. 깨우침이 없는 죄인은 회개하지 않은 죄인이다. 일평생 영혼의 상태에 무관심한 채 편안하고 한가롭게 살아온 노인들과 청년들은 귀를 기울여야 한다. 마귀가 회개하지 않은 자연 상태의 요람에 그들을 뉘어놓고 흔들고 있고, 그들은 그 안에서 깊은 잠에 빠져 있다. 그러나 장차 때가 되면 잠에서 깨어나 회개하거나 때를 놓쳐 더 이상 회개할 기회를 얻지 못하거나 하는 운명에 처할 것이다.
"너희도 만일 회개하지 아니하면 다 이와 같이 망하리라"(눅 13:5). 이 가엾은 죄인들은 아직 회개에 이르는 길에 들어서지 못한 상태다. 그들의 상처는 아직 찔림을 당하지 못했다. 회개를 통해 상처의 더러운 것들이 아직 제거되지 않은 상태다.

2. 죄책감과 양심의 가책을 회개와 혼동해서는 안 된다. 그것만으로는 회개할 수 없다. 이것은 매우 필요한 일이지만 아직

은 풋익은 열매와도 같은 상태다. 이 열매가 마음에서 일어나는 복음의 사역을 통해 완전히 무르익어 복음의 영향력이라는 따뜻한 햇살을 통해 온전해져야만 비로소 회개했다고 말할 수 있다. 또는 이것은 열매 전에 나타나는 꽃잎과 같다. 이것은 열매와는 다르다. 꽃잎만 떨어지고 열매가 맺히지 않는 경우가 종종 있다. 지금까지 회개하지 않은 채 많은 세월을 살아온 사람들이 많다. 둘째 사망의 첫 열매를 새 탄생의 고통으로 착각하는 사람들이 적지 않다.

따라서 스스로에게 그런 열매가 있다고 생각하거든 그것이 어떤 결과를 가져오는지 신중하게 살펴야 한다. 그것 자체만으로는 충분하지 않다. 그것으로부터 올바른 결과가 나타나야 한다. 질병을 잘못 치료한 탓에 다른 병을 유발시켜 많은 사람을 치명적인 상태로 몰아넣는 경우가 허다하다. 죄책감과 양심의 가책을 느꼈다면 다음 세 가지 결과가 나타나야 한다.

첫째는 자기 부정, 곧 스스로를 부인하고 칭의와 성화를 갈망하는 것이다. "에브라임이 스스로 탄식함을 내가 분명히 들었노니 주께서 나를 징벌하시매 멍에에 익숙하지 못한 송아지 같은 내가 징벌을 받았나이다 주는 나의 하나님 여호와이시니 나를 이끌어 돌이키소서 그리하시면 내가 돌아오겠나이다 내가 돌이킨 후에 뉘우쳤고 내가 교훈을 받은 후에 내 볼기를 쳤사오니 이는 어렸을 때의 치욕을 지므로 부끄럽고 욕됨이니이다 하도다"(렘 31:18, 19). 자기 부정에 이른 죄인은 죄의 사악함과 본성의 부패함을 깨닫고 스스로의 힘으로는 그런 문제를 극복할 수 없다는 것을 알고 자기에게서 벗어난다.

둘째는 믿음, 곧 그리스도께 나와 칭의와 성화를 구하는 것이다. "내게 대한 어떤 자의 말에 공의와 힘은 여호와께만 있나니"(사 45:24). 스스로의 무력함을 깨달은 영혼은 주님 앞에 나와 부족한 것을 구하고 그분의 보혈과 성령을 의지한다. "이같이 율법이 우리를 그리스도께로 인도하는 초등교사가 되어 우리로 하여금 믿음으로 말미암아 의롭다 함을 얻게 하려 함이라"(갈 3:24, 렘 3:22, 23).

셋째는 회개, 은혜로우신 하나님을 거스른 죄를 진정으로 뉘우치고 그분을 마음으로 깊이 사랑하는 것이다. 정의의 보좌 앞에서 스스로의 죄와 비참함을 애통하게 여기던 영혼이 그곳에서 다시 은혜의 보좌 앞에 나아가 지극히 은혜로우신 아버지께 죄를 지은 것을 슬퍼하기에 이른다.

3. 죄책감과 양심의 가책을 옳게 느낀 사람은 자기 부정, 믿음, 회개 세 가지 단계를 거친다. 그러나 한동안 이리저리 고민하다가 본래의 상태로 되돌아가는 사람들이 많다.

4. 어떤 사람들은 형식적이거나 율법적인 행위 변화에 그친다.

"경건의 모양은 있으나 경건의 능력은 부인하니"(딤후 3:5). 이들은 지난날의 행위만 바꿀 뿐 마음의 상태는 그대로다. 이들은 신앙의 의무를 이행하지만 그것으로 만족하고 그리스도께 나오지 않는다. 예전처럼 행동하지는 않지만 자아에서 시작해 자아로 끝나는 과거의 행동 원리를 따른다.

행위를 바꾸지만 여전히 옛 주인을 섬긴다. 믿음을 고백하고 의무를 이행하면서도 그리스도께 진정으로 나오지 않는 사람들이 적지 않다.

5. 어떤 사람들은 이전의 안일함에 여전히 머물러 있다. 이들은 내적으로나 외적으로나 조금도 나아진 것이 없다. 한차례 열병을 앓고 난 사람처럼 잠시 양심의 가책을 느끼다가 다시 옛 삶의 방식으로 되돌아간다. 바울에게 "지금은 가라 내가 틈이 있으면 너를 부르리라"(행 24:25)라고 말했던 벨릭스가 대표적인 경우다.

6. 어떤 사람들은 더욱 부패한 길로 치우친다. 이들의 형편은 처음보다 더 못하다. "더러운 귀신이 사람에게서 나갔을 때에 물 없는 곳으로 다니며 쉬기를 구하되 쉴 곳을 얻지 못하고 이에 이르되 내가 나온 내 집으로 돌아가리라 하고 와 보니 그 집이 비고 청소되고 수리되었거늘 이에 가서 저보다 더 악한 귀신 일곱을 데리고 들어가서 거하니 그 사람의 나

> 중 형편이 전보다 더욱 심하게 되느니라"(마 12:43-45). 그들의
> 정욕은 잠시 주춤했다가 전보다 더 활기차게 발동한다.

믿는 영혼

회개한 영혼은 곧 믿는 영혼이다. 믿음은 회개의 원천이자 근원이다. 믿음과 회개의 은혜는 시간상으로는 동시에 발생하지만 순서상으로는 믿음이 회개에 앞선다. 즉 믿음의 행위가 회개의 행위에 선행한다. 회개하려면 먼저 그리스도를 믿어야 한다. 그렇게 가르치지 않는 사람들이 더러 있지만, 이것은 분명한 사실이다.

믿음이 먼저다

믿음은 모든 것을 선도하는 은혜요, 되살아난 영혼의 첫 숨결이다. "믿음이 없이는 하나님을 기쁘시게 하지 못하나니"(히 11:6). 따라서 믿음은 하나님을 기쁘시게 하는 것이기 때문에 회개하지 않은 상태로 절대 머물 수 없다. 주님은 "나를 떠나서는 너희가 아무 것도 할 수 없음이라"(요 15:5)라고 말씀하셨다. 이 말씀대로 믿음의 영으로 주님과 하나로 연합하지 않으면 회개할 수 없기 때문에 하나님께 인정받을 수 없다.

믿음은 회개로 이끈다

믿음은 회개로 이끄는 은혜다. "그들이 그 찌른 바 그를 바라보고 그를 위하여 애통하기를 독자를 위하여 애통하듯 하며"(슥 12:10). 이 진리가 "수많은 사람들이 믿고 주께 돌아오더라"(행 11:21)라는 말씀에 잘 나타나 있다. 회개가 경건한 슬픔의 눈물을 흘려 영혼을 비우는 것이라면 마음속에서 그런 눈물을 흘리게 만드는 것은 곧 믿음이다. 믿음의 눈은 그리스도 안에 나타나신 하나님을 바라보고, 회개를 통해 그분께로 돌이킨다.

성경은 동기를 부여한다

성경은 회개의 동기를 부여하기 위해 믿음의 대상과 은혜의 약속을 제시한다. 영혼은 그런 것을 발견해 믿음으로 받아들여 회개에 이른다.

"배역한 자식들아 돌아오라 나는 너희 남편임이라"(렘 3:14). "배역한 자식들아 돌아오라 내가 너희의 배역함을 고치리라"(렘 3:22). "여호와의 말씀에 너희는 이제라도 금식하고 울며 애통하고 마음을 다하여 내게로 돌아오라 하셨나니 너희는 옷을 찢지 말고 마음을 찢고 너희 하나님 여호와께로 돌아올지어다 그는 은혜로우시며 자비로우시며 노하기를 더디하시며 인애가 크시사 뜻을 돌이켜 재앙을 내리지 아니하시나니"(욜 2:12, 13). "오라 우리가 여호와께로 돌아가자 여호와께서 우리를 찢으셨으나 도로 낫게 하실 것이요 우리를 치셨으나 싸매어 주실 것임이라"(호 6:1). "이스라엘아 네 하나님 여호와께로 돌아오라 네가 불의함으로 엎드러졌느니라"(호 14:1).

시내 산에서 큰 두려움과 함께 선포된 율법의 서두에도 "나는 네 하나님 여호와이니라"라는 은혜의 말씀, 곧 믿음이 가장 먼저 의지해야 할 복음으로 주어졌다. 회개에 관한 신약성경의 말씀 역시 죄인들에게 "회개하라 천국이 가까이 왔느니라"라고 동기를 부여한다(마 3:2, 4:17).

그리스도 없이는 회개할 수 없다

회개의 본질은 이 점을 분명하게 가르친다. 회개란 진심으로 죄를 버리고 하나님께로 돌이키는 것이다. 그러나 그리스도를 통하지 않고 하나님께로 돌이키는 것이 가능하겠는가? 그리스도께서는 "내가 곧 길이요 진리요 생명이니 나로 말미암지 않고는 아버지께로 올 자가 없느니라"(요 14:6)라고 말씀하셨다. 믿음 외에 그리스도께 나올 다른 방도가 존재할까? 회개하고 하나님께로 돌이키기를 원하는 영혼은 믿음으로 그리스도를 붙잡아야 한다.

이스라엘 백성은 회개의 눈물을 흘리며 이방 아내를 버려야 했다. 스가냐는 "우리가 우리 하나님께 범죄하여 이 땅 이방 여자를 맞이하여 아내로 삼았으나 이스라엘에게 아직도 소망이 있나니"(스 10:2)라고 부르짖었다. "갇혀 있으나 소망을 품은 자들아 너희는 요새로 돌아올지니라"(슥 9:12)라는 말씀대로 그들은 두려움에 사로잡힌 처지였으나 돌아올 희망이 있었다. 회개는 겸손히 죄를 애통해

하는 것이다. 믿음 없는 마음은 율법의 공포 아래서 요동칠 수밖에 없다. 오직 복음의 영향력 아래서만 죄를 뉘우칠 수 있다.

성경이 때로 회개를 가장 먼저 앞세우는 이유는 무엇일까

마가복음 1장 15절은 믿음보다 회개를 앞세운다. 성경은 본문을 비롯해 사도행전 2장 38절과 3장 19절과 같은 말씀을 통해 때로 자연인에게 회개를 구원의 길로 제시한다.

회개가 구원에 절대적으로 필요한 것은 분명하다. 회개하지 않은 사람은 믿음을 원하지 않는다. 왜냐하면 둘은 서로 분리될 수 없기 때문이다. 거룩함이 믿음에 선행하지 않는 것처럼 회개도 믿음에 선행하지 않는다.

회개는 목적이고 믿음은 그 목적을 이루는 수단이다. 따라서 회개를 먼저 언급하고 믿음을 나중에 언급한 순서는 조금도 이상하지 않다. 인간의 의도는 목적을 먼저 떠올리고, 그것을 실천할 때는 방법을 먼저 내세우는 경향이 있기 때문이다(막 1:15). 그리스도께서는 죄인들에게 회개하라고 명령하셨다. 그리고 회개하기 위해서는 믿어야 한다고 말씀하셨다.

사도행전 2장 38절의 회개하라는 명령에도 믿음이 함축되어 있다. "믿는 사람이 다 함께 있어"라는 44절의 말씀은 회개의 결과를 언급한다. 사도행전 3장 19절의 "회개하고"에도 그런 의미가 함축되어 있다. "형제들아 너희는 삼가 혹 너희 중에 누가 믿지 아니하는 악한 마음을 품고 살아 계신 하나님에게서 떨어질까 조심할 것이요"(히 3:12)라는 말씀을 참조하라.

회개가 목적이고 믿음이 수단이라는 점을 강조하기 위해 이런 어법을 사용하는 이유는 "하나님께 대한 회개와 우리 주 예수 그리스도께 대한 믿음을 증언하기" 위해서다. 성경을 이와 다른 의미로 이해한다면 그리스도께서 성부 하나님께 나가는 길이라는 근본 진리가 무너진다. 세례 요한은 사람들에게 회개를 전했다(막 1:4). 그는 그들을 누구에게로 인도했는가? 그 대답은 "요한이 회개의 세례를 베풀며 백성에게 말하되 내 뒤에 오시는 이를 믿으라 하였으니 이는 곧 예수라 하거늘"(행 19:4)이라는 말씀에 있다.

■ 적용

1. 그리스도께서 완전한 회개의 증거를 가지고 있는 사람 외에는 그 어떤 사람도 받아주시지 않는다는 교리는 복음의 진리가 아니다. "성령과 신부가 말씀하시기를 오라 하시는도다 듣는 자도 오라 할 것이요 목마른 자도 올 것이요 또 원하는 자는 값없이 생명수를 받으라 하시더라"(계 22:17).

이 교리의 해악은 죄인이 회개하기 위해 믿음으로 그리스도께 나아가기보다 스스로의 마음속으로부터 회개를 만들어 내 그분께 가지고 나아가도록 유도한다는 데 있다. 이 교리는 진정으로 회개했다는 확신이 들 때까지 그리스도께 선뜻 나오지 못하도록 죄인을 가로막는 역할을 한다.

죄인이 회개했다는 증거를 지녔다고 확신할 때까지 기다린다면, 어떻게 그리스도께 나올 수 있겠는가? 만일 그리스도께서 진정으로 회개했다는 증거가 있는 사람만을 받아주신다면 그 외의 사람들은 아무도 오라는 초청을 받지 못하게 되는 셈이다.

초청받은 사람들은 오면 환영받을 테지만 초청받지 못한 사람들은 그럴 수 없기 때문에 결국 회개하지 않은 죄인은 그리스도 앞에 나올 의무가 없어지는 셈이다. 왜냐하면 초청받은 사람 외에는 아무도 나올 의무가 없기 때문이다. "율법이 없는 곳에는 범법도 없느니라"(롬 4:15). 이 단계는 아직 믿음으로 그리스도 안에 거하지 않은 상태다. 이 단계를 넘어서야만 참 신자가 된다.

2. 죄인이 더욱 겸손해지고 더욱 철저히 죄를 뉘우쳐야만, 그리스도를 영접하기에 좀 더 적합한 상태가 되어야만 비로소 믿을 수 있다는 생각은 잘못된 가르침이며, 성경적인 가르침이 아니다. 그런 교리는 영혼을 해산의 고통만 잔뜩 느끼다가 결국에는 그 상태로 죽게 만드는 결과를 낳을 뿐이다. 성경이 가르치는 교리는 전혀 다르다.

"볼지어다 내가 문 밖에 서서 두드리노니 누구든지 내 음성을 듣고 문을 열면 내가 그에게로 들어가 그와 더불어 먹고 그는 나와 더불어 먹으리라"(계 3:20). "오호라 너희 모든 목마른 자들아 물로 나아오라 돈 없는 자도 오라 너희는 와서 사 먹되 돈 없이, 값없이 와서 포도주와 젖을 사라"(사 55:1).

이것이 죄인이 할 수 있고, 해야 하고, 또 하게 될 일이다. 물론 그리스도의 필요성을 더욱 절실히 느끼지 못하면 그분께 나오지 못할 사람이 많은 것은 사실이다. 그러나 복음을 듣는 자는 스스로의 상태가 어떻든 간에 올 수 있고, 또 와야 한다. 오지 않는 자는 오지 않는 것 때문에 정죄된다. 따라서 그런 유혹을 느끼는 죄인들은 스스로를 물에 빠져 죽어가는 사람처럼 생각하는 것이 바람직하다. 구조의 밧줄을 붙잡기를 거부한다면 물살에 휩쓸려 죽고 말 것이다. 따라서 밧줄을 붙잡을지 말지 망설이지 말고 서둘러 붙잡아야 한다.

3. 이런 사실은 완고한 마음을 다루는 방법, 곧 마음을 부드럽게 만들어 진정한 회개로 인도하는 참된 방법이 무엇인지를 알려준다. 그것은 바로 믿음이다. 우리는 먼저 높이 날아올랐다가 먹이를 낚아채려 하강하는 새처럼 행동해야 한다. 처음에는 믿음으로 높이 고양되었다가 그 다음에는 참된 겸손으로 낮아져야 한다.

"그들이 그 찌른 바 그를 바라보고 그를 위하여 애통하기를"(슥 12:10).

강퍅한 마음 때문에 오랫동안 어려움을 겪을 수도 있다. 불신앙은 물이 딱딱하게 얼어붙는 것처럼 영혼을 굳어지게 만든다. 죄인의 마음을 향해 죄 사함을 믿으라는 복음이 선포

되어 오라고 초청할 때 하나님께 대해 강퍅한 생각을 품으면 영혼은 그분으로부터 더욱 멀어지게 된다.

4. 샘에 물이 가득할수록 시냇물이 더욱 힘차게 흐르는 것처럼 믿음이 클수록 회개도 더 깊다. "네 믿음대로 될지어다"는 은혜의 규칙이다. 믿음은 다른 모든 은혜를 공급하는 원천이다. 믿음이라는 통로를 통해 은혜의 원천으로부터 은혜가 영혼에게로 흘러나간다. 따라서 믿음이 없으면 모든 것이 불가능하고, 믿음이 힘차면 나머지도 모두 그렇다.

5. 회개하기 위해 믿음으로 행하려면 어떻게 해야 할까?
무슨 죄를 지었든지 그리스도 예수 안에서 하나님과 화목할 수 있다고 굳게 믿어라. 죄에서 벗어날 수 있는 길에 도달할 수만 있다면 희망을 가질 수 있다. 성경은 이렇게 말씀한다. "여호와께서 말씀하시되 오라 우리가 서로 변론하자 너희의 죄가 주홍 같을지라도 눈과 같이 희어질 것이요 진홍같이 붉을지라도 양털같이 희게 되리라"(사 1:18). "주 여호와의 말씀이니라 내가 어찌 악인이 죽는 것을 조금인들 기뻐하랴 그가 돌이켜 그 길에서 떠나 사는 것을 어찌 기뻐하지 아니하겠느냐"(겔 18:23).

이런 말씀은 영혼의 행복을 추구하려는 노력을 독려한다. 사탄은 온갖 수단과 방법을 동원해 회개를 방해하려고 말씀을 의심하게 만든다. 그는 "하나님이 너 같은 죄인을 사랑하신다고 생각하느냐?"라고 말한다. 그러나 주님의 말씀은 다르다. 그분은 "내가 그들의 반역을 고치고 기쁘게 그들을 사랑하리니 나의 진노가 그에게서 떠났음이니라"(호 14:4)라고 말씀하신다.

또한 사탄은 "너는 선택받지 못했다. 너는 멸망을 위해 지으심을 받았다"라고 말한다. 그러나 "감추어진 일은 우리 하나님 여호와께 속하였거니와 나타난 일은 영원히 우리와 우리 자손에게 속하였나니"(신 29:29)라는 말씀대로 하나님은 누구에게도 은밀한 작정을 알리지 않으신다. 사탄이 이 모든 말을 하는 이유는 우리를 부주의하게 만들기 위해서가 아니고 무엇이겠는가? 그는 그런 속임수가 통하면 우리가 회개하지 못할 것을 잘 알고 있다.

6. 예수 그리스도께서 죄인을 죄와 진노로부터 구원하실 수 있고, 또 그렇게 하기를 기뻐하신다는 사실을 믿으라. 다음 성경 구절은 그분의 그런 능력을 믿을 수 있는 근거를 제시한다. "그 아들 예수의 피가 우리를 모든 죄에서 깨끗하게 하실 것이요"(요일 1:7). "자기를 힘입어 하나님께 나아가는 자들을 온전히 구원하실 수 있으니 이는 그가 항상 살아 계셔서 그들을 위하여 간구하심이라"(히 7:25). 그분이 그렇게 하기를 기뻐하신다고 믿을 수 있는 근거도 충분하다.

이런 사실을 믿으면 믿음에 한 발자국 더 가까이 다가갈 수 있다. 죄인이 이 사실을 진심으로 믿으면 일은 거의 다 성사된 셈이다. 따라서 사탄은 이런 사실을 믿어야 할지 망설이는 죄인을 미혹시켜 깊은 물속에서 오르락내리락 거릴 뿐 육지에 도달하지 못하는 사람처럼 굳건한 믿음의 닻을 내리지 못하게끔 방해한다.

마귀는 "은혜의 약속이 너와 무슨 상관이 있단 말이냐? 그것은 모두 네가 아닌 다른 사람들을 위한 것이다"라고 속삭인다. 그러나 사도행전 2장 36절과 39절을 읽어보기 바란다.

또한 마귀는 용서받지 못할 죄를 지었다고 속삭인다. 그러나 죄를 용서받지 못하는 이유는 무엇인가? 그것은 의원이신 주님이 죄의 질병을 치료할 수 없거나 치료할 의지가 없기 때문이 아니라 죄인이 그분께 나아가려고 하지 않고 그분을 악의적으로 완강하게 거부하기 때문이다.

그 밖에도 마귀는 "그리스도께서 너를 위해 죽지 않으셨다"라고 속삭인다. 그러나 사탄은 우리와 마찬가지로 그리스도께서 어떤 사람들을 위해 죽으셨는지 정확히 알지 못한다. 우리는 그 문제를 의문시하지 말고 주님께 맡겨야 한다. 우리에게 믿으라는 명령이 주어진 것은 분명하다. 그 명령에 복종하면 그리스도께서 우리를 위해 죽으셨다는 증거를 발견하게 될 것이다.

7. 그런 다음에는 그리스도를 소유했다고 믿어라. 이제 그리스도 덕분에 죄를 용서받아 그분 안에서 하나님과 화목을 이루었고, 더 이상 죄의 정죄 아래 있지 않으며(롬 8:1), 하나님과 평화로운 관계를 맺고, 피의 언약 아래서 안전한 상태가 되었다고 확신하라.

   이런 믿음은 죄인의 마음을 효과적으로 감화시켜 참된 회개에 이르게 만든다. 이런 확신이 강할수록 영혼을 녹이는 감화력도 더욱 강해진다. 이 단계에서도 사탄은 공격의 고삐를 늦추지 않을 것이다. 그는 의심과 두려움을 불러일으켜 정욕에 맞서 싸워야 할 손을 약화시키고, 죄에서 돌이켜 하나님께 나아가야 할 발을 떨리게 만든다. 그런 확신이 더 많이 흔들릴수록 죄인에 대한 사탄의 공격 의도는 더욱 성공을 거두게 된다.

8. 이 단계에서는 스스로의 죄와 구원자를 바라봐야 한다. 그리스도의 보혈이 정죄의 구렁을 안전하게 건널 수 있게 해준다는 것을 믿으면 죄를 진정으로 뉘우쳐 진심으로 죄를 버리고 자유롭게 하나님께로 나아갈 수 있다(눅 7:37, 38, 47).

   전에는 노예적인 두려움에 사로잡혔지만 이제는 자녀로서 순종하려는 마음이 크게 솟구칠 것이다. 대지가 오랫동안 얼어붙었다가 마구 녹아내리는 것처럼, 전에는 슬픔의 물결이 크게 요동쳤지만 이제는 그보다 더 큰 물결이 그 모든 것을 잠재울 것이다.

9. 하나님이 허락하신 은혜의 약속을 믿고 그 수단을 활용하라.
영혼의 회개를 독려하기 위해 하나님이 정해주신 수단들이 있다. 구체적으로 말해 스스로의 본성과 마음과 입술과 행위로 지은 죄를 깊이 묵상하고, 그것이 하나님과 자신을 얼마나 욕되게 만들었는지 생각하라.

"어디서 떨어졌는지를 생각하고 회개하여"(계 2:5). "내가 내 행위를 생각하고 주의 증거들을 향하여 내 발길을 돌이켰사오며"(시 119:59). 성경은 회개의 약속을 전한다. "그 때에 너희가 너희 악한 길과 너희 좋지 못한 행위를 기억하고 너희 모든 죄악과 가증한 일로 말미암아 스스로 밉게 보리라"(겔 36:31). "이스라엘에게 회개함과 죄 사함을 주시려고 그를 오른손으로 높이사 임금과 구주로 삼으셨느니라"(행 5:31).

은혜의 수단을 사용하지 않고 약속만 믿는 것은 주제넘은 일이고, 약속을 믿지 않고 은혜의 수단만 사용하는 것은 이기적이고 거룩하지 못한 일이다. 하나님이 하나로 합치신 것을 둘로 나누는 것은 무익한 결과를 낳을 뿐이다. 그런 경우 하나님은 모세에게 하신 것처럼 우리에게도 "백성 앞을 지나서 이스라엘 장로들을 데리고 나일 강을 치던 네 지팡이를 손에 잡고 가라 내가 호렙 산에 있는 그 반석 위 거기서 네 앞에 서리니 너는 그 반석을 치라 그것에서 물이 나오리니 백성이 마시리라"(출 17:5, 6)라고 말씀하실 것이다. 여기에서 바위는 수단이고 지팡이는 약속을 믿는 믿음이다. 물을 얻으려면 지팡이로 바위를 쳐야 했다.

REPENTANCE
죄에서 떠나
하나님께로 돌아가라

2

REPENTANCE

회개의 요소

: "죄를 뉘우치고 죄로부터 돌아서라"

너희는 옷을 찢지 말고 마음을 찢고
너희 하나님 여호와께로 돌아올지어다
요엘 2:13

　이제 회개의 요소를 생각해보자. 회개는 죄를 뉘우치는 것과 죄를 버리고 하나님께로 돌아가는 것이다. 이 두 가지가 하나로 합쳐져야 참 회개가 이루어진다. 성경은 회개하지 않은 더러운 죄를 뉘우치고, 죽은 행실로부터 돌이키라고 가르친다.

　구약성경은 두 가지 용어로 회개를 설명한다. 하나는 "그러므로 내가 스스로 거두어들이고 티끌과 재 가운데에서 회개하나이다"(욥 42:6)라는 말씀에서 알 수 있듯이 후회와 슬픔을 의미하고, 다른 하나는 "너희는 돌이켜 회개하고 모든 죄에서 떠날지어다"(겔 18:30)라는 말씀에서 알 수 있듯 죄를 버리고 하나님께로 돌아가는 것을 의미한다.

　그러나 참 회개에서 이 둘은 구별할 수는 있어도 따로 분리할 수는 없다. 참된 뉘우침은 항상 돌아섬으로 이어진다. 돌아서는 것은 뉘우침에서부터 시작한다. 이런 이유로 회개는 뉘우침보다는 돌아서는 것으로 더 자주 표현된다. "그 할례받지 아니한 그들의 마음이 낮아져서 그들의 죄악의 형벌을 기쁘게 받으면"(레 26:41). "그가 환난을 당하여 그의 하나님 여호와께 간구하고 그의 조상들의 하나님 앞에 크게 겸손하여"(대하 33:12). 다음 말씀은 이 둘을 함께 언급한다. "여호와의 말씀에 너희는 이제라도 금식하고 울며 애통하고 마음을 다하여 내게로 돌아오라 하셨나니 너희는 옷을 찢지 말고 마음을 찢고 너희 하나님 여호와께로 돌아올지어다 그는 은혜로우시며 자비로우시며 노하기를 더디하시며 인애가 크시사 뜻을 돌이켜 재앙을 내리지 아니하시나니"(욜 2:12-14).

죄를 뉘우치다

뉘우침은 죄인이 회개하고 하나님께로 돌아갈 수 있도록 이끈다. 겸손히 죄를 뉘우치지 않고서는 하나님께로 돌아갈 수 없다. 죄인은 하나님으로부터 도망쳐 그분을 대적하지만, 은혜는 그를 그 자리에서 끌어내려 겸손히 주님의 발 앞에 엎드리게 한다. 주님은 그런 그를 붙들어 일으켜주신다. "그러므로 하나님의 능하신 손 아래에서 겸손하라 때가 되면 너희를 높이시리라"(벧전 5:6). 죄를 깨달은 죄인은 벤하닷의 신하들과 같은 태도를 취한다(왕상 20:31, 32).

그들은 믿음을 통해 이스라엘의 왕은 인자한 왕이라는 사실을 깨달았다. 그들은 뉘우치며 베로 허리를 동이고 머리에 두른 채 왕에게 나아갔다. 참된 뉘우침은 죄의식, 슬픔, 수치심, 자기 혐오, 죄의 고백 등 5가지 자각을 가져온다.

죄의식

죄의식을 느낀 영혼은 거룩하고 은혜로우신 하나님께 대해 죄를 지었다는 사실을 깊이 의식한다. 내가 이를 죄의식으로 일컫는 이유는 앞서 말한 율법적인 죄책감과 구별하기 위해서다. 율법적인 죄책감은 양심과 감정에 큰 동요를 일으키지만 죄의식은 마음속에 깊이 침투해 들어간다. 전자는 죄인의 의지와는 반대로 억지로 겸손한 태도를 취하게 만든다. 왜냐하면 하나님과 반목한 마음의 상태가 아직 깨지지 않았기 때문이다. 이 경우는 마치 전에는 잠을 편히 잘 자다가 큰 고통을 느끼고, 그 새로운 고통 때문에 밤새 잠을 이룰 수 없는 사람과 같다. 그와는 달리 후자는 자발적이다. 기꺼이 스스로를 겸손히 낮춘다. 마음이 낮아졌기 때문에 겸손히 하나님 앞에 엎드릴 수 있다. 빛이 틈으로 새어들면 스스로의 더러운 얼굴과 때 묻은 손을 더 잘 보기 위해 기꺼이 커튼을 걷고 창문을 열어젖힌다.

겸손해진 죄인이 깨닫는 것

마음의 부패함. 겸손해진 죄인은 본성의 죄를 깨닫는다. 그는 본성의 부패를 의식하고 스스로를 혼돈과 부패의 덩어리로 간주한다. 그는 선을 행하는 것을 거부하고 악을 행하기를 좋아하는 그릇된 마음의 성향이 본성에 깊이 뿌리를 내리고 있다는 것을 의식한다. 주님의 빛이 그의 영혼에 비추어지면 영혼의 모든 기능이 부패하고 왜곡되었고, 생각이 어두워졌으며, 감정이 속악하고, 의지가 반항적이라는 사실을 드러낸다. 그러나 많은 사람의 회개에는 이런 깨달음이 결여되어 있다. 그런 사람들에게는 "이는 나병환자라 부정하니 제사장이 그를 확실히 부정하다고 할 것은 그 환부가 그 머리에 있음이니라"(레 13:44)라는 말씀이 적용될 수 있다. 그들은 자신의 부패한 본성을 의식하지 못하기 때문에 회개하지 못한다.

실질적인 죄. "그들의 소행과 악행과 자신들의 교만한 행위를 알게 하시고"(욥 36:9). 죄는 오염된 원천에서 흘러나오는 오염된 물과 같다. "속에서 곧 사람의 마음에서 나오는 것은 악한 생각 곧 음란과 도둑질과 살인과 간음과 탐욕과 악독과 속임과 음탕과 질투와 비방과 교만과 우매함이니 이 모든 악한 것이 다 속에서 나와서 사람을 더럽게 하느니라"(막 7:21-23). 죄는 문 앞에 엎드려 있는 상태다. 왜냐하면 눈에 보이지 않았던 옛 죄가 되살아나 그의 눈앞에서 마치 하나님을 대적하기 위해 소집한 큰 군대처럼 모습을 드러내기 때문이다. 오래 전에 지었던 죄가 당시보다 더욱 새롭고 기운찬 모습으로 되살아난다. 전에는 잘못으로 여기지 않았던 것이 이제는 부끄럽게 생각되고, 어리석음으로 치부했던 것이 이제는 극악한 불경으로 인식된다.

시기심의 우상. 인간은 시기심에 이끌리는 성향이 있다. 이런 약점을 깊이 의식하기 전에는 진정으로 겸손해지기 어렵다. "우리가 앗수르의 구원을 의지하지 아니하며 말을 타지 아니하며 다시는 우리의 손으로 만든 것을 향하여 너희는 우리의 신이라 하지 아니하오리니"(호 14:3). 회개한 사람은 특히 하나님을 거역하는 죄를 깊이 뉘우친다(시 18:22). 만약 오른쪽 눈이 실족케 하면 그는 기꺼이 그것을 뽑아버릴 만한 마음의 태도를 갖는다. 그는 하나님과 자신 사이에서 큰 불화를 일으키는 죄, 하나님의 성령은 물론 자기 자신의 영혼을 크게 근심하게 만드는 죄를 철저히 뉘우친다.

죄의 중다함. "나의 죄악이 얼마나 많으니이까 나의 허물과 죄를 내게 알게 하옵소서"(욥 13:23). 죄를 진정으로 의식하면 마음의 눈이 열려 수많은 죄, 오직 별의 숫자를 셀 수 있는 하나님만이 아실 수 있는 많은 죄를 지었다는 사실을 깨닫게 된다. 겸손해진 영혼은 죄의 먹구름이 자신의 내면을 온통 감싸고 있다는 것을 의식하고, 신령한 율법을 어긴 죄를 인정하며, 자신을 불법의 덩어리로 인식한다. "발바닥에서 머리까지 성한 곳이 없이 상한 것과 터진 것과 새로 맞은 흔적뿐이거늘"(사 1:6). "우리는 다 부정한 자 같아서 우리의 의는 다 더러운 옷 같으며"(사 64:6).

죄의 가증스러움. 죄인은 스스로의 고통스런 상황을 의식한다. "내가 일어나 아버지께 가서 이르기를 아버지 내가 하늘과 아버지

2. 회개의 요소 __ 63

께 죄를 지었사오니"(눅 15:18). 지금까지 저지른 죄가 일일이 회개하는 자의 마음을 아프게 찌른다. 회개하는 죄인은 기도하고 자책하며 자신의 죄를 철저히 고통스러워한다. 죄를 지은 때와 장소와 상황이 마치 그의 폐부를 관통하는 창날처럼 생생하게 떠오른다.

죄의 사악함. 사람들은 죄는 볼 수 있을지 몰라도 죄의 사악함은 보지 못한다. 따라서 죄를 고백하기보다 시인하는 데 그치고, 죄에서 돌이키기보다 다시 죄로 돌아간다. 그러나 독사처럼 쏘는 죄의 악랄함을 의식한다면 절대 그것을 가슴에 품지 않을 것이다. 하나님은 회개로 이끄시기를 원하는 영혼을 향해 "네 악이 너를 징계하겠고 네 반역이 너를 책망할 것이라 그런즉 네 하나님 여호와를 버림과 네 속에 나를 경외함이 없는 것이 악이요 고통인 줄 알라 주 만군의 여호와의 말씀이니라"(렘 2:19)라고 말씀하신다. 영혼은 두 가지 차원에서 죄의 사악함을 의식한다.

첫째, 스스로를 돌아보며 죄의 쓴 열매를 의식한다. "너희가 그 때에 무슨 열매를 얻었느냐 이제는 너희가 그 일을 부끄러워하나니 이는 그 마지막이 사망임이라"(롬 6:21). 영혼은 "포도나무는 소돔의 포도나무요 포도는 독이 든 포도이니 그 송이는 쓰며 이가 시리다"는 것을 느끼게 된다. 이것이 그들이 의식하게 된 죄의 위험성이다. 영혼은 그런 죄과를 의식하는 순간, 현세와 내세의 영적인 징벌을 깨닫고 "여호와여 우리의 죄악이 우리에게 대하여 증언할지라도 주는 주의 이름을 위하여 일하소서 우리의 타락함이 많으니이다 우리가 주께 범죄하였나이다"(렘 14:7)라고 부르짖는다.

영혼은 하나님의 의로우신 심판으로 인해 두려움을 느끼며 지옥에서 하나님의 진노의 잔을 들이키고 있지 않은 것을 의아하게 생각한다. 영혼은 자연인의 상태에서 자신의 머리 위에 드리워져 있던 파멸의 위험을 돌아보며 경악하고, 독이 든 잔을 들이켰는데도 아직 목숨이 붙어 있는 것을 보고 두려움에 몸서리를 친다. 따라서 영혼은 독사를 가슴에 품었던 사람처럼 다시 죄를 짓기를 두려워한다.

둘째, 하나님과 그리스도에 대해 죄를 지었다는 것을 의식한다. 여기에는 세 가지 의미가 내포되어 있다.

1. 하나님의 거룩한 율법을 어겼다. "죄를 짓는 자마다 불법을 행하나니 죄는 불법이라"(요일 3:4). 죄를 짓는 순간 울타리를 넘어서 마귀의 영역으로 들어간다. 그러니 독사에게 물리는 것이 당연하다. 하나님의 율법의 공정성을 깨달은 죄인은 죄의 사악함을 분명하게 의식한다. "율법은 거룩하고 계명도 거룩하고 의로우며 선하도다"(롬 7:12). 회개한 사람은 이 영광스런 율법의 울타리를 넘어선 것을 깊이 후회한다. 이것이 복음적인 회심자의 정직한 태도다.

2. 하나님의 거룩하신 본성을 거스렸다. "주께서는 눈이 정결하시므로 악을 차마 보지 못하시며"(합 1:13). 죄는 그 자체로 지극히 사악하다. 그 사악함이 회심자의 눈에 여실히 드러난다. 지고한 선을 죄만큼 더 거스르는 것은 없다. 따라서 죄는 가

장 큰 악이다. 참 회심자는 하나님, 곧 그분의 거룩한 본성과 완전하심을 사랑한다. 그는 죄로 하나님을 거역한 것을 알기에 죄의 중압감을 깊이 의식한다. "오호라 우리의 범죄 때문이니이다"(애 5:16).

3. 그리스도께서 고난당하시게 만들었다. "그들이 그 찌른 바 그를 바라보고 그를 위하여 애통하기를 독자를 위하여 애통하듯 하며"(슥 12:10). 갈보리 언덕은 참 회심자에게 "보김"(삿 2:1. "통곡하는 자들"이라는 뜻/역자 주)과 같다. 그리스도의 고난은 죄의 본질을 여실히 드러낸다. 참 회심자는 그것을 보고, 죽어 가는 구세주의 신음소리에 가슴 아파하고, 그분의 상처를 통해 죄의 사악함을 깨닫는다.

이것이 죄의 혐오스러움이다. 따라서 참 회심자는 더 이상 죄를 용인하지 않고, 죄의 결과는 물론 죄 자체를 증오하고 혐오한다.

죄의식의 특성

이런 죄의식은 흐릿하고 막연한 느낌이 아니라 분명하고 구체적인 자각을 의미한다. 누구나 복음을 듣고 그 취지를 이해하면 스스로가 죄인임을 고백하기 마련이다. 그러나 구체적으로 죄를 자각하는 사람은 그리 많지 않다. 참된 죄의식을 느낀 사람은 죄를 깊이 깨닫고 "내가 주께만 범죄하여 주의 목전에 악을 행하였사오니"(시 51:4)라고 고백한다. 그는 자신이 저지른 죄를 구체적으로 의식하고, 스스로가 자초한 악을 생생하게 깨닫는다. 돌멩이를 들추면 그 아래 숨어 꿈틀거리던 벌레가 모습을 드러내듯 참 회심자의 눈앞에 마음과 삶 속에 숨어 있던 악이 모습을 드러낸다. "전에 율법을 깨닫지 못했을 때에는 내가 살았더니 계명이 이르매 죄는 살아나고 나는 죽었도다"(롬 7:9).

상상이 아닌 실제다. 주님의 성령께서 죄의 사악함을 깨우쳐주신다. 따라서 죄에 대한 이론적인 지식을 뛰어넘는다. 담즙의 쓴 맛을 직접 맛보고 느껴야 하는 것처럼, 단지 "네 악이 너를 징계하겠고 네 반역이 너를 책망할 것이라 그런즉 네 하나님 여호와를 버림과 네 속에 나를 경외함이 없는 것이 악이요 고통인 줄 알라 주 만군의 여호와의 말씀이니라"(렘 2:19)라는 말씀을 듣는 것을 뛰어넘는다. 자연적인 감정이 그 나름대로 고통을 의식하는 것처럼, 영적인 일은 새로운 본성에서 비롯하는 영적 지각을 통해 인식된다. "육에 속한 사람은 하나님의 성령의 일들을 받지 아니하나니 이는 그것들이 그에게는 어리석게 보임이요, 또 그는 그것들을 알 수도 없나니 그러한 일은 영적으로 분별되기 때문이라"(고전 2:14).

쓸모없거나 죽어 있지 않고 활동적이다. 회심자의 눈이 그의 마음에 영향을 미친다. 마음이 영향을 받으면 영혼의 모든 기능이 가동되기 시작한다. 이것은 온 영혼이 정화되기까지 작용을 멈추지 않는 영적 치료제다. 베드로의 설교를 듣던 청중은 "마음에 찔려 베드로와 다른 사도들에게 물어 이르되 형제들아 우리가 어찌할꼬"(행 2:37)라고 물었다. 죄를 의식했어도 단지 한숨만 내쉬며 돌아서거나 무익한 탄식만 늘어놓는 경우가 있다. 이는 마치 나태한 사람이 철저한 깨달음에 이르지 못하고 침상에 누워 갈등을 느끼는 것과 같다. 그러나 참된 죄의식은 작동을 멈추지 않는다.

일시적으로 잠깐 나타났다가 사라지는 것이 아니라 지속적이다. "내 눈에 흐르는 눈물이 그치지 아니하고 쉬지 아니함이여 여호와께서 하늘에서 살피시고 돌아보실 때까지니라"(애 3:49, 50). 겸손해진 영혼은 죄와 사망의 육신을 짊어진 상태에서 바울 사도처럼 "오호라 나는 곤고한 사람이로다 이 사망의 몸에서 누가 나를 건져내랴"(롬 7:24)라고 부르짖는다. 죄의식은 잠시 왔다가 쉽게 사라지는 탄식과는 거리가 멀다. 재앙이 사라지자 바로의 죄의식도 함께 사라졌다. 참된 죄의식은 깊고, 또한 지속적이다.

■ 적용

1. 무감각한 죄인은 겸손히 회개하지 않는다. 그런 죄인은 "나는 부자라 부요하여 부족한 것이 없다"고 말하면서 스스로의 "곤고한 것과 가련한 것과 가난한 것과 눈 먼 것과 벌거벗은 것을 알지 못했던" 라오디게아 교회와 같다(계 3:17). 기초를 깊게 파지 않으면 굳건한 반석 위에 집을 지을 수 없는 법이다. 무감각한 죄인은 마음과 행위의 사악함을 보지 못하기 때문에 그리스도를 믿는 믿음을 가질 수 없다. 자신의 영혼을 철저하게 살피지 못하고 여전히 안일하게 살고 있지 않은지 생각해보라. 문을 잘 닫았더라도 도둑이 이미 집 안에

들어와 있을지도 모르니 말이다.

2. 죄책감에 시달리면서도 사람들의 마음속에는 여전히 교만이 남아 있다. 그들은 스스로의 죄를 알고 있지만 마땅히 그것을 의식하지 않는다. 만일 그들이 죄의식을 느꼈다면 베드로의 청중이 했던 것처럼 즉각 그 중압감을 의식했을 것이다(행 2:37). 무감각한 죄인은 오만한 자의 자리에 높이 올라앉은 채 자신이 상대해야 할 하나님이 얼마나 위대하신 분인지 깨닫지 못한다. 그러나 주님의 성령께서 그들의 눈을 열어주고 마음을 감화시켜 죄의 사악함을 보고 느끼게 하시면 땅에 엎드리지 않을 수 없다. 그들이 입을 땅의 티끌에 대고 엎드리면 혹시 소망이 있을지도 모른다.

3. 참 신자의 겸손과 위선자의 겸손의 차이를 기억하라. 아합과 같은 사람은 죄의 위험을 의식하고 스스로를 낮출 수 있지만 참 회심자는 죄의 혐오감을 의식하고 스스로를 낮춘다. 노예는 매질이 두려워 복종하지만 자녀는 인자한 아버지에게 죄를 지었다는 것을 의식한다. 하나님의 징계 아래 겸손한 태도를 취하는 듯 보이는 사람들이 많다. 그들은 그분의 진노를 두려워할 뿐 그분의 사랑에 감동하지 않는다. 그들은 자신의 죄가 스스로에게 가한 해악을 알고 후회할 뿐, 죄를 지어 하나님을 욕되게 했다고는 생각하지 않는다.

4. 마음속으로 깊은 죄의식을 느낄 수 있기를 바란다. 스스로의 죄를 보고 깊이 뉘우치는 마음으로 겸손하라. 우리의 많은 생각 속에 죄를 의식하는 마음이 없다면 참으로 불행한 일이 아닐 수 없다. 다음 사실을 기억하면 이 권고를 외면할 수 없을 것이다.

5. 주님은 섭리를 통해 온 나라를 향해 죄를 의식하고 겸손히 뉘우치라고 새롭게 요구하신다. 주님은 전에 이 나라를 불타다 남은 막대기처럼 건져내셨다. 그러나 그분은 이제 외국의 침략을 통해 이 나라를 다시 불 가운데 집어 던지겠다고 경고하신다. 우리는 구원받았지만 갈등은 여전히 남아 있다. 우리는 우리가 구원받은 것에 대해 감사하지 않는다. 참으로 불행하게도 무신론, 세속주의, 형식주의, 복음을 경멸하는 태도, 주님과 그분의 사역과 길을 거부하는 배교의 정신이 도처에 만연하다. 그러니 마침내 멸망하리라는 것을 어찌 모를 수가 있겠는가!

6. 우리가 현재 겪고 있는 여러 가지 참혹한 사건들은 우리의 거처를 황폐하게 만들려고 위협한다. 무가치한 것을 입에 올리는 사람들이 너무나도 많다. 하나님이 이 모든 문제의 원인을 주님 앞에서 진지하게 생각해볼 수 있는 마음을 모두에게 허락해주시면 더 바랄 것이 없겠다. 엄위로운 징계의 교

훈을 받아들이기를 진정으로 바란다. 지난 사건들의 어려움을 겪으면서 우리가 얼마나 우울한 상태였는지를 잊지 않았으면 좋겠다. 이때에 우리가 섬기는 하나님이 질투하시는 하나님이시라는 사실과 선포된 복음을 얼마나 기쁘게 받아들였는지를 깊이 생각하는 것이 좋을 듯하다.

우리의 손으로 우리의 입을 가리고 우리 자신이 이런 사태가 빚어지게 만드는 데 얼마나 많은 영향을 미쳤는지 생각하라. 우리의 죄를 인정하고 주님 앞에서 겸손히 낮추면 예수 그리스도를 힘입어 드리는 기도가 응답받을 길이 열릴지도 모른다. 하나님은 스스로를 겸손하게 낮추는 이들을 높이실 것이다.

7. 우리에게는 아무리 가볍게 생각되는 죄라도 하나님의 거룩하신 성령께서는 그 죄를 중하게 여기신다. "보라 곡식 단을 가득히 실은 수레가 흙을 누름같이 내가 너희를 누르리니"(암 2:13). 확신하건대 주님은 조만간 오랜 침묵을 깨시고 진노를 발하실 것이다. 만일 우리가 겸손히 회개해 죄를 버리지 않으면 우리에게 진노를 쏟아 부어 그 일을 이루실 것이다. "슬프다 내가 장차 내 대적에게 보응하여 내 마음을 편하게 하겠고 내 원수에게 보복하리라"(사 1:24). 그러니 스스로의 길을 돌아보고 주님께로 돌이키라. 우리가 죄를 가볍게 여길수록 주님의 성령께서는 더욱 크게 근심하실 것이다.

8. 죄의식이 없으면 겸손도 없고, 겸손이 없으면 회개도 없으며, 회개가 없으면 하나님의 진노를 피할 길도 없다. "만일 회개하지 않으면 너희도 다 망하리라." 죄와 그 사악함을 의식하지 못하면 마음이 강퍅해져 회개할 수 없고, 영혼은 결국 진노를 당하게 될 것이다. 하나님은 스스로를 겸손히 낮추는 현명한 자녀를 사랑하신다. "에브라임은 나의 사랑하는 아들 기뻐하는 자식이 아니냐 내가 그를 책망하여 말할 때마다 깊이 생각하노라 그러므로 그를 위하여 내 창자가 들끓으니 내가 반드시 그를 불쌍히 여기리라 여호와의 말씀이니라"(렘 31:20).

슬픔

참된 겸손은 죄를 깊이 슬퍼한다.

"내가 다윗의 집과 예루살렘 주민에게 은총과 간구하는 심령을 부어 주리니 그들이 그 찌른 바 그를 바라보고 그를 위하여 애통하기를 독자를 위하여 애통하듯 하며 그를 위하여 통곡하기를 장자를 위하여 통곡하듯 하리로다"(슥 12:10).

참 회심자는 깊이 후회할 뿐 아니라 거룩하고 은혜로우신 하나님을 거역한 죄를 진정으로 슬퍼한다. 죄를 지어 성령을 슬프시게 만든 그는 그 죄를 회개하면서 슬퍼한다. 강퍅한 마음이 깨지고, 철석 같은 마음이 녹아 경건한 슬픔의 눈물을 흘린다. 복음의 지팡이가 바윗돌 같은 마음을 때리면 눈물의 강수가 솟구친다. 시온을 향해 가려면 "눈물 골짜기"를 지나야 한다.

"여호와의 말씀이니라 그 날 그 때에 이스라엘 자손이 돌아오며 유다 자손도 함께 돌아오되 그들이 울면서 그 길을 가며 그의 하나님 여호와께 구할 것이며 그들이 그 얼굴을 시온으로 향하여 그 길을 물으며 말하기를 너희는 오라 잊을 수 없는 영원한 언약으로 여호와와 연합하라 하리라"(렘 50:4, 5).

주님은 죄를 애통해하는 자들을 성령의 위로로 위로하신다. 하나님은 상하고 애통해하는 심령을 요구하시며 그런 심령을 기뻐하신다. 하나님이 원하시는 것은 마음을 찢는 것이다(욜 2:12, 13).

경건한 슬픔의 특징

경건한 슬픔은 죄를 슬퍼한다. 단지 죄책감을 느끼는 데 그치지 않고 죄를 혐오하며, 죄로 인한 재앙을 슬퍼하는 데 그치지 않고 거룩하시고 은혜로우신 하나님께 죄를 지어 그분을 욕되게 한 것을 뉘우친다. 참 회심자는 단지 죄를 의식하는 단계를 뛰어넘어 자신의 영혼이 파멸과 죽음에 이르렀다는 것을 알고 깊이 슬퍼한다. 그는 하나님께 죄를 지었고, 그분의 형상을 왜곡시켰으며, 의롭고 거룩한 율법을 어겼고, 구세주를 창과 못에 찔리게 만든 죄를 진정으로 뉘우친다.

경건한 슬픔은 내면에서 우러나는 진정한 슬픔이다. 참 회심은 머리를 갈대처럼 숙이는 것도 아니고, 안색을 일그러뜨려 슬픈 기색을 띠는 것도 아니다. 그런 것은 모두 외적인 표현에 불과하다. 경건한 슬픔은 영혼 깊이 침투하고 폐부를 찌르며 주님 앞에서 슬퍼한다. 세상은 이런 슬픔을 전혀 알지 못한다. 왜냐하면 마음 깊은 곳에서 우러나는 것이기 때문이다.

경건한 슬픔은 생명력을 주는 슬픔이다. 세상의 슬픔은 죽음을 가져다준다. 세상의 슬픔은 사람의 넋을 빼앗고 마음과 손을 얼어붙게 만들어 의무를 이행하지 못하게 한다. 그러나 경건한 슬픔으로 인한 영적 고통은 생명력을 주어 의무를 행하도록 이끈다. "보라 하나님의 뜻대로 하게 된 이 근심이 너희로 얼마나 간절하게 하며 얼마나 변증하게 하며 얼마나 분하게 하며 얼마나 두렵게 하며 얼마나 사모하게 하며 얼마나 열심 있게 하며 얼마나 벌하게 하였는가"(고후 7:11). 경건한 슬픔은 구원의 일에 능동적으로 참여하게 만든다. 그 이유는 세상의 슬픔은 영혼을 얼어붙게 하고 경직시켜 행동하지 못하게 만드는 노예적 두려움에서 비롯하고, 경건한 슬픔은 마음을 뜨겁게 달궈 행동하게 만드는 사랑에서 비롯하기 때문이다. "그의 많은 죄가 사하여졌도다 이는 그의 사랑함이 많음이라"(눅 7:47).

경건한 슬픔은 지속적인 슬픔이다. 경건한 슬픔은 거짓된 일순간의 감정이 아닌 영혼의 "근심"이다. 대다수 사람들의 슬픔은 지면을 적실 뿐 깊이 스며들지 못하고 곧 말라버리는 한여름의 소나기와 같다. 그러나 경건한 슬픔은 그렇지 않다. "슬픔이 웃음보다 나음은 얼굴에 근심하는 것이 마음에 유익하기 때문이니라"(전 7:3). 그런 영혼은 마리아처럼 주님을 발견할 때까지 슬피 눈물을 흘린다. 슬픔의 정도는 다소 약해질 수 있을지 몰라도 죄가 남아 있는 한 슬픔의 눈물도 결코 마르지 않는다.

경건한 슬픔은 광범위한 슬픔이다. 참 회심자는 자신의 죄는 물론 다른 사람들의 죄를 진심으로 슬퍼한다(시 38:18, 119:136). 이것은 마치 저수지의 물을 방출하는 듯한 슬픔이다. 한 가지 죄에서 시작해 거기에서 멈추지 않고 아는 죄는 물론 모르는 죄까지 모두 뉘우친다. "자기 허물을 능히 깨달을 자 누구리요 나를 숨은 허물에서 벗어나게 하소서"(시 19:12). 참 회심자는 한 가지 죄만이 아니라 모든 죄를 슬퍼한다. 왜냐하면 한 가지 죄를 뉘우치는 마음에서 느껴지는 슬픔의 이유가 다른 모든 죄에서 똑같이 발견되기 때문이다. 그는 죄가 하나님의 율법과 본성을 거스르는 것이라는 사실을 알고, 또 죄의 위험성과 가증스러움을 의식한다. 일단 경건한 슬픔이 봇물처럼 터지기 시작하면 사방으로 넘쳐흐른다. 달콤하게 느껴졌던 지극히 작은 죄 하나까지도 쓰디쓰게 느껴진다.

경건한 슬픔은 깊은 슬픔이다. 베드로는 회개하며 심하게 통곡했다. 좋은 수확을 기대하는 사람은 쟁기질을 깊게 하는 법이고, 튼튼한 건축물을 지으려는 사람은 기초를 깊이 파는 법이다. 돌밭에 떨어진 씨앗 같은 청중이 멸망하는 이유는 흙이 깊지 않았기 때문이다(마 13:5). 깊이 땅을 파야만 집을 바위 위에 안전하게 지을 수 있다. 경건한 슬픔은 마음을 찢는다(욜 2:13). 쟁기가 땅을 깊이 파헤치듯 경건한 슬픔은 마음을 찢고(렘 4:3), 단검과 창처럼 마음을 깊이 찌르며, 칼처럼 마음을 자른다.

그렇다면 회개의 슬픔은 삶의 근심으로 인한 다른 모든 슬픔을 능가할까? 겉으로 드러난 마음과 감정의 움직임만을 기준으로 삼는다면 항상 다른 슬픔을 능가하지는 않는 것이 분명하다. 그러나 마음의 성향만을 기준으로 삼는다면 모든 슬픔을 능가하는 것이 확실하다. 가장 깊은 물이 가장 작게 소리를 내며 흐르는 것처럼, 사람도 기쁨이나 슬픔이 작을 때보다는 클 때 감정을 더욱 억제하는 법이다. 경박한 기쁨은 웃음을 크게 터뜨리게 하지만, 슬픔이 너무 크면 눈물조차 나지 않을 때가 많다. 경건한 슬픔은 세상의 다른 어떤 슬픔보다 더 차분하고 지속적이다.

경건한 슬픔은 마음을 정화시키는 슬픔이다. 경건한 슬픔은 회개를 독려하고 죄를 버리게 만든다. "하나님의 뜻대로 하는 근심은 후회할 것이 없는 구원에 이르게 하는 회개를 이루는 것이요"(고후 7:10).

참된 슬픔과 죄에서 돌이키는 것은 뗄래야 뗄 수 없는 관계를 맺는다. 죄를 슬퍼하지만 죄를 사랑하는 마음을 뿌리째 뽑아내기에 충분할 만큼 깊지 않은 슬픔도 있다. 샘물이 그 안에 있는 진흙을 흘려보내 없애듯이 참된 슬픔은 끊임없이 맑은 물을 뿜어내 죄를 사랑하는 마음, 죄를 짓는 습관, 죄의 지배력을 제거하는 샘의 근원과도 같다.

■ **적용**

1. 강퍅한 마음으로는 회개할 수 없다. 회개하지 않으면 구원받지 못한다. 스스로 죄를 슬퍼하며 뉘우쳐야 한다. 그렇지 않으면 하나님이 재앙을 내려 죄를 징벌하실 것이다. 오늘날 겸손히 엎드리거나 애통해하지 않고 말씀의 권고와 양심의 소리를 묵살하는 강퍅한 마음의 소유자들이 많다. 하나님이 강퍅한 마음을 떨게 만들고 철석 같은 마음을 수천 조각으로 부셔뜨리실 심판의 날이 다가오고 있다는 것을 기억하라. "네가 철장으로 그들을 깨뜨림이여 질그릇같이 부수리라 하시도다"(시 2:9).

2. 고의로 죄를 짓고, 수치를 영광으로 알며, 경건하지 못한 삶과 행위를 기뻐하는 것은 겸손과는 거리가 멀어도 한참 멀다. 오늘날 하늘의 섭리와 법령이 많은 사람들에게 더욱 엄격해지고 있는 듯 보이지만 그럼에도 불구하고 그들은 조금도 나아지지 않고 있다. 오히려 더 강퍅해져 가고 더 악해지고 있다. 각종 술잔치가 고약한 악취를 풍겨내고, 전례 없는 불경스런 행위가 자행되고 있는 현실이 이를 입증한다.

건전한 정신을 지닌 모든 사람의 양심에 묻고 싶다. 우리가 이런 죄에 동참하지 않으려면 이 모든 일을 애통하게 여겨야 한다. 특히 나는 방탕한 행위에 어떤 식으로든 동참한 사람들에게 진노를 당하지 않으려면 회개해야 한다고 경고하고 싶다. 성경은 "이웃에게 술을 마시게 하되 자기의 분노를 더하여 그에게 취하게 하고 그 하체를 드러내려 하는 자에게 화 있을진저"(합 2:15), "그 날에 주 만군의 여호와께서 명령하사 통곡하며 애곡하며 머리털을 뜯으며 굵은 베를 따라 하셨거늘 너희가 기뻐하며 즐거워하여 소를 죽이고 양을 잡아 고기를 먹고 포도주를 마시면서 내일 죽으리니 먹고 마시자 하는도다 만군의 여호와께서 친히 내 귀에 들려 이르시되 진실로 이 죄악은 너희가 죽기까지 용서하지 못하리라 하셨느니라 주 만군의 여호와의 말씀이니라"(사 22:12-14)라고 경고한다. 이런 엄중한 심판에 처한다는 것은 진정 두려운 일이 아닐 수 없다.

3. 죄를 슬퍼해도 주님 앞에서 아무런 가치를 지니지 못하는 경우가 많다. 스스로의 죄를 진정으로 뉘우치는 사람은 별로 없다. 그러나 실제로 죄로 인해 근심하고 고통스러워하는 사람들 가운데도 올바른 슬픔을 지닌 사람은 그리 많지 않다. 죄의 위험성, 죄의 악영향, 세상 사람들 앞에서 느끼는 죄의 수치심 때문에 조금 고통스러워할 뿐, 하나님을 욕되게 한

것에 대해서는 크게 신경 쓰지 않는다. 그런 슬픔은 회개의 시작이 아닌 지옥의 시작일 뿐이다.

4. 죄를 애통하게 여겨라. 죄를 슬퍼하는 마음을 지니려고 노력하라. 회개하는 일에 문외한이 되지 말라. 이 시대의 죄와 심판의 위협이 회개를 요구한다. 회개는 모두가 재앙을 당할 때 안전할 수 있는 첩경이다. "여호와께서 이르시되 너는 예루살렘 성읍 중에 순행하여 그 가운데에서 행하는 모든 가증한 일로 말미암아 탄식하여 우는 자의 이마에 표를 그리라 하시고"(겔 9:4). 회개의 의무에 더욱 마음을 기울일수록 복음의 위로를 더 많이 받게 될 것이다. "애통하는 자는 복이 있나니 그들이 위로를 받을 것임이요"(마 5:4). 성령의 감화를 더 많이 받을수록 더 많이 회개할 수 있을 것이다.

수치심

참된 겸손은 죄를 수치스럽게 여기는 거룩한 마음을 동반한다. "너희가 그 때에 무슨 열매를 얻었느냐 이제는 너희가 그 일을 부끄러워하나니 이는 그 마지막이 사망임이라"(롬 6:21). 회심자는 지난날의 죄를 떠올리며 수치심으로 얼굴을 붉힌다. 에스라는 "나의 하나님이여 내가 부끄럽고 낯이 뜨거워서 감히 나의 하나님을 향하여 얼굴을 들지 못하오니 이는 우리 죄악이 많아 정수리에 넘치고 우리 허물이 커서 하늘에 미침이니이다"(스 9:6)라고 말했다. 죄가 세상에 들어오기 전에는 수치심이 존재하지 않았다. 물론 때로 죄인들은 수치심을 조금도 느끼지 못할 정도로 죄에 깊이 빠지기도 한다. "네가 창녀의 낯을 가졌으므로 수치를 알지 못하느니라"(렘 3:3). 수치심은 죄인에게 남아 있는 마지막 양심의 발로다. 수치심이 없다면 선한 것이 조금도 남아 있지 않다는 것이다. "그들의 안색이 불리하게 증거하며 그들의 죄를 말해주고 숨기지 못함이 소돔과 같으니"(사 3:9). 하나님의 은혜가 이 수치심을 일깨워 회심자의 영혼 안에서 새롭게 느껴지게 하면 회심자는 스스로의 마음과 행위를 부끄럽게 여기며 주님 앞에 머리를 조아리기에 이른다.

수치심의 네 가지 이유

벌거벗음. 아담은 하나님께 "내가 동산에서 하나님의 소리를 듣고 내가 벗었으므로 두려워하여 숨었나이다"(창 3:10)라고 말했다. 죄는 죄인의 아름다운 옷을 벗기고, 이성적인 피조물의 영광을 빼앗으며, 거룩하신 하나님 앞에서 아무런 가리개도 없는 상태로 만든다. 회심자는 이 사실을 깨닫고 부끄러워한다. 세리는 감히 하늘을 우러러보지도 못하고 죄를 품고 있는 가슴을 깨부수기라도 하듯 자신의 가슴을 내리쳤다. 그는 극도의 수치심을 느꼈다.

더러움과 부패함. 더러운 몰골은 다른 사람들의 혐오감을 자극한다. "주께서 나를 개천에 빠지게 하시리니 내 옷이라도 나를 싫어하리이다"(욥 9:31).

죄는 영혼을 더럽힌다. 죄는 영혼의 아름다움을 빼앗고 훼손하며 하나님 앞에서 보기 흉하게 만든다. 회심자는 이 사실을 깨닫고 부끄러워한다. "무릇 우리는 다 부정한 자 같아서 우리의 의는 다 더러운 옷 같으며 우리는 다 잎사귀같이 시들므로 우리의 죄악이 바람같이 우리를 몰아가나이다"(사 64:6). 진창에 빠진 사람이 다른 사람들 앞에 나서기를 부끄러워하는 것처럼 회심자도 하나님 앞에 나서기를 부끄러워한다.

한껏 부풀었던 기대감의 좌절. 회심하지 않은 상태에서는 죄악의 길에서 행복과 만족을 추구했다. 그러나 죄를 깨달은 이후에는 수치심을 느끼기 시작한다. 왜냐하면 떡을 기대했는데 돌을 얻었고, 생선을 바랐는데 뱀을 얻었다는 사실, 곧 스스로가 사망과 파멸을 추구했고 자신이 기댔던 울타리에서 뱀이 나와 자신을 깨물었다는 것을 깨닫기 때문이다.

따라서 회심자는 "너희가 그 때에 무슨 열매를 얻었느냐 이제는 너희가 그 일을 부끄러워하나니 이는 그 마지막이 사망임이라"(롬 6:21)라고 반성하지 않을 수 없다.

스스로의 치욕을 깨달음. "죄는 백성을 욕되게 하느니라"(잠 14:34). 회개하지 않은 상태에서는 스스로의 치욕을 깨닫지 못한다. 그러나 은혜로 마음이 감화되고, 하나님이 과거의 행위를 돌아보게 하시며 죄를 눈앞에 여실히 드러내시면 어찌 수치심을 느끼지 않을 수 있겠는가? 뻔뻔하게 감사를 모른 채 살아왔고, 우리의 생명을 구원하시려는 주님을 거역했다는 사실을 깨닫는 순간 수치심이 마음을 온통 가득 채운다. 하나님의 선하심을 옳게 생각하면 자신이 감사를 모르는 천박한 인간이었다는 사실을 깨닫기 때문에 회심자는 큰 수치심을 느끼고 얼굴을 붉히지 않을 수 없다. "우리는 수치 중에 눕겠고 우리의 치욕이 우리를 덮을 것이니 이는 우리와 우리 조상들이 청년의 때로부터 오늘까지 우리 하나님 여호와께 범죄하여 우리 하나님 여호와의 목소리에 순종하지 아니하였음이니이다"(렘 3:25).

■ 적용

1. 죄의 수치심이 없는 것은 회개하지 않았다는 증거요 멸망의 전조다. 철면피와 같은 뻔뻔함은 마음이 돌처럼 딱딱하다는 표시다. 죄를 부끄럽게 여기지 않는 것은 더러운 마음과 강퍅한 성향과 화인 맞은 양심을 지녔다는 것을 보여준다. 그런 사람들은 다른 누구보다도 하나님 나라로부터 멀리 떨어져 있는 상태다. 수치를 영광으로 생각하는데 어떻게 하늘의 영광을 소유하기를 바라겠는가?

2. 죄는 조만간에 현세에서나 내세에서 큰 수치를 안겨줄 것이다. 회개하지 않고 살다가 죽는 사람들은 수치를 당하게 될 것이 확실하다. 그들은 마지막 날에 하늘과 땅의 큰 무리 앞

에서 수치를 뒤집어쓰고 얼굴조차 들지 못할 것이다. "땅의 티끌 가운데에서 자는 자 중에서 많은 사람이 깨어나……수치를 당하여서 영원히 부끄러움을 당할 자도 있을 것이며"(단 12:2).

또한 회개를 통해 회복된 사람도 비록 거룩한 수치심일지라도 주님 앞에서 부끄러움을 느끼지 않을 수 없을 것이다. 스스로를 부끄럽게 여겨 죄를 고백함으로써 하나님을 영화롭게 하라는 의무에 충실하지 않는 것은 거룩한 수치심과는 거리가 멀다. 왜냐하면 하나님의 은혜를 받은 사람은 그런 의무를 도외시하지 않을 것이기 때문이다(수 7:19). 상식에 비춰보더라도 다른 사람을 욕되게 한 것을 부끄럽게 생각하는 사람은 그의 실추된 명예를 보상해줄 수 있을 때까지는 얼굴을 제대로 바라보기가 어려운 법이다.

3. 회개하는 영혼은 현명한 영혼이다. 그런 영혼은 진정으로 죄를 멀리한다. 왜냐하면 세상이 나무라지 않아도 하나님 앞에서 스스로 부끄러워하기 때문이다. 죄의 끔찍한 결과가 두려운 나머지 하나님 앞에서 죄를 슬퍼하는 척하는 사람들이 많다. 그들은 죄 자체의 사악함을 깨닫지 못하기 때문에 하나님 앞에서 죄를 진정으로 부끄럽게 여기지 않는다. 주님 앞에서 은밀한 죄를 진정으로 뉘우치려면 어린아이와 같은 마음이 필요하다.

―

자기 혐오

참 회심은 자기를 혐오하고 미워한다. "그 때에 너희가 너희 악한 길과 너희 좋지 못한 행위를 기억하고 너희 모든 죄악과 가증한 일로 말미암아 스스로 밉게 보리라"(겔 36:31).

회심자는 죄는 물론 죄를 지은 자신을 미워한다. 그는 욥처럼 "보소서 나는 비천하오니 무엇이라 주께 대답하리이까 손으로 내 입을 가릴 뿐이로소이다"(욥 40:4)라고 부르짖는다. 회심자는 스스로를 못마땅하게 여긴다. 그는 하나님의 율법의 거울에 비친 자신의 흉한 얼굴을 보고 그리스도의 고난과 주님의 선하심을 떠올리며 스스로를 혐오한다.

회심자는 어떻게 스스로를 혐오하는가

참 회심자는 스스로를 천박하게 생각한다. 참 회심자는 자신의 사악함을 의식하고 스스로를 비천하게 여긴다. 아브라함은 자신이 티끌과 재와 같다고 고백했고, 야곱은 하나님의 긍휼을 받을 자격이 없다고 인정했으며, 다윗은 자신이 사람이 아니고 벌레라고 말했고, 아삽은 자신을 하나님 앞에서 짐승으로 간주했다. 아굴은 자신이 다른 누구보다도 무지하다고 인정했고, 백부장은 그리스도를 자기 집에 모실 자격이 없다고 말했으며, 바울은 자신이 만삭되지 못한 자요 사도들 중에 가장 작은 자이자 모든 성도 가운데 가장 작은 자보다 못한 자요 죄인의 괴수라고 고백했으며, 탕자는 자신이 아들이라 일컬음을 받을 자격이 없고 고용된 하인으로 간주되어야 마땅하다고 생각했다(눅 15:19).

참 회심자는 죄 때문에 자기 자신을 진정으로 미워한다. "그러므로 내가 스스로 거두어들이고 티끌과 재 가운데에서 회개하나이다"(욥 42:6). 오물을 뒤집어쓴 사람은 스스로가 너무 역겨워 자기 몸을 만지는 것조차 꺼려하기 마련이다. 영적으로 자신을 혐오하는 사람도 마찬가지다. 그는 자신을 흉측하게 여긴다. 그는 스스로를 변호할 말을 찾을 수 없을 뿐 아니라 전에 온갖 변명과 거짓으로 자신을 만족시켰던 행위에 대해 분노를 느낀다. "세리는 멀리 서서 감히 눈을 들어 하늘을 쳐다보지도 못하고 다만 가슴을 치며 이르되 하나님이여 불쌍히 여기소서 나는 죄인이로소이다 하였느니라"(눅 18:13).

참 회심자는 거룩한 열정으로 스스로를 벌한다. 전에는 한결같이 죄만 짓고 살았지만 이제는 그런 자신을 질책하기 시작한다. 그의 내면에 존재하는 죄의 왕국이 무너져야 하기 때문이다. 그는 스스로에 대해 고소인, 변호인, 재판관의 역할을 모두 행한다. 그는 자신의 부패한 마음과 삶을 깊이 자책한다. 겸손한 죄인은 다음과 같이 행동한다.

1. 마치 죄 때문에 가슴을 두들겨 맞아 죽어 마땅하다고 선언하기라도 하듯 자신의 가슴을 내리친다. 그는 모든 죄와 슬픔의

근원이 자신의 내면에 존재한다고 생각한다. 그는 모든 죄를 자신의 탓으로 돌리고, 부패한 마음이 모든 죄의 근원이자 원천이라고 믿는다.

2. 마치 하나님의 길에서 벗어나게 만든 자신의 발을 징벌하겠다고 선언하기라도 하듯 자신의 종아리를 때린다. 그는 스스로에 대해 크게 분노하며 자신의 터무니없는 행위를 돌아보며 "내가 대체 무슨 일을 저질렀는가? 지금까지 얼마나 비참한 죄인으로 살아왔는가?"라고 생각한다.

무엇이 회심자의 자기 혐오감을 일깨우는가

양심을 해치고 더럽힌 지난날의 특별한 결함과 잘못. 베드로는 제정신이 들자 주님을 부인한 일이 생각나 심히 통곡했다. 죄의 기억은 영혼을 혼란스럽게 만들고 자기 혐오감을 불러일으킨다. 때로 회개는 그런 특별한 잘못을 뉘우치는 데서부터 시작해 모든 죄를 뉘우치는 데까지 발전한다. "그런즉 이스라엘 온 집은 확실히 알지니 너희가 십자가에 못 박은 이 예수를 하나님이 주와 그리스도가 되게 하셨느니라 하니라 그들이 이 말을 듣고 마음에 찔려 베드로와 다른 사도들에게 물어 이르되 형제들아 우리가 어찌할꼬 하거늘"(행 2:36, 37).

영혼 안에 죄가 가득한 것을 깨닫는 것. "무릇 우리는 다 부정한 자 같아서 우리의 의는 다 더러운 옷 같으며"(사 64:6). 영혼의 상태를 의식하게 된 회심자는 나병 같은 죄가 온 몸에 퍼져 있고, 생각이 어두워졌으며, 의지가 하나님의 뜻을 거역하고, 감정이 혼란스러우며, 본성이 오염되었고, 그 안에 모든 죄의 씨앗이 있다는 것을 깨닫는다. 그는 자신의 마음이 불법으로 가득하고, 그 안에서 정욕이 군대처럼 왕성하게 일어나고 있다는 결론에 도달한다. 그는 그런 부패함에서 비롯하는 역겨운 행위가 자신의 삶에 가득하며, "발바닥에서 머리까지 성한 곳"이 한군데도 없다는 것을 알고 스스로를 혐오한다.

의무를 행하는 것조차 불완전하다는 자각. 회심자는 자신이 행하는 거룩한 의무조차도 부패한 본성의 영향을 받는 탓에 온전하지 못하다는 것을 의식한다. 그러니 스스로를 혐오할 수밖에 없지 않겠는가? 그는 자신의 가장 훌륭한 행위조차도 좀이 먹어 온통 너덜너덜한 옷과 같고, 자신의 기도나 고백조차도 주님을 분노하시게 만들 뿐이라고 생각한다. 그의 행위는 온통 결함뿐이기 때문에 죄를 애통하게 여겨야 마땅하다. 한 가지 결함을 메우면 메워야 할 결함이 또 나타난다. 따라서 회심자는 스스로가 상처를 어루만져 줄 손조차 성한 곳이 한군데도 없었던 욥과 같다고 생각하고 자기를 혐오한다.

죄의 고통. 죄는 고약한 냄새를 풍기는 상처와 같아 보인다. 그런 상처들은 자기 혐오감을 더욱 강렬하게 부추긴다. 회심자는 죄를 지었을 때의 감정, 많은 긍휼과 인도, 맹세, 결심 등을 떠올리는 순간, 파멸을 자초한 비참한 죄인이요 감사를 모르는 악인이요 하나님 앞에서 한갓 짐승과 다름없는 존재였다고 생각하며 스스로를 혐오한다.

선한 행위를 지속하지 못하는 것. "너희의 인애가 아침 구름이나 쉬 없어지는 이슬 같도다"(호 6:4). 진정으로 뉘우치는 영혼은 자신의 마음과 행위가 참으로 변덕스럽다는 것을 겸손히 인정한다. 은혜로운 심령 상태는 잠시 유지되다가 쉽게 사라진다. 수없이 결심을 다지고 새로운 노력을 기울이지만 쉽게 무너질 때가 얼마나 많은가? 심히 자책하며 다시는 되풀이하지 않겠다고 생각했던 죄를 다시 짓는 일이 얼마나 많은가? 이런 일보다 자기 혐오감을 더 크게 자극하는 것은 없다.

■ 적용

1. 자만심은 회심하지 않은 상태를 보여주는 증거다. "네가 말하기를 나는 부자라 부요하여 부족한 것이 없다 하나 네 곤고한 것과 가련한 것과 가난한 것과 눈 먼 것과 벌거벗은 것을 알지 못하는도다"(계 3:17). 겸손함이 없으면 회개할 수 없다. 자만심에 사로잡혀 있는 한 겸손할 수 없다. 자만심에 사로잡힌 신앙고백자들보다 세리와 창기가 천국에 먼저 들어갈 것이다. 주님의 성령께서 그런 사람들에게 역사하실 때마다 햇빛에 눈이 녹아내리듯 그들의 삶에 존재하는 특별한 죄, 가득 넘치는 죄, 잔뜩 부풀어 오른 자만심이 모두 사라진다. 가장 훌륭한 성도라고 자부했던 사람들이 스스로가 죄인의 괴수임을 깨닫는다.

2. 스스로를 혐오하고 회개하려면 자신을 깊이 성찰해야 한다. 이사야는 "화로다 나여 망하게 되었도다 나는 입술이 부정한 사람이요"(사 6:5)라고 말했다. 주인이 집안일을 등한시하면 일이 온통 잘못되어가도 그 사실을 알지 못한다. 역겨운 영적 상처를 짊어지고 멸망을 눈앞에 둔 채 죄 가운데서 죽어가고 있는데도 꿈속에서 행복해하는 사람처럼, 스스로를 사랑하고 자신의 상태에 만족하는 가엾은 영혼들이 너무나도 많다. 그런 사람이 깨어나기는 매우 어렵다.

3. 회심자의 눈에는 죄가 매우 가증스럽게 보인다. 따라서 그는 스스로를 혐오한다. 안타깝게도 다른 사람의 죄는 미워하면서도 정작 우리 자신의 죄는 사랑할 때가 많다. 거룩하고 은혜로우신 하나님께 대해 죄를 지은 자신이 미워진다면 그것은 영혼이 죄를 진정으로 혐오한다는 명백한 증거다.

죄의 고백

참된 겸손은 죄를 뉘우치며 고백한다. "너는 오직 네 죄를 자복하라 이는 네 하나님 여호와를 배반하고 네 길로 달려……내 목소리를 듣지 아니하였음이라"(렘 3:13). "내가 이르기를 내 허물을 여호와께 자복하리라 하고 주께 내 죄를 아뢰고 내 죄악을 숨기지 아니하였더니 곧 주께서 내 죄악을 사하셨나이다"(시 32:5)라는 말씀대로 회개한 죄인은 죄를 고백함으로써 용서를 구하고 양심의 자유를 추구한다.

죄의 고백은 죄를 토해내는 것, 곧 가장 작은 죄라도 달콤하게 삼키지 않고 내뱉는 것을 의미한다. 바꾸어 말해 진정한 슬픔과 수치심과 자기 혐오감을 느끼게 된다.

죄의 고백은 죄의 본질에 따라 달라진다. 은밀한 죄는 은밀히 하나님께 고백하는 것으로 족하다. 또한 성경은 "너희 죄를 서로 고백하며"(약 5:16)라고 가르친다. 공개적으로 죄를 지어 공적인 물의를 일으킨 죄는 공적으로 고백해야 한다. "범죄한 자들을 모든 사람 앞에서 꾸짖어 나머지 사람들로 두려워하게 하라"(딤전 5:20). 회개한 다윗은 바울처럼 교회의 덕을 세우기 위해 자신의 고백을 기록으로 남겼다. 그렇게 한 이유는 죄로 훼손된 하나님의 영광을 회복하는 길은 오직 슬픔과 수치심을 느끼며 죄를 고백하는 것밖에는 없기 때문이다.

고백은 죄의 본질에 따라 이루어져야 한다. 그렇지 않으면 하나님의 영광을 욕되게 한 잘못을 시정할 수 없다. 물론 개인적인 고백과 공적인 고백도 은밀한 고백과 마찬가지로 단지 사람들만이 아닌 하나님을 상대로 이루어져야 한다.

고백은 참된 겸손의 필수 요소다. 강퍅한 마음이 녹아내려 겸손히 죄를 뉘우치려면 혀가 먼저 풀려 죄를 고백해야 한다. 겸손히 죄를 뉘우치려면 고백이 필요하다. "그들이 그 죄를 뉘우치고 내 얼굴을 구하기까지 내가 내 곳으로 돌아가리라"(호 5:15). "만일 우리가 우리 죄를 자백하면 그는 미쁘시고 의로우사 우리 죄를 사하시며 우리를 모든 불의에서 깨끗하게 하실 것이요"(요일 1:9).

죄의 고백은 두 부분으로 나뉜다

자기 비난. 하나님은 율법을 주셨고 죄인은 율법을 어겼다. 회심자는 슬픔과 수치를 느끼며 율법 수여자이신 하나님의 영광을 욕되게 만든 죄를 고백한다. 그는 그 죄를 숨길 수도 없고 감히 부인하지도 못한다. 그의 영혼은 겸손해졌기 때문에 죄를 고백하지 않을 수 없다. "무릇 나는 내 죄과를 아오니 내 죄가 항상 내 앞에 있나이다"(시 51:3). 그는 율법이 거룩하고 의롭고 선하다는 것을 인정하고, 그것을 어긴 것이 잘못되었다고 시인한다. 따라서 그는 입에서는 달콤했지만 뱃속에서 씁쓸하게 변해버린 죄를 기꺼이 토해낸다.

자기 단죄. 집으로 돌아온 탕자는 "아버지 내가 하늘과 아버지께 죄를 지었사오니 지금부터는 아버지의 아들이라 일컬음을 감당하지 못하겠나이다"(눅 15:18, 19)라고 말했다.

회심자는 율법을 바라보고 죄과를 인정한다. 그는 스스로가 받아야 할 형벌을 알고 자신에게 형을 선고한다. 그는 자신이 현재 당하는 모든 고통을 의롭고 정의로운 하나님의 심판으로 인정한다.

"그러므로 여호와께서 이 재앙을 간직하여 두셨다가 우리에게 내리게 하셨사오니 우리의 하나님 여호와께서 행하시는 모든 일이 공의로우시나 우리가 그 목소리를 듣지 아니하였음이니이다"(단 9:14). 뼈가 부러져 고통을 당해도 당연하다고 고백하고, 스스로의 죄 때문에 형벌을 받더라도 정당하다고 시인한다. 그는 자신이 영원한 진노를 당해야 마땅하다고 생각한다. 그는 고통당하던 옛 교회처럼 "여호와의 인자와 긍휼이 무궁하시므로 우리가 진멸되지 아니함이니이다"(애 3:22)라고 고백한다. 그는 하나님이 자신의 더러운 죄의 옷을 벗겨 유황불을 붙이시고, 그것으로 자신을 둘둘 말아 구덩이에 집어던지셔도 부당하게 여길 수 없다고 말한다(시 51:4).

죄의 고백은 진지하고, 온전하고, 자발적이고, 구체적이어야 할 뿐 아니라 죄를 버리는 결단을 필요로 한다.

■ 적용

1. 죄를 숨기고 은폐하거나 하나님이 요구하시는 방법대로 죄를 고백하지 않는 것은 마음이 겸손해지지 않았다는 증거다. "자기의 죄를 숨기는 자는 형통하지 못하나 죄를 자복하고 버리는 자는 불쌍히 여김을 받으리라"(잠 28:13).

   어둠의 일을 행해 공개적으로 물의를 일으키는 사람들 가운데는 얼굴에 철갑을 뒤집어쓰기라도 한 듯 죄의 고백으로 하나님께 영광을 돌리기를 거부할 뿐 아니라 사람들이 아닌 하나님 앞에 이미 죄를 고백했노라고 스스로를 속이는 사람들이 많다. 그들은 자신이 그런 식으로 용서받을 수 있는 길을 스스로 가로막고 있고, 하나님의 명령에 복종하기를 거부한 채 거짓으로 한 가지 죄를 또 다른 죄로 은폐하고 있다는 것을 의식하지 못한다.

또한 그들은 그런 말이 하나님과 화목을 누리는 길을 방해한다는 것을 알지 못하고, 물의를 빚은 것을 청산해 교회와 화목하기를 거부한다. "만일 그들의 말도 듣지 않거든 교회에 말하고 교회의 말도 듣지 않거든 이방인과 세리와 같이 여기라 진실로 너희에게 이르노니 무엇이든지 너희가 땅에서 매면 하늘에서도 매일 것이요 무엇이든지 땅에서 풀면 하늘에서도 풀리라"(마 18:17, 18).

물론 이것은 단지 말씀일 뿐이다. 그러나 각성된 양심의 소유자에게는 인간이 내리는 그 어떤 형벌보다 더 무서운 하나님의 말씀이다.

2. 자신의 죄를 외면하고 고백하기를 거부하는 사람들은 죄를 뉘우칠 수 없다. "네가 사는 곳이 속이는 일 가운데 있도다 그들은 속이는 일로 말미암아 나를 알기를 싫어하느니라 여호와의 말씀이니라 그러므로 만군의 여호와께서 이와 같이 말씀하시되 보라 내가 내 딸 백성을 어떻게 처치할꼬 그들을 녹이고 연단하리라"(렘 9:6, 7).

물론 우리 스스로 깨달아 구체적으로 고백하기 어려운 죄도 있다. 그러나 그런 경우에도 영혼은 책망을 외면하지 않는다. "자기 허물을 능히 깨달을 자 누구리요 나를 숨은 허물에서 벗어나게 하소서"(시 19:12). 그러나 자신의 혀 아래 달콤한 죄를 감춘 채 그 사악함을 보기를 원하지 않고 그것을 주님 앞에 고백해야 할 책임이 없다고 생각하는 것은 마음이 교만하고, 죄를 버릴 의도가 없으며, 끝까지 그 죄를 품고 살겠다는 증거다.

3. 자발적으로 진지하고 온전하게 죄를 고백하려고 노력하라. 우리는 하나님의 정의에 빚을 지고 있는 상태다. 우리는 그 빚을 갚을 능력이 없다. 죄의 빚을 탕감받기 위해 기도하려면 그 빚을 기꺼이 고백해 정의의 추적을 피해야 한다. 그렇지 않으면 그렇게 기도할 수 없다.

우리의 죄를 진심으로 인정하고 깊이 뉘우친다면, 지금 죄를 고백하지 못하게 방해하는 장애요인이 홍수에 무너지 듯 모두 사라질 것이다.

죄를 버리고 하나님께로 돌아가라

이번에는 회개의 두 번째 요소, 죄를 버리고 하나님께로 돌아가는 것에 관해 생각해보자. 회개는 이 과정을 통해 온전히 이루어진다. 죄의식, 수치심, 슬픔을 아무리 느껴도 하나님께로 돌아가지 않으면 아무 소용이 없다. 이것이 구약성경이 "돌이키다, 돌아가다"라는 말로 종종 회개를 일컫는 이유다. 온전한 회개가 이루어지려면 다음과 같은 단계를 거쳐야 한다.

1. 회개하지 않은 죄인은 제정신을 잃은 상태다. 그러나 회개하면 제정신을 되찾는다. 탕자도 제정신을 되찾았다(눅 15:17). 정신병자가 건강한 정신을 되찾는 것과 같은 큰 변화가 일어나지 않으면 회개할 수 없다. 상황을 바라보는 관점이 전과 판이하게 바뀐다. 회심자는 지난날의 악한 행위를 제정신을 잃은 상태에서 저지른 일이라고 생각한다. 이것이 회개의 첫 단계, 즉 겸손한 깨달음이다.

2. 회개하지 않은 죄인은 방황하는 새처럼 제자리를 떠난 상태다. "고향을 떠나 유리하는 사람은 보금자리를 떠나 떠도는 새와 같으니라"(잠 27:8). 따라서 영혼이 휴식도 누리지 못하고 제 의무도 행하지 못한다. 아담은 자신은 물론 모든 인류의 안식을 빼앗아 마귀의 황무지를 방황하게 만들었다. 회개는 죄인이 제자리로 되돌아가 하나님의 집에서 그분의 종들과 함께 거하는 것을 의미한다. 이것이 회개의 두 번째 단계다. 영혼이 제자리를 찾으면 하나님께로 다시 돌아간다. 천사가 하갈을 찾고, 바울이 오네시모를 찾았던 것처럼(몬 10-12절) 하나님의 은혜가 죄인을 찾는다.

죄를 버리라

죄를 버려야 한다. "너희는 마음을 돌이켜 우상을 떠나고 얼굴을 돌려 모든 가증한 것을 떠나라"(겔 14:6). "주의 이름을 부르는 자마다 불의에서 떠날지어다"(딤후 2:19). "악을 버리고"(시 34:14). 회개한 죄인은 행위를 고치고 이전의 정욕을 버린다. 회개하지 않은 죄인은 길을 잃고 발길을 멈춘 채 올바른 방향을 찾으려고 허둥대는 여행자와 같다. 죄를 뉘우쳤다고 하면서 죄의 행위를 고치지 않는 것은 모순이다. 참 회심자는 죄를 버린다. 그는 죄와 정욕을 추구하던 삶을 중단하고, 이전의 길을 버린다. 그의 안에는 여전히 죄가 남아 있지만 이전처럼 그를 지배하지 못한다.

죄의 사슬을 벗고자 하는 갈망

참 회심자는 마음과 감정을 옭아맨 죄를 버린다. 회개하지 않은 상태는 속박된 상태다. 젖먹이가 항상 젖가슴만 찾는 것처럼 죄인의 마음은 정욕에 깊이 얽매여 있다. 회개는 그런 속박에서 벗어나는 것을 의미한다. "오호라 나는 곤고한 사람이로다 이 사망의 몸에서 누가 나를 건져내랴"(롬 7:24). 회심자의 영혼에도 죄가 여전히 들러붙어 있지만 이전처럼 죄를 사모하지는 않는다. 죄는 회심자를 속박하지만 그것은 거추장스러운 짐과 같은 포로의 쇠사슬, 또는 서둘러 벗고 싶은 부활한 나사로의 수의와 같을 뿐이다. 이처럼 회개는 마음을 변화시킨다.

　죄에 대한 숭배가 경멸로 바뀐다. 회심자는 죄를 적대시한다. "사람이 자기를 위하여 경배하려고 만들었던 은 우상과 금 우상을 그 날에 두더지와 박쥐에게 던지고"(사 2:20). 전에 인정하던 것을 이제는 경멸한다. 그 이유는 관점이 바뀌었기 때문이다. 전에 가장 높았던 것이 이제는 가장 낮은 것이 되었다. 죄와 사악함보다 은혜와 거룩함을 더욱 우러러보게 되었다. 죄를 마음껏 저지를 수 있다는 이유로 가장 행복하게 여기던 것들이 이제는 죄의 노예이자 멸망의 지름길로 이끄는 가장 비참한 것으로 간주된다. 따라서 회심자는 여호수아처럼 "오직 나와 내 집은 여호와를 섬기겠노라"(수 24:15)라고 결심한다.

　죄에 대한 사랑이 증오로 바뀐다. "내가 헛된 생각을 미워하고"(시 119:113, 『킹제임스』성경 참조/역자 주). "내가……모든 거짓 행위를 미워하나이다"(시 119:128). 전에는 죄가 하나님의 은혜와 그분과의 교제보다 더 낫고 좋게 보였다. 오직 세상과 정욕과 영혼의 부패한 욕망을 만족시킬 수 있는 것만을 원했을 뿐 선한 것과 바람직한 것은 전혀 알지 못했다. 그러나 회심자는 죄를 적대시하고 가장 사악한 악으로 여겨 미워한다. 그는 죄를 지으면 징벌을 받을 것을 두려워한다. 왜냐하면 죄가 하나님의 본성과 의지를 거스르는 것임을 알고 증오하기 때문이다.

　죄를 좋아하던 마음이 혐오감으로 바뀐다. 회개는 죄를 버리는 것(겔 18:31)을 의미한다. 회심자는 죄를 너무나도 더러워 가까이 다가오는 것을 용납할 수 없는 것처럼 거부한다. 회심자는 죄를 악한 것으로 여길 뿐 아니라 마음으로부터 거부감을 느끼게 만드는 가증스러운 것으로 간주한다. 이것이 회심자가 자기 혐오감을 느끼는 근거가 된다.

죄를 사모하는 마음이 죄를 벗어버리려는 갈망으로 바뀐다. 죄인이 옥문이 열리기를 바라고, 포로가 쇠사슬을 벗고 자유를 얻기를 갈망하듯 회심자는 죄로부터 자유롭기를 원한다. 죄는 그의 등에 놓인 무거운 짐이요 기꺼이 치료를 원하는 그의 영혼의 질병이다. 따라서 그의 눈에는 구원을 베푸시는 주님과 거룩하게 하시는 성령과 의롭게 하는 보혈이 너무나도 사랑스럽게 비쳐질 수밖에 없다.

가시적인 변화

회심자의 삶과 행위가 변화된다. 전에는 죄인의 길에 섰지만 마음에 감화를 받은 후에는 그 길을 버린다(사 55:7). 회심자는 순결한 마음만이 아니라 깨끗한 손을 지닌다. 회개는 삶 속에서 가시적인 변화를 일으킨다. 그 이유는 사망의 몸에 속한 지체들을 죽이고(롬 8:13), 정욕과 유혹에 굴복하기를 거부하며(딛 2:12), 육신의 정욕을 억제하고(롬 13:14), 죄의 몸과 그 지체를 그리스도의 십자가에 못 박기 때문이다(갈 5:24).

겉사람의 부패한 행위를 버린다(시 24:3, 4). 선택받은 영혼도 회개하기 전에는 다른 사람들과 마찬가지로 습관적으로 속된 행위를 일삼던 사람이었다.

회심한 후에도 여전히 그런 상태라면 그리스도의 양과 마귀의 염소가 무슨 차이가 있겠는가? 물론 다윗이나 베드로의 경우처럼 선택받은 자들도 큰 죄를 저지를 수 있다. 그러나 그들은 그 죄에 머물지 않고 회개하고 다시 일어선다. 속된 삶은 회개하지 않은 상태라는 증거다(갈 5:21). 술 취함, 욕설, 거짓말, 속임수, 주일을 더럽히는 행위를 비롯해 겉사람의 온갖 속된 행위를 일삼으면서 어떻게 회개한 척 행세할 수 있는지 참으로 의아하다. 그런 사람의 삶에서는 악한 마귀가 쫓겨나기는커녕 아직 채 사라지지도 않았다고 할 수 있다.

인간의 공통된 약점으로부터 비롯하는 죄에 대해서도 민감하게 반응하며, 말과 행동이 항상 양심에 거리끼지 않으려고 노력한다. 회심자는 다른 사람들이 가볍게 생각하는 잘못도 죄로 알고 애통해하고, 사람들 앞에서만이 아니라 오직 하나님만이 보실 수 있는 은밀한 곳에서도 정직하게 행동한다. 회심자는 유혹을 멀리하며 악은 모양조차도 버리려고 노력한다. 그는 육신의 연약함 때문에 저지른 잘못을 주님 앞에서 깊이 뉘우친다.

죽을 때까지 계속되는 싸움

마음으로나 행위로나 죄를 짓지 않으려고 노력한다. 속사람과 겉사람이 모두 죄를 거부하고 적대시하며 마귀와 세상과 육신을 대적한다. 참 회심자 안에서 영적 싸움이 시작된다. 죄와의 전쟁이 선포된다. 이 싸움은 죽을 때까지 결코 끝나지 않는다. 죄의 멍에를 거부하고 벗어 던지며 옛 주인에 맞서 싸운다.

마음속에서 일어나는 죄의 충동을 물리치고 순결한 삶과 마음을 유지하려고 노력한다. "내가 헛된 생각을 미워하고 주의 법을 사랑하나이다"(시 119:113 『킹제임스』 성경 참조/역자 주). 바리새인들은 마음속에 가득한 탐욕은 신경 쓰지 않고 그릇의 겉만을 깨끗하게 하려고 애쓴다. 그러나 은혜로운 영혼은 세상 사람들이 보지도 못하고 볼 수도 없는 자신의 마음속에서 죄와 맞서 싸우는 일에 가장 큰 열정을 기울인다. 마음을 다스리는 것이 회심자의 신앙생활에서 가장 어려운 부분을 차지한다.

회심자는 행위로 죄를 짓지 않으려고 노력한다. "나는 그의 앞에 완전하여 나의 죄악에서 스스로 자신을 지켰나니"(시 18:23). 그는 자신이 도처에 덫이 놓여 있는 세상에 살고 있다는 것을 안다. 그는 스스로의 약점을 알고, 자신이 쉽게 덫에 걸릴 수 있다는 것을 알기에 죄의 물결에 떠밀려가지 않으려고 늘 깨어 경계한다. 그는 유혹을 두려워하고 헛된 것을 보지 않으려고 노력하며, 유혹에 넘어가 넘어질까 두려워 항상 죄를 멀리하려고 애쓴다.

지속적인 싸움

죄에서 돌이키는 일은 죽을 때까지 끝나지 않기 때문에 회심자는 항상 죄에서 돌이키며 늘 새롭게 회개한다. 회개가 영혼이 처음 회심할 때 며칠이나 몇 주 만에 다 이루어지는 것으로 생각하는 사람은 참 회심자가 아니다. 참 회심자는 죄를 짓고 사는 한 항상 회개한다. 그는 자신이 종종 더러운 죄의 구덩이에 빠진다는 것을 알기에 항상 깨끗하게 씻으려고 노력하고, 매일 새로운 죄의 빚을 지기에 매일 용서를 구하려고 애쓴다. 실패한 후에는 스스로가 더 가증스러워 보이고, 또 더 오랫동안 안일하게 누워 있다가 다시 일어났을 때는 더욱 비통하게 여기며 죄를 뉘우친다.

이런 식으로 죄에서 돌이키는 것은 다음과 같은 특성을 지닌다.

죄에서 돌이키는 것은 죄를 대적하는 마음속의 내적 원리로부터 자발적으로 이루어진다. "그러므로 내가 스스로 거두어들이고 티끌과 재 가운데에서 회개하나이다"(욥 42:6). 회심자는 죄를 가슴에 품은 뜨거운 숯불처럼 여길 뿐 아니라 자신을 더럽히는 혐오스런 물건처럼 여겨 서둘러 내버린다.

어떤 사람들은 발디엘이 불법으로 아내로 삼았던 미갈을 억지로 떠나보냈던 것처럼 자신의 의지와 상관없이 죄와 결별한다(삼하 3:15). 그들은 죄의 장막 안에 거하다가 말뚝이 부러져 더 이상 그 안에 거할 수 없을 때가 돼서야 할 수 없이 죄를 버린다. 그들은 탐욕스런 사람이 죽을 때에 재물을 버리는 것처럼, 버리고 싶은 마음이 없는데 어쩔 수 없이 그렇게 해야 할 때가 돼서야 비로소 죄와 결별한다.

그러나 참 회심자는 스스로 죄에서 돌이키는 것을 선택한다. 억지로 행위를 고치는 것은 진지하지도 않고, 오래 지속되지도 않는다(시 78:34).

죄를 죄로 여기고 죄에서 돌이키는 것, 곧 죄를 짓는 것이 하나님께 등을 돌리고 그분의 거룩한 본성과 율법을 어기는 것인 줄 알기에 죄를 버리는 것은 진지하게 이루어진다. 참 회심자의 회개는 죄 때문에 위험한 일을 당할지도 모른다는 저급한 동기가 아니라 죄가 하나님을 대적하고, 그분의 아들을 욕되게 하고, 성령을 근심하시게 하고, 율법을 어기고, 하나님의 형상을 왜곡시키는 것인 줄 아는 고귀한 동기에 의해 이루어진다. 그런 동기에서 죄에서 돌이키지 않으면 하나님께 인정받을 수 없다. 그런 회개는 하나님이 아닌 자아를 위한 것이다. 하나님은 자신을 목적으로 삼지 않는 회개는 절대 받아주지 않으신다.

그렇다면 자아를 위한 저급한 동기에서 죄를 내버렸거나 자신의 의지와 상관없이 죄를 내버릴 수밖에 없는 경우에는 어떻게 해야 할까? 그런 경우에는 또다시 죄를 짓지 않도록 조심해야 한다.

죄를 혐오하며 이전보다 더 고귀한 동기로 죄를 버리려고 노력해야 한다. 스스로를 위해 죄를 버렸다면 한걸음 더 나아가 하나님을 위해 죄를 버려야 한다. 자신의 죄를 다시 돌아보며 그 죄가 거룩한 하나님을 얼마나 분노하시게 했고, 또 그분의 아들을 얼마나 욕되게 했는지 곰곰이 생각하라. 그런 일을 생각하며 죄를 회개하고 애통하게 여겨라. 그러면 진지한 마음으로 죄에서 돌이킬 수 있을 것이다.

죄에서 돌이키는 것은 온전하게 이루어진다. "내가……모든 거짓 행위를 미워하나이다"(시 119:104). "너희가 범한 모든 죄악을 버리고"(겔 18:31). 한 가지 죄를 진지하게 버리는 사람은 자신이 알고 있는 모든 죄를 버린다.

참 회개를 독려하는 이유가 한 가지 죄만이 아니라 모든 죄에서 똑같이 발견되기 때문이다. 부분적인 변화는 진지하지 않다. 하나님은 온전한 마음을 요구하신다. 그분은 불완전한 섬김을 원하지 않으신다. 죄는 무엇이든 영혼에 치명적인 상처를 입힌다. 따라서 많은 죄가 해결되고 한 가지 죄만 남아 있어도 그 한 가지 죄 때문에 죽음을 당한다. 주님은 "만일 네 오른 눈이 너로 실족하게 하거든 빼어 내버리라 네 백체 중 하나가 없어지고 온 몸이 지옥에 던져지지 않는 것이 유익하며"(마 5:29)라고 말씀하셨다. 독즙 한 방울이 포도주 잔 전부를 치명적인 독물로 만든다. 여룹바알의 첩이 낳은 아들 아비멜렉이 그의 칠십 형제 가운데 한 사람을 제외한 모두에게 죽음을 가져다준 것처럼 한 가지 죄가 남아 있으면 다른 모든 선한 변화가 무용지물이 되고 만다.

죄에서 돌이키는 것은 지체 없이 신속히 이루어진다. "주의 계명들을 지키기에 신속히 하고 지체하지 아니하였나이다"(시 119:60). 죄에서 돌이키겠다고 선뜻 결심하지 못하고 지체하는 사람의 회개는 진지할 수 없다. 그런 회개는 겸손의 창날이 충분히 깊이 박히지 않은 탓에 안에 있는 더러운 물질이 아직 밖으로 쏟아지지 않은 상태인 것이 분명하다. 죄를 진정으로 애통해하는 사람은 마치 불타는 숯불을 품 안에서 내던지듯이 지체하지 않고 죄를 내버리지 않을 수 없다. 속살을 태우기 전에 서둘러 내버려야 마땅하다. 오른 손이 죄를 짓게 하거든 신속히 잘라버리고, 오른 눈이 죄를 짓게 하거든 신속히 뽑아버려야 한다.

참 회심은 불완전하지 않다

죄에서 돌이키는 것은 철저하게, 율법적이 아니라 복음적으로 온전히 이루어진다. 유다의 회개가 불완전했던 이유는 온 마음으로 주님께 돌이키지 않고 가식적인 태도를 취했기 때문이다. 에브라임의 회개도 민족 가운데 혼합되어 마치 뒤집지 않은 전병과도 같았다(호 7:8). 참된 회개는 네 가지 특징을 지닌다.

참 회심자는 알려진 죄만이 아니라 모든 죄, 심지어 자신이 가장 좋아하고 사랑스럽게 여기는 죄와 가장 "얽매이기 쉬운 죄"(히 12:1)까지 모두 뉘우친다. "나의 죄악에서 스스로 자신을 지켰나니"(시 18:23). 기질에 따른 죄, 직업과 지위 및 인간관계와 가장 밀접하게 연관된 죄, 가장 자주 강하게 유혹을 느끼는 죄를 모두 청산해야만 죄에서 철저히 돌이킬 수 있다. 가장 지배적인 죄, 한 가지가 부족하면 나머지가 모두 온전하지 못하게 되는 죄, 즉 오른 팔과 오른 눈과 같은 죄로부터 마음이 자유로워져야 한다. 이런 죄를 버리고, 또 극복하지 않으면 모든 것이 잘못된다. 그런 싸움에서는 승리할 때도 있고 패배할 때도 있다.

참 회심자는 자신을 옭아매는 죄의 고리, 곧 자기를 붙잡는 구실이 될 것으로부터 돌이킨다. 바로는 이스라엘 백성이 어린 자녀들을 남겨놓고 떠나겠다고 했으면 기꺼이 그 청을 들어주었을 것이다. 그렇게 하면 그들을 다시 돌아오게 할 수 있으리라고 확신했을 테니 말이다. 사탄은 다시 죄를 짓게 유혹하는 것을 좋아하는 마음이 남아 있으면 잠시 동안 죄에서 돌이키도록 허용할 것이 분명하다. 이는 나무는 잘려도 뿌리만 남아 있으면 다시 자라는 이치와 같다.

참 회심자는 죄를 지을 기회조차 허용하지 않는다. 다윗은 "내 눈을 돌이켜 허탄한 것을 보지 말게 하시고"(시 119:37)라고 기도했다. 솔로몬은 술 취하지 말라는 교훈을 가르치면서 "포도주는 붉고 잔에서 번쩍이며 순하게 내려가나니 너는 그것을 보지도 말지어다"(잠 23:31)라고 권고했다. 죄에 맞서 싸우는 것으로 그치지 말고 그 기회조차 허용하지 말아야 한다. 그렇지 않으면서 회개하고 죄에서 돌이킨 척 해봤자 아무 소용없다. 포위공격을 당할 때 마을을 진정으로 방어할 생각이 있다면 최선을 다해 외벽을 방어하려고 노력할 것이 분명하다. 배신자들은 적군을 고의로 안으로 침투하게 만든다. 진정으로 회개하려면 "사악한 자의 길에 들어가지 말며 악인의 길로 다니지 말지어다 그의 길을 피하고 지나가지 말며 돌이켜 떠나갈지어다"(잠 4:14, 15)라는 성경의 권고를 받아들여야 한다.

참 회심자는 죄의 열매를 즐거워하지 않는다. 죄에서 돌이킨 척 하고 그 열매를 즐기는 것은 거짓 회개에 지나지 않는다. 죄를 진정으로 버리려면 그것이 제공하는 이익도 함께 버려야 한다. 이사야 선지자는 "오직 공의롭게 행하는 자, 정직히 말하는 자, 토색한 재물을 가증히 여기는 자, 손을 흔들어 뇌물을 받지 아니하는 자,

귀를 막아 피 흘리려는 꾀를 듣지 아니하는 자, 눈을 감아 악을 보지 아니하는 자, 그는 높은 곳에 거하리니"(사 33:15, 16)라고 가르쳤다. 한 철학자가 외상으로 신발 한 켤레를 구입했다. 그러던 중 상인이 세상을 떠났다. 철학자는 이득을 보았다고 생각했지만 양심에 찔려 결국 그 돈을 가게에 돌려주며, "받으시오. 당신이 세상 모든 사람에게는 죽은 사람일지 몰라도 내게는 여전히 살아 있다오"라고 말했다고 한다. 회개에는 두 가지가 필요하다.

1. 배상, 곧 다른 사람들에게서 그릇 빼앗은 것을 되돌려주어야 한다. 그렇게 할 수 있는데도 하지 않는 사람은 죄를 회개할 수 없다. 왜냐하면 고의로 자신이 저지른 죄의 열매를 먹으려고 하기 때문이다. 죄 가운데 머무르는 한 죄에서 돌이킬 수 없다. 회개하지 않은 죄는 용서받을 수 없다. "배상하지 않으면 죄를 용서받을 수 없다(non remittitur nisi restituitur)"는 격언은 배상할 능력이 있으면서도 그렇게 하려고 하지 않는 사람에게 적용된다. 삭개오는 배상을 통해 스스로가 참된 회심자임을 입증했다(눅 19:8). 이웃의 것을 부당하게 빼앗은 것을 배상할 수 있는데도 그렇게 하려고 하지 않는 사람이 회개할 수 있다고 말하는 것은 도둑이 이웃에게서 훔친 것을 먹으면서 회개할 수 있다고 말하는 것이나 다름없다. 연인이 헤어지면 사랑의 증표를 서로에게 되돌려주는 법이다. 마찬가지로 죄인도 죄와 결별하면 다른 사람들에게서 부당하게 취한 것을

모두 배상해야 한다.

2. 이웃의 명예, 평판, 평화, 안식, 만족과 같은 것을 부당하게 침해한 경우처럼 물질적인 배상이 여의치 않을 때에도 적절한 보상이 이루어져야 한다. 성경은 "너희 죄를 서로 고백하며"(약 5:16)라고 권고한다. 이런 권고를 거부하고 고의로 죄를 회개하지 않고 죄를 계속 지으면서 겉으로만 회개한 척할 수 있다. 물의를 일으키는 죄, 곧 세상 사람들 앞에서 하나님의 명예를 욕되게 하고, 신앙의 대의를 훼손해 속된 사람들의 경멸과 멸시를 받게 만들고, 경건한 신자들의 마음을 슬프게 만드는 죄를 저지른 경우에는 적절한 보상이 이루어져야 한다. 하나님의 명예와 신앙의 대의를 회복하려고 노력하지 않고 그런 죄를 회개하는 것은 불가능하다. 스스로의 힘으로 충분히 상처를 싸매줄 수 있는데도 상대방이 피를 흘리며 죽어가는 것을 물끄러미 지켜보면서 상처를 입힌 죄를 회개한다는 것은 결코 있을 수 없다.

■ 적용

1. 행위의 변화가 뒤따르지 않는 뉘우침은 아무런 가치가 없다. 따라서 우리는 교회 차원의 금식 계획을 이행할 수 있는 적절한 방법이 무엇인지, 곧 어떻게 하나님이 우리를 향해 분노하시게 만든 죄에서 돌이킬 수 있는지를 생각해야 한다. 각자 가슴에 손을 얹고 이 죄의 불꽃을 일으킨 숯불이 무엇

인지 생각하고 진심으로 그 죄에서 돌이켜야 한다. 그렇게 하면 기도로 얻는 축복을 감사함으로 받아 누릴 수 있을 것이다.

2. 결과적으로 죄에서 돌이키지 못하면 죄를 고민하고 슬퍼하고 근심하는 모든 노력이 아무 소용없다. 탄식하면서도 여전히 죄를 짓는 것은 회개가 아니라 영원히 지옥에서 살아가는 것이나 다름없다.

죄를 슬퍼하는 것이 죄에서 돌이키는 것으로 발전하지 않으면 그 슬픔은 거룩하지 못한 슬픔, 곧 우리의 영혼을 이롭게 하지도 못하고, 하나님의 인정도 받을 수 없는 슬픔에 지나지 않는다.

3. 겉으로만 죄에서 돌이킨 척하고 마음으로는 여전히 죄를 사모하는 것도 회개가 아니기는 마찬가지다. 겉으로 드러난 행위를 고치는 것은 비교적 쉽다. 그러나 세상과 정욕을 마음으로부터 멀리하기는 매우 어렵다. 우리가 회개했다고 생각하고 만족하려면 무슨 동기로 죄를 버렸는지 면밀히 검토해보는 것이 좋다. 왜냐하면 우리의 자아, 우리의 이익과 편안함과 안전이라는 저급하고 천박한 동기보다 더 고귀한 동기에서 이루어진 회개가 아니라면 참된 회개가 아니기 때문이다.

4. 회개는 하루나 일 년 만에 끝나는 일이 아니라 일평생 지속되는 일이다. 죄에서 돌이키는 일도 마찬가지다. 죄는 도망치는 우리를 늘 쫓아다닌다. 우리를 따라잡을 때가 많기 때문에 늘 새로 도망쳐야 한다.

신자는 일생동안 전쟁을 치른다. 그 전쟁에서 많은 전투를 치르면서 신자는 때로는 승리하고 때로는 패배한다. 패배했을 때는 전의를 새롭게 해야 하고, 승리했을 때는 그 기세를 몰아 새로운 전투에 대비해야 한다.

전투에서는 패할지라도 전쟁에서는 승리를 거둘 것이라는 성경의 약속은 큰 위로가 아닐 수 없다. "평강의 하나님께서 속히 사탄을 너희 발 아래에서 상하게 하시리라"(롬 16:20).

5. 죄에서 돌이키는 것이 반드시 필요하다. 성경은 "너희도 만일 회개하지 아니하면 다 이와 같이 망하리라"고 말씀한다. 죄에서 돌이키지 않는 것은 회개가 아니다. 죄를 뉘우치고 돌이키지 않으면 멸망한다. 죄가 멸망하든 우리의 영혼이 멸망하든 둘 중 하나다.

돌이키지 않으면 하나님의 진노의 불에 타죽는다. 둘 중에 하나를 선택해야 한다. 우리 모두 멸망당하지 않도록 신속하고도 철저하게 죄에서 돌이키자.

하나님께로 돌아가라

회개는 하나님께로 돌아가는 것을 의미한다. "오라 우리가 여호와께로 돌아가자"(호 6:1). 이것이 죄인이 되돌아가야 할 자리다. 죄는 하나님을 떠나는 것이고, 회개는 그분께 다시 돌아가는 것이다. 이것은 도망친 하인이 주인에게 되돌아와 집안에서 다시 제자리에 복귀해 의무를 행하는 것과 같다. 죄는 두 가지 점에서 인류를 하나님으로부터 멀어지게 만들었다.

1. 죄는 우리의 안식이요 분깃이신 하나님으로부터 우리를 멀어지게 만들었다. 하나님은 스스로는 물론 모든 피조물에게 온전히 충족하시다. 그렇게 하실 수 있는 분은 오직 하나님뿐이시다. 죄는 하나님을 떠나 피조물 가운데서 행복과 만족을 추구하게 만든다. 따라서 하나님은 "내 백성이 두 가지 악을 행하였나니 곧 그들이 생수의 근원되는 나를 버린 것과 스스로 웅덩이를 판 것인데 그것은 그 물을 가두지 못할 터진 웅덩이들이니라"(렘 2:13)라고 말씀하신다. 인간은 그런 곳에서 마음의 안식을 얻으려고 애쓴다. 인간은 믿음으로 분깃이신 하나님께 돌아와 그리스도를 통해 그분과 다시 연합하고, 그분 안에서 영원한 안식을 누려야 한다. 인간은 방주로 되돌아온 비둘기처럼 하나님께 돌아와야 한다. "저 구름같이, 비둘

기들이 그 보금자리로 날아가는 것같이 날아오는 자들이 누구냐"(사 60:8).

2. 죄는 복종해야 할 주님이요 주인이신 하나님으로부터 우리를 멀어지게 만들었다. 인간은 회개하고 다시 하나님께 돌아와 자신의 의무를 이행해야 한다. 인간은 하나님으로부터 도망쳤고 그분의 율법에 등을 돌렸으며 자신의 정욕을 법으로 삼았다. 그러나 회개하는 죄인은 하나님의 율법으로 되돌아온다. 그리스도의 계명이라는 멍에를 목에서 벗어버렸지만 다시 그것을 목에 얹고 더 이상 벗으려고 하지 않는다. 좁은 길을 버리고 떠났지만 다시 돌아와 넓은 길과 영원히 작별을 고한다.

지체없이 돌아오라

하나님께로 돌아온다는 것은 주님이요 주인이신 그분을 사랑하고 좋아하는 마음을 지닌다는 것을 의미한다. 하나님을 떠난 죄인들은 자신의 의무는 물론 주인이신 하나님과 그분의 집을 싫어한다. "그 백성이 그를 미워하여 사자를 뒤로 보내어 이르되 우리는 이 사람이 우리의 왕 됨을 원하지 아니하나이다 하였더라"(눅 19:14). 죄인들은 하나님께 대한 편견으로 가득 차 있으며 그분을 거부하는 타고난 성향을 지니고 있는 관계로 그분께 복종할 수가 없다. 따라서 그들은 "하나님께 말하기를 우리를 떠나소서 우리가 주의 도리 알기를 바라지 아니하나이다"(욥 21:14)라고 말한다. 그러나 회개하면 그런 반감이 사라지고, 마음으로부터 하나님을 좋아하고 사모하는 성향을 지니기에 이른다. 이를 세 가지로 나눠 좀 더 자세히 설명하면 다음과 같다.

그의 영혼은 주님을 범사에 기뻐하고 섬기기에 합당하신 분으로 존중하기에 이른다. 회심자는 하나님의 이름을 아름다운 이름으로 고백한다.

그의 영혼은 하나님의 초월적인 영광과 탁월하심을 깨닫고 경배와 복종을 받으시기에 합당하다고 생각한다. 따라서 다른 주인은 모두 영원히 죽지 않는 영혼의 섬김을 받을 자격이 없다고 생각하고 멸시하며 경멸한다.

그의 영혼은 "여호와 우리 하나님이시여 주 외에 다른 주들이 우리를 관할하였사오나 우리는 주만 의지하고 주의 이름을 부르리이다"(사 26:13)라고 말하며, 오직 하나님만을 주님이요 주인으로 선택하기에 이른다. 이것이 여호수아의 선택이었다. 그는 "오직 나와 내 집은 여호와를 섬기겠노라"(수 24:15)라고 말했다.

죄를 깨달은 죄인은 자신을 하나님 말씀에 비추어 보며 하나님을 기꺼이 따르기로 결심한다. 그의 영혼은 많은 주인, 곧 "여러 가지 정욕"(딛 3:3)을 좇아 살아왔지만 그 중에 어느 한 가지에도 만족할 수 없었기 때문에 "내가 본 남편에게로 돌아가리니 그 때의 내 형편이 지금보다 나았음이라"(호 2:7)라고 말한다.

그의 영혼은 하나님을 섬기는 것을 가장 큰 행복으로 알기에 이른다. 탕자는 제정신이 돌아오자 "내 아버지에게는 양식이 풍족한 품꾼이 얼마나 많은가 나는 여기서 주려 죽는구나"(눅 15:17)라고 말했다. 스바 여왕이 솔로몬의 종들에게 "주께서 택하시고 가까이 오게 하사 주의 뜰에 살게 하신 사람은 복이 있나이다"(시 65:4), "주의 집에 사는 자들은 복이 있나니 그들이 항상 주를 찬송하리이다"(시 84:4)라고 말했던 것처럼 성도들은 주님을 섬기는 사람들을 가장 복된 사람들로 간주한다. 영혼이 이 사실을 깨닫고 주님을 섬기는 일을 유일한 참 자유요 행복으로 여기기 전에는, 곧 영혼 안에 주님을 싫어하는 마음이 도사리고 있는 한에는 설혹 그분을 섬기더라도 결코 만족하려고 하지 않을 것이다.

의무를 행하라

하나님께로 돌아간다는 것은 그분에 대한 의무를 이행한다는 것을 의미한다. 이것이 사울이 "주님 무엇을 하리이까"(행 22:10)라고 말했던 이유다. 하나님께 돌아가는 자는 종으로서 집에 돌아와 일을 해야 한다. 따라서 하나님의 집에서 게으름 피는 자들은 이름만 종일 뿐 참된 종이 될 수 없다. 하나님의 종들은 그분과 좀 더 고귀한 관계를 맺고 있지만 거기에 뒤따르는 의무를 이행해야 한다. 그리스도와 결혼했는가? 그렇다면 열매를 맺어야 한다. 그리스도의 친구가 되었는가? 그렇다면 그분이 무엇을 명령하시든 기꺼이 행해야 한다. 의무 이행은 두 가지 차원에서 이루어진다.

첫째, 회심자는 마음으로 자신의 의무를 행한다. 그는 하나님의 율법과 화해하고 그리스도의 멍에를 짊어진다. 그는 자신이 율법과 명에로 알고 있는 것을 모두 온전하게 이행한다. "내가 주의 모든 계명에 주의할 때에는 부끄럽지 아니하리이다"(시 119:6). 그는 하나님을 향해 경건의 의무를 행하고 사람을 향해 의를 실천하는 일을 좋아한다. 비록 그의 안에는 여전히 모순된 원리가 잔존할지라도 "내 속사람으로는 하나님의 법을 즐거워하되"(롬 7:22)라고 말한다. 율법과 경건의 능력을 마음으로부터 부인하려는 태도는 모두 사라졌다. 그가 하나님처럼 거룩해지는 것보다 더 바라는 것은 없다.

회심자는 새로운 복종을 목적으로 삼고 온전히 헌신한다. "나는 주의 말씀을 지키리라"(시 119:57). "내가 주의 율례들을 영원히 행하려고 내 마음을 기울였나이다"(시 119:112). 그는 이전으로 되돌아가지 않겠다는 굳센 각오로 어떤 어려움과 난관에 부딪치더라도 거룩함을 추구하고 의무를 이행한다. 그런 결심은 하루나 이틀로 끝나지도 않고, 또 잠시도 미루지 않고 실천된다. 그는 지체할 시간이 없다는 것을 알기에 자신이 알고 있는 모든 의무를 충실하게 이행한다.

둘째, 회심자는 마음과 행위로 의무를 행한다. 그는 새로운 복종을 결심한 이후에는 성실한 노력을 기울인다.

"보라 하나님의 뜻대로 하게 된 이 근심이 너희로 얼마나 간절하게 하며 얼마나 변증하게 하며 얼마나 분하게 하며 얼마나 두렵게 하며 얼마나 사모하게 하며 얼마나 열심 있게 하며 얼마나 벌하게 하였는가 너희가 그 일에 대하여 일체 너희 자신이 깨끗함을 나타내었느니라"(고후 7:11).

노력 없는 결심은 꽃만 아름답고 열매는 없는 것과 같다. 그것은 진정으로 회개하지 않았다는 증거다. 걷지 못하는 사람이 비록 불완전하더라도 조금이라도 다리가 치유된다면 스스로 할 수 있는 만큼 일어나 걸으려고 애쓸 것이 분명하다. 이 세상에서 우리가 완전하게 행할 수 있는 것은 아무것도 없지만 참 회심자는 완전을 목표로 모든 의무를 이행하려고 노력한다. 바울은 "푯대를 향하여 그리스도 예수 안에서 하나님이 위에서 부르신 부름의 상을 위하여 달려가노라"(빌 3:14)라고 말했다.

1. 회심자는 자신이 알고 있는 모든 의무를 행한다. 다윗은 "내가 주의 모든 계명에 주의할 때에는 부끄럽지 아니하리이다"(시 119:6)라고 말했다. 회심자는 무엇이 의무인지 기꺼이 알려고 노력하고, 의무를 알고 나서는 실천하려고 노력한다. 그는 겉으로나 속으로나 복종하기를 힘쓴다. 그는 마음과 행위를 통해 하나님을 섬기고, 혼자서나 다른 사람과의 관계에서나, 사적으로나 공적으로나 하나님과 이웃에 대한 의무를 행하려고 힘쓴다.
2. 회심자는 경건한 마음으로 모든 의무를 행한다. "하나님의 성령으로 봉사하며 그리스도 예수로 자랑하고 육체를 신뢰

하지 아니하는 우리가 곧 할례파라"(빌 3:3). 참 회심자는 형식적인 의무에 만족하지 않고, 의무의 생명과 영혼이 깃들어 있는 보이지 않는 것에 관심을 기울인다. 다시 말해 그의 마음속에서 하나님께 대한 사랑이 복종의 원리로 작용하고, 이기적인 목적이나 계획보다 하나님의 영광이 더 중요시되며, 모든 것이 주님의 능력을 의지하는 믿음으로 이루어진다.

"내가 일어나 아버지께 가서……"

참 회심자는 거짓이나 위선이 아닌 진실한 마음으로 하나님께 돌아간다. 위선자는 하나님과 정욕을 동시에 위하려는 두 마음을 품고 있다. 그러나 주님은 "나를 위하려면 하나는 버려야 한다"라고 말씀하신다. 왜냐하면 누구도 두 주인을 섬길 수는 없기 때문이다. 오네시모가 빌레몬에게 돌아갔던 것처럼(몬 15절) 주님께 돌아오면 그분과 영원히 함께 거해야 한다. 회심자는 율법 아래 있던 종처럼 하나님의 문에 그 귀를 대고 송곳으로 뚫어 영원히 그분을 섬기는 종이 된다(신 15:17 참조). 잠시 돌아왔다가 되돌아가는 것은 아무 가치가 없다.

참 회심자는 자발적으로 돌아온다. 그는 선한 의도와 진실한 마음으로 돌아온다. "주의 권능의 날에 주의 백성이 거룩한 옷을 입고 즐거이 헌신하니"(시 110:3). 선하고 존경스러운 주인에게로 돌아온 사람이 그를 기쁨으로 섬기는 것처럼 회심자는 "기쁨으로 여호와를 섬긴다"(시 100:2). 혹독한 징계나 심한 자책감에 못이겨 억지로 하나님께 돌아온 사람은 다시 떠날 것이 분명하지만 하나님의 영광과 탁월하심을 의식하고 그분을 섬기는 일이 지극히 바람직하다는 것을 깨닫고 그분께 돌아온 사람은 자원하는 마음으로 진정을 다해 복종한다.

참 회심자는 신속하게 돌아온다. "주의 계명들을 지키기에 신속히 하고 지체하지 아니하였나이다"(시 119:60). 진지한 회심자는 잠시도 지체하지 않는다. 그들은 죄와 일시적으로 휴전협정을 맺지 않는다. 마음속에서 참된 회심이 이루어지는 순간 온전히 하나님께로 돌아간다. 왜냐하면 조금이라도 지체하면 바로 그 순간이 치명적인 결과를 가져올 것을 알기 때문이다.

참 회심자는 철저하게 돌아온다. 그는 자신이 알고 있는 의무를 행하는 데 그치지 않고, 혈육으로 감당하기가 아무리 어렵고 부담스러울지라도 기꺼이 모든 의무를 이행하려고 노력한다. 주님은 다윗에 대해 "내가 이새의 아들 다윗을 만나니 내 마음에 맞는 사람이라 내 뜻을 다 이루리라"(행 13:22)라고 말씀하셨다. 참 회심자는 "주님, 제가 무엇을 하기를 원하십니까? 말씀하옵소서"라고 말하며 온전히 주님께 복종한다. 하나님은 절대적인 주인이시기 때문에 온전히 복종해야 한다.

■ 적용

소극적인 변화만으로는 온전한 회개가 이루어졌다고 말할 수 없다. 죄에서 돌이켜야 할 뿐 아니라 하나님께로 돌아가야 한다. 악을 버려야 할 뿐 아니라 적극적으로 선을 행해야 한다. "너희는 스스로 씻으며 스스로 깨끗하게 하여 내 목전에서 너희 악한 행실을 버리며 행악을 그치고"(사 1:16). 우리는 정욕을 버려야 할 뿐 아니라 은혜를 충만히 받아야 한다. 어떤 사람들은 악한 행위를 삼가는 것으로 만족하고 힘써 거룩함을 추구하지 않는다. 그들은 불의를 행하지도 않고 남의 것도 빼앗은 적이 없다고 자랑했던 바리새인들처럼 스스로 만족한다. 그러나 그들은 귀신이 나간 빈 집에 그보다 더 악한 귀신 일곱이 들어와 나중 형편이 전보다 더욱 심해지는 이치를 생각하지 못한다.

REPENTANCE
죄에서 떠나
하나님께로 돌아가라

2

REPENTANCE

지체하지 말고 회개하라

: 모든 이들을 향한
 하나님의 기다림

REPENTANCE
죄에서 떠나
하나님께로 돌아가라

3
REPENTANCE

지체치 말고 회개하라
: "그 후에 심판이 있으리라"

한번 죽는 것은
사람에게 정해진 것이요
그 후에는 심판이 있으리니
히브리서 9:27

지금부터는 회개하지 않은 죄인들의 귀에 회개하고 죄에서 돌이켜 하나님께로 돌아오라고 외칠 생각이다. 죄인들이여, 회개하라, 회개하라. 정욕과 우상을 좇아 살던 삶에서 돌이키라. 하나님께 등을 돌린 채 살았지만 다시 그분께 돌아오라.

변명하지 마라

회개의 부름을 외면하는 사람들이 내세우는 변명은 크게 세 가지다.

세 가지 변명

어떤 사람은 "나는 매일 내 죄를 회개한다"라고 말한다. 만일 그렇다면 잘 하는 일이다. 그래야 할 필요가 있다. 그러나 회개가 무엇인지 모르면 진정으로 죄를 뉘우쳤다고 말하기 어렵다. 스스로가 행한 잘못을 한탄하고 후회하며 잠깐 긍휼을 바라는 것이 회개라면 회개는 그다지 어렵지 않다.

그러나 회개는 그런 것이 아니다. 보통의 마음으로는 회개할 수 없다. 죄를 뉘우치며 마음을 찢어야 하고 죄에서 돌이켜야 한다. 또한 하나님께로 돌아가서 스스로가 알고 있는 모든 복종의 의무를 행해야 한다.

회개하려면 회개에 합당한 열매를 맺어야 한다. 사무엘은 사울에게 "내 귀에 들려오는 이 양의 소리와 내게 들리는 소의 소리는 어찌 됨이니이까"(삼상 15:14)라고 말했다. 겉으로만 회개한 척하는 사람들이 귀담아 들어야 할 말씀이다.

또 어떤 사람은 "나는 이미 회개했다"라고 말한다. 그러나 회개는 하루 만에 끝나는 일이 아니라 일평생 계속되는 일이다. 세상에 있는 한 죄에서 온전히 자유로울 수는 없다. 새로운 죄는 새로운 회개를 요구한다. 옛 죄도 결코 잊어서는 안 된다. 이런 이유로 모세는 "너는 광야에서 네 하나님 여호와를 격노하게 하던 일을 잊지 말고 기억하라"(신 9:7)라고 말했고, 시편 저자는 "여호와여 내 젊은 시절의 죄와 허물을 기억하지 마시고"(시 25:7)라고 기도했다. 철저한 회개가 이루어지려면 옛 죄를 새롭게 떠올리며 부끄럽게 여겨야 한다. 바울 사도는 "너희가 그 때에 무슨 열매를 얻었느냐 이제는 너희가 그 일을 부끄러워하나니"(롬 6:21)라고 말했다.

어떤 사람은 회개의 필요성을 전혀 느끼지 못한다. 그런 사람은 "스스로 깨끗한 자로 여기면서도 자기의 더러운 것을 씻지 아니하는"(잠 30:12) 눈 먼 세대에 속한다. 이들은 죄를 뉘우치며 고백하지 않고, "내가 악을 행하지 아니하였다"(잠 30:20)라고 자신의 죄를 부인한다. 이들은 이따금 겉으로 드러나는 악한 행위를 삼가지만 신앙의 의무를 적극적으로 행해야 할 필요성을 의식하지 못한다. 설혹 그런 의무를 행하더라도 스스로의 부패한 본성과 마음의 죄와 율법의 신령함을 깨닫지 못한다. 이들은 교만한 바리새인과 율법을 깨닫기 전의 바울처럼 회개가 필요한 상태다.

다시 생각하라

우리 가운데 일평생 올바로 깨닫지 못하고 살아가는 사람들이 참으로 많지 않은가? 그런 사람들은 복음의 소리를 듣고 살면서도 죄의 길에 안주하는 삶을 떨쳐버리지 못한다. 나는 그 이유를 "강한 자가 무장을 하고 자기 집을 지킬 때에는 그 소유가 안전하되"(눅 11:21)라는 말씀에서 발견한다. 회개하라. 그렇지 않으면 멸망할 것이다.

잠시 깨달음을 얻어 부분적으로 행위를 고치는 듯하나 결국에는 하나님의 길을 떠나 두려운 배교의 길로 치닫는 사람들이 많지 않은가? "참된 속담에 이르기를 개가 그 토하였던 것에 돌아가고 돼지가 씻었다가 더러운 구덩이에 도로 누웠다 하는 말이 그들에게 응하였도다"(벧후 2:22). 한때 그들이 피웠던 아름다운 꽃이 이제는 모두 먼지가 되어 사라졌다. 회개하라. 그렇지 않으면 배교의 행위가 영원한 멸망으로 이어질 것이다.

기름을 준비하지 못한 다섯 처녀처럼 하나님을 떠나고 있는 사람이 많지 않은가? 그들이 한때 보여주었던 활력과 생기와 친절함은 모두 사라졌고, 그들의 눈꺼풀에 죽음이 내려앉았다. 그들의 낯빛이 흙색으로 변했다. 우리는 그런 사람들에게 "어디서 떨어졌는지를 생각하고 회개하여 처음 행위를 가지라"(계 2:5)고 말해야 한다.

죄라고 알면서도 죄를 지으며 사는 사람이 많지 않은가? 그들은 자신들이 무엇을 잘못했는지 알면서도 도살장을 향해 가는 소처럼 계속 죄를 범한다. 그들은 심히 부패해 양심의 가책조차 느끼지 않는다. 회개해야 한다. 그렇지 않으면 멸망한다. 죄의 길은 비참한 종말을 고할 것이다. 버리지 못한 죄가 단 하나뿐이라도 영혼을 멸망시키기에 충분하다.

자신이 가고 있는 길이 그리스도의 양떼의 발자취를 따르고 있는지, 아니면 마귀의 비둘기를 좇고 있는지 생각해보라. 깃발을 나부끼며 가나안을 향해 진군하는 아름다운 무리 가운데 속하는가, 아니면 잠을 자다가 구덩이에 미끄러져 떨어지는 사람들 가운데 속하는가?

스스로가 지금까지 수없이 그릇된 발걸음을 내디뎠고, 또 지금도 내딛고 있다는 것을 부인할 수 있겠는가? 그러므로 회개하라.

더 나아가지 말라. 한걸음을 더 내디딜 때마다 돌아갈 길이 그만큼 더 멀어진다. 죄인은 의식하지 못할 테지만 하나님이 언제 느닷없이 무화과나무의 경우처럼(막 11:14) 시들어 죽는 저주를 내리거나 죄를 짓는 순간에 붙들어 구덩이에 던져 죄를 향하는 발걸음을 그치게 하실지 알 수 없다. "자주 책망을 받으면서도 목이 곧은 사람은 갑자기 패망을 당하고 피하지 못하리라"(잠 29:1).

1
회개해야 할 심각성

죄인에게 부과된 회개의 의무를 곰곰이 생각해보라. 내가 회개해야 할 이유가 얼마나 많은지 조용히 생각해보라.

회개의 의무를 요구하는 것들

하나님의 명령은 회개의 의무를 요구한다. "이제는 어디든지 사람에게 다 명하사 회개하라 하셨으니"(행 17:30). 우리를 창조하신 하나님의 주권적인 권위를 무시할 셈인가? 회개의 명령은 복음의 두 가지 명령 가운데 하나다. "유대인과 헬라인들에게 하나님께 대한 회개와 우리 주 예수 그리스도께 대한 믿음을 증언한 것이라"(행 20:21). 이것은 옛 선지자들이 종종 전했던 명령이다. "너희는 돌이켜 회개하고 모든 죄에서 떠날지어다 그리한즉 그것이 너희에게 죄악의 걸림돌이 되지 아니하리라"(겔 18:30). 주 예수님과 세례 요한은 물론 사도들도 "회개하라. 천국이 가까이 왔다"라고 외쳤다. 베드로는 "너희가 회개하여 각각 예수 그리스도의 이름으로 세례를 받고 죄 사함을 받으라"(행 2:38)라고 말했다. 복음을 전한 설교자들도 모두 한결같이 회개를 전했다. 이처럼 회개는 옛 명령이자 새 명령이다. 본문보다 더 단호하게 회개를 명령하는 말씀은 없다. 하나님의 권위를 존중한다면 회개하라.

세례는 회개의 의무를 요구한다. "세례 요한이 광야에 이르러 죄 사함을 받게 하는 회개의 세례를 전파하니"(막 1:4). 인간은 죄에서 돌이켜 성부와 성자와 성령 하나님을 섬겨야 할 의무가 있다. 우리는 죄에 대해서는 죽고 의에 대해서는 살아야 한다. 주님의 휘장을 가슴에 달아야 한다. 위대한 주인이신 하나님으로부터 도망치는 것이 참으로 두렵지 않은가? 군대에서 이탈한 탈주병, 곧 하늘의 왕께 맹세한 충성을 저버린 역도들처럼 대우받지 않으려면 회개하고 돌아와야 한다.

하나님의 은혜에 대한 감사의 마음은 회개의 의무를 요구한다. "네가 하나님의 인자하심이 너를 인도하여 회개하게 하심을 알지 못하여 그의 인자하심과 용납하심과 길이 참으심이 풍성함을 멸시하느냐"(롬 2:4). 우리에게 주어진 일반 은혜와 특별 은혜가 죄를 예방하고 억제한다. 우리는 죄로 인해 모든 은혜를 상실했다. 그러면서도 우리는 여전히 하나님께 모든 것을 빚지고 있다. 날마다 새로운 은혜의 빚이 쌓여간다. 이것이 회개해야 할 강력한 이유다.

신앙고백은 회개의 의무를 요구한다. 우리는 스스로를 기독교인으로 고백한다. 그리스도의 이름을 부르려면 불의에서 떠나야 한다. 그리스도께서 멸하려고 오신 마귀의 일을 행하면서 어떻게 하나님을 아버지로 부를 수 있겠는가? 그리스도를 구원자로, 성령을 거룩하게 하시는 분으로 고백하는가? 그런데 어찌하여 거룩하지 못한 길을 걸으며 죄에 속박되어 살고 있는 것인가? 모든 죄가 하나님의 진노를 초래한다고 믿는가? 그렇다면 진노의 날을 위해 진노를 쌓는 것은 그야말로 미친 짓이 아니겠는가? 기독교인이라는 고백을 중단하든지 죄를 짓는 행위를 중단하든지 둘 중에 한 가지를 선택하라.

죄는 모든 것을 희생시킨다

스스로가 좋아하는 죄, 그리스도보다 더 좋아하는 죄의 본질을 진지하게 생각해보라.

죄를 좋아하면 하나님의 은혜는 잃게 된다. 죄가 그토록 강력하게 스스로를 매혹시키는 이유는 무엇인가? 만일 죄가 이익을 가져다준다면 죄로 인해 영혼이 멸망하는 것이 과연 진정한 유익일지 생각해보라. "사람이 만일 온 천하를 얻고도 제 목숨을 잃으면 무엇이 유익하리요 사람이 무엇을 주고 제 목숨과 바꾸겠느냐"(마 16:26). "불경건한 자가 이익을 얻었으나 하나님이 그의 영혼을 거두실 때에는 무슨 희망이 있으랴"(욥 27:8).

죄의 쾌락을 누리면 값비싼 대가를 치러야 한다. 죄를 즐거워하면 영원한 불길을 감당해야 한다. 회개하지 않으면 죄는 그런 결과를 몰고 온다. 죄의 쾌락은 일순간에 끝난다. 이 세상에서조차도 하나님을 섬기는 기쁨이 죄의 즐거움보다 훨씬 더 크다.

"여러 사람의 말이 우리에게 선을 보일 자 누구뇨 하오니 여호와여 주의 얼굴을 들어 우리에게 비추소서 주께서 내 마음에 두신 기쁨은 그들의 곡식과 새 포도주가 풍성할 때보다 더하니이다"(시 4:6, 7).

모든 미끼에는 갈고리가 달려 있지 않은가? 죄에는 덫과 올무와 함정이 도사리고 있지 않은가? 부패한 욕망을 부추길 때마다 사망의 그림자가 드리우는 것을 보지 않았는가? 죄의 장미꽃 냄새를 맡다가 그 가시에 찔린 적이 많지 않은가? 죄를 지으면서 어떻게 그런 위험을 피할 수 있겠는가? "함정을 파는 자는 거기에 빠질 것이요 담을 허는 자는 뱀에게 물리리라"(전 10:8).

죄의 길에 진정한 안식이 있을까? 절대 없다. "내 하나님의 말씀에 악인에게는 평강이 없다 하셨느니라"(사 57:21). 양심이 죄의 쏘는 것이 음식에 떨어져 역겨움을 느끼게 만드는 죽은 파리 같다고 증언하지 않는가? 죄악의 박 넝쿨 그늘을 즐기며 앉아 있을 때 벌레가 항상 그 뿌리를 갉아먹고 있지 않은가? 정욕이 일어나 양심의 망설임을 무마시킬 때가 많지 않은가? 하나님을 떠나 살아가는 길에 영혼의 안식이 있다고 말할 사람이 누가 있겠는가? 아무도 없다. 수천 개의 세상도 영혼을 만족시킬 수는 없다.

죄가 만족할 줄 모르는 독재자, 곧 결코 "충분하다"고 말할 줄 모르는 아이를 낳지 못하는 태나 무덤과 같다고 생각하지 않는가? "악인은 평온함을 얻지 못하고 그 물이 진흙과 더러운 것을 늘 솟구쳐 내는 요동하는 바다와 같으니라"(사 57:20).

요동하는 정욕을 만족시키는 일은 진정 어려운 일이 아닐 수 없다. "너희는 욕심을 내어도 얻지 못하여 살인하며 시기하여도 능히 취하지 못하므로 다투고 싸우는도다 너희가 얻지 못함은 구하지 아니하기 때문이요 구하여도 받지 못함은 정욕으로 쓰려고 잘못 구하기 때문이라"(약 4:2, 3). "그들이 그들의 탐욕대로 음식을 구하여 그들의 심중에 하나님을 시험하였으며 그뿐 아니라 하나님을 대적하여 말하기를 하나님이 광야에서 식탁을 베푸실 수 있으랴"(시 78:18, 19).

만족할수록 더 탐욕스러워지고 갈증을 달랠수록 갈증은 더 커진다. 죄의 길을 걷는 사람의 상태는 갈수록 더 나빠진다.

죄의 길은 가장 어리석은 길이 아닌가? 하나님께 충실하지 못하는 것은 곧 스스로의 이익과 행복에 충실하지 못한 것이다. 하나님은 우리의 문제를 논의하자고 제안하시고 양심의 판단을 내리도록 이끄신다.

"여호와께서 말씀하시되 오라 우리가 서로 변론하자 너희의 죄가 주홍 같을지라도 눈과 같이 희어질 것이요 진홍같이 붉을지라도 양털같이 희게 되리라"(사 1:18). 죄는 현세와 내세의 행복을 누리는 길을 방해한다. 죄는 죽음을 가져오는 독이 든 잔과 같다. 뱀을 내던지라는 소리를 들으면서도 오히려 그것을 품에 안는 것이나 독이 든 잔을 내버리라는 소리를 들으면서도 오히려 그것을 들이키거나 불에 델 것이라는 경고를 들으면서도 숯불을 가슴에 품는다면 죽음과 파멸을 자초하는 어리석은 행위가 아니겠는가?

죄는 하나님과 우리를 갈라놓는 벽이 아니고 무엇인가? "오직 너희 죄악이 너희와 너희 하나님 사이를 갈라놓았고"(사 59:2). 죄는 말씀으로부터 얻는 위로와 주님을 믿는 믿음과 의무를 행해 주님을 섬기는 일을 훼손하지 않는가? 죄를 회개하지 않으면 하늘과 우리 사이에 큰 괴리가 생겨 다른 사람들처럼 하늘과의 소통을 나눌 수 없지 않은가? 과연 그런 선택이 옳을까? 그런 선택을 고집하고 하나님께 돌아가지 않으면 결국에는 그분으로부터 "나를 떠나 마귀와 그의 사자들을 위해 예비한 영원한 불 속에 들어가라"는 명령을 듣게 될 것이 불을 보듯 뻔하다.

죄의 종말을 생각해보라. 죄의 종말은 참으로 고통스러울 것이다. "네 악이 너를 징계하겠고 네 반역이 너를 책망할 것이라 그런즉 네 하나님 여호와를 버림과 네 속에 나를 경외함이 없는 것이 악이요 고통인 줄 알라 주 만군의 여호와의 말씀이니라"(렘 2:19). 죄의 잔 언저리는 유쾌하게 보일지 몰라도 그 바닥에 가라앉은 앙금은 쓰디 쓸 것이다.

"도둑질한 물이 달고 몰래 먹는 떡이 맛이 있다 하는도다 오직 그 어리석은 자는 죽은 자들이 거기 있는 것과 그의 객들이 스올 깊은 곳에 있는 것을 알지 못하느니라"(잠 9:17, 18). 죄의 즐거움은 그 무엇이라도 무서운 대가를 요구할 것이다.

인간은 죽는다

"한번 죽는 것은 사람에게 정해진 것이요"(히 9:27). 죽음은 확실하다. 따라서 회개가 필요하다. 사람들이 죽음을 의식한다면 새 삶을 사는 것이 필요하다는 것을 금방 깨달을 수 있을 것이다.

어떤 사람은 교회에서 창세기 5장을 읽는 소리를 듣고 죽음에 대한 생각이 떠올라 깊이 감명을 받고 잘 죽기 위해 새로운 삶을 살기 시작했다. 우리는 모두 죽어 무덤에 눕게 될 것이다. 이 사실을 미리 생각하면 회개의 필요성을 절감할 수 있다. 회개하지 않은 죄인들이여, 장차 세상을 떠나 무덤에 들어갈 날을 바라보고 다음 몇 가지를 생각해보라.

지금 살고 있는 대로 그대로 죽어도 괜찮겠는가? 죄인들은 하나님 없이 죄 가운데 살고 있다. 그렇게 죽기를 바라는가? 어떻게 살든지 상관없어 하면서도 발람처럼 의인의 죽음을 죽기를 원하는 사람들이 많다. 발람은 "나는 의인의 죽음을 죽기 원하며"(민 23:10)라고 말했다. 그러나 "브올의 아들 발람을 칼로 죽였더라"(민 31:8)라는 말씀대로 그는 자신이 원했던 것을 얻지 못했다. 언제 죽음이 찾아올지 모르는 상황에서 지금 고치지 않은 것이 죽을 때 저절로 고쳐지기를 바라는 것은 머리털 한 올에 영원의 무게를 매달아 놓으려는 것이나 다름없다.

죄만 짓고 살다가 임종을 맞이하면 어떻게 될까? 죄를 회개하지 않은 상태로 영원히 살아가야 하는 현실을 감당할 수 있을 것 같은가? "내가 네게 보응하는 날에 네 마음이 견디겠느냐 네 손이 힘이 있겠느냐 나 여호와가 말하였으니 내가 이루리라"(겔 22:14). 죽음이 아직 멀리 있고 건강과 힘이 남아 있는 동안에는 양심이 잠든 상태로 죄를 지으며 살 수 있을지 몰라도 죽음이 목전에 이르러 양심이 깨어나기 시작하면 회개하지 못한 것을 크게 후회하며 가슴을 칠 것이다.

죽을 때 회개하지 않은 죄의 짐을 잔뜩 짊어지고 저 세상으로 가야 한다면 과연 어떨까? 죽음을 미리 생각해보라. 불의가 가득한 상태로 백골이 되어 땅에 묻히는 것이 어떨지 생각해보라. 죄를 짊어지고 사는 한 잘 죽을 수 없다는 것을 알고 지금 당장 죄의 짐을 벗어 던져야 마땅하지 않겠는가?

죽으면 육신의 쾌락은 물론 세상과 영원히 작별해야 한다. 지금 더러운 만찬을 한껏 즐기다가 죽음이 덮쳐오면 비참한 신세가 되어 영원히 살아가야 한다. 지금 당장 일어나 회개하고 죄의 만찬을 멀리하라. 하나님의 부르심에 복종하고 죄와 작별을 고하라. 원하든 원하지 않든 결국에는 머지않아 죄와 작별을 고해야 할 것이다.

무덤에 들어가면 회개할 수 없다. 회개하지 않으면 멸망당한다. 지금이 아니면 기회가 없다. 회개하지 않고 인생을 망치면 죽음이 닥쳐왔을 때는 더 이상 복구할 시간이 없다. 그때에는 유예 기간이 모두 지나간다. 연약한 삶의 끈이 끊어지면(그 끈은 순식간에 끊어질 수 있다) 긍휼을 구할 기회가 모두 사라진다. 인생의 촛불이 다 타버리고 시간이 모두 지나가면 곧바로 불길 속에서 영원히 불타는 고통을 맛보아야 할 것이다.

심판이 다가오고 있다

장차 하나님의 심판대 앞에 서게 될 것을 생각하라. "이는 우리가 다 반드시 그리스도의 심판대 앞에 나타나게 되어 각각 선악간에 그 몸으로 행한 것을 따라 받으려 함이라 우리는 주의 두려우심을 알므로 사람들을 권면하거니와"(고후 5:10, 11).

죄인들이여, 심판이 다가오고 있으니 서둘러 회개해야 하지 않겠는가? "이제는 어디든지 사람에게 다 명하사 회개하라 하셨으니 이는 정하신 사람으로 하여금 천하를 공의로 심판할 날을 작정하시고 이에 그를 죽은 자 가운데서 다시 살리신 것으로 모든 사람에게 믿을 만한 증거를 주셨음이니라"(행 17:30, 31). 멸망할 짐승처럼 미래를 생각하지 않고 자신의 운명에 무관심한 채 원하는 대로 살아가는 사람들은 영원히 정죄를 당하게 될 위험을 의식하지 않는다. 그러나 성경은 "한번 죽는 것은 사람에게 정해진 것이요 그 후에는 심판이 있으리니"(히 9:27)라고 엄중히 경고한다.

죄를 계속 지으면 정의의 심판대 앞에서 갚아야 할 죄의 빚이 더욱 늘어갈 것이다. 지금은 무심코 살아갈지 몰라도 심판대 앞에서 죗값을 치를 생각을 하면 참으로 두렵기 그지없다. 죄인 자신은 죄의 빚을 잊을지 몰라도 하나님의 회계장부에서는 결코 누락되지 않는다. 그러나 지금은 그 빚을 보증인의 장부에 옮겨 적을 수 있는 기회가 주어져 있다.

지금 죄를 뉘우치고 돌이키지 않으면 하나님의 심판대 앞에서 죗값을 치러야 할 것이다. 죽으면 죄와 작별을 고할 것이라고 행복해할지도 모르지만, "그 기세가 그와 함께 흙에 누우리라"(욥 20:11)라는 말씀대로 죄도 함께 무덤에 묻힐 것이다. 무덤에서 죄와 함께 그대로 머문다면, 곧 그곳에 누워 다시 일어나지 않는다면 다행일 테지만 사실은 그렇지가 못하다.

성경은 "하나님은 모든 행위와 모든 은밀한 일을 선악 간에 심판하시리라"(전 12:14)라고 말씀한다. 재판관이신 하나님은 전지하시다. 그분 앞에서는 아무것도 감출 수 없다. 그분은 죄인이 자신의 영광을 조금이라도 욕되게 한 것을 결코 잊지 않으신다. 모든 죄가 심판을 받게 될 것이다.

그리스도께서 다시 오시면 심판의 보좌가 배설되고, 나팔소리와 함께 죽은 자들이 일어나 그 앞에 나올 것이고 하늘과 땅이 모두 사라질 것이다. 그런데도 회개하지 않고 버틸 셈인가?

육신으로 행한 행위에 따라 영원한 운명이 결정될 것이다. 회개하지 않은 죄인들은 스스로의 강퍅함을 영원히 한탄할 것이고, 회개한 사람들은 영원히 행복을 누릴 것이다.

그리스도께서 죄를 위해 고난당하셨다

회개하려면 그리스도의 고난을 생각해야 한다. 한 로마의 상원의원은 백성을 움직여 브루투스에게 살해당한 케사르의 복수를 하게 하려고 그의 피 묻은 옷을 내밀며 "이것이 명을 달리한 여러분의 황제가 입던 옷이요"라고 외쳤다. 복음의 장대 위에 높이 걸려 있는 그리스도의 피 묻은 옷을 바라보고 회개하지 않겠는가? "그들이 그 찌른 바 그를 바라보고 그를 위하여 애통하기를 독자를 위하여 애통하듯 하며"(슥 12:10).

죄에 대한 하나님의 분노는 참으로 무섭기 그지없다. 그분의 분노는 정의의 칼로 그리스도를 찔러 피를 흘리게 만들었다. "살아 계신 하나님의 손에 빠져들어 가는 것이 무섭지"(히 10:31) 않은가? 그런 분노가 뒤따르는데도 계속 죄를 지을 셈인가?

죄는 소돔을 불태울 만큼 무섭지만, 갈보리 언덕에서는 더욱 무서운 결과를 가져왔다. 하나님의 정의가 복수의 칼로 그분의 아들을 내리쳤다. 하나님의 아들이 그분이 날린 화살의 표적이 되셨다니 진정 놀라운 일이 아닐 수 없다. 이 모든 일의 이유가 궁금하지 않은가? 그것은 바로 죄 때문이었다. 이는 자식들이 신 포도를 먹은 탓에 아버지의 이빨이 시리게 된 것과 같다. 자식들이 빚을 졌고 정의가 아버지에게 임했다. 그는 자신이 "빼앗지 아니한 것도 물어주게 되었다"(시 69:4). 선택받은 자들은 즐겁게 죄를 지었고, 그리스도께서는 그것을 위해 심히 통곡하며 기도하셨다. 그런데도 죄를 미워하고 증오하지 않을 셈인가?

많은 물로도 사랑의 불길을 끌 수 없다. 위에서 쏟아지는 물이나 아래에서 솟구치는 물도 그것을 끌 수 없다. "보라 우리를 얼마나 사랑하셨는지"(요 11:36 참조). 성자께서는 유한한 인간이 맛보지 못한 성부 하나님의 사랑 안에서 행복하게 지내실 수 있으셨다. 그러나 그분은 성부께서 죄인들을 사랑하실 수 있게 하기 위해 자신의 목숨을 내주시기까지 그들을 사랑하셨다. 그런데도 죽음의 원인인 죄를 미워하고 증오하지 않을 셈인가? 그것이 친구이신 주님께 대한 보답인가?

그리스도께서 고난당하실 때 지진이 일어나고 바위가 갈라지고 죽은 자들이 일어났다. 또한 태양이 빛을 잃어 수치를 당하시는 그분의 얼굴을 가려주었다. 이런 피의 비극을 불러일으킨 장본인이 바로 우리다.

우리의 죄 때문에 그리스도께서 가룟 유다에게 배신을 당하시고, 빌라도에게 사형 선고를 받으셨다. 그런 우리가 어찌 냉담한 태도를 취할 수 있겠는가? 고난당하시는 그리스도를 바라보라. 그리고 죄를 슬퍼하며 죄에서 돌이키라.

그리스도께서 이미 충분히 고난당하셨지 않은가? 영화롭게 되신 지금도 더 고난을 당하셔야 한단 말인가? 성령을 근심하시게 하고 그분의 율법과 보혈을 짓밟으며 죄를 계속 뉘우치지 않을 작정인가?

하나님께 죄를 지었다

하나님께 죄를 지은 일을 생각하라. 스스로가 저지른 죄의 흉한 모습을 바라보라. 요셉은 그렇게 했기 때문에 강한 유혹에서 벗어날 수 있었고, 다윗은 자신의 죄를 진정으로 회개했다. 탕자도 자신의 죄를 깊이 뉘우쳤다. 모든 죄가 하늘의 보좌, 곧 그 위에 앉아 계시는 하나님 앞에 전달된다. 물론 하나님께 대한 죄인의 죄는 무기력한 죄다. 그들이 아무리 심한 죄를 짓더라도 그분은 아무런 해를 받지 않으신다. 그들은 하나님을 덜 행복하게 만들 수도 없고, 그분의 평화를 어지럽힐 수도 없다. 죄인은 상처투성이의 몸으로 오물더미에 앉아 보좌에 앉아 있는 군주를 원망하는 걸인과 같다. 죄인은 하나님의 명예를 욕되게 한다. 그는 하나님의 본질적인 영광은 조금도 훼손하지 못하지만, 그분이 나타내신 영광을 더럽힌다.

죄인은 하나님의 본성과 뜻을 대적한다. 회개하지 않고 계속 죄를 짓는 것은 곧 "하나님을 거스르는" 것이다. 죄의 목적은 하나님의 주권을 빼앗으려는 데 있다. "어리석은 자는 그의 마음에 이르기를 하나님이 없다 하는도다"(시 14:1). 죄를 아무리 미화하려고 애써도 소용없다. 죄는 우리를 창조하신 하나님을 대적하는 행위에 지나지 않는다. 어떻게 하더라도 모든 곳에 계시는 전지하신 하나님의 눈을 피할 수는 없다. 하나님이 "내가 미워하는 이 가증한 일을 행하지 말라"(렘 44:4)라고 말씀하시는데도 불구하고 죄를 계속 짓는다면 그것은 하나님의 정의를 대적하고, 그분의 진리를 의심하고, 그분의 선하심과 긍휼을 멸시하고, 그분의 거룩하신 본성과 의지를 거역하는 결과를 가져올 뿐이다. 그런 태도를 끝까지 고집해서야 되겠는가?

죄인은 하나님의 율법을 짓밟아 그분을 욕되게 한다. 하나님은 삶의 규칙으로 율법을 허락하셨다. 그분은 율법에 자신의 권위를 상징하는 인장을 찍으셨다. 그분은 자신의 무한히 위대하신 속성에 적합한 징벌의 경고로 한계를 정하셨다. 그러나 죄인들은 율법이 마치 파리나 잡는 데 적합한 거미줄이라도 되는 것처럼 하찮게 여긴다. 죄인들은 하나님의 권위를 멸시하며 율법의 한계를 뛰어넘어 금지된 곳으로 들어간다. 그들은 자신을 창조하신 하나님을 모욕한다. 하나님이 그런 죄를 용납하실 것 같은가? 절대 그렇지 않다. 하나님은 자신을 모욕하는 자들을 징벌하실 것이다. "입법자와 재판관은 오직 한 분이시니 능히 구원하기도 하시며 멸하기도 하시느니라"(약 4:12). "내가 왕 됨을 원하지 아니하던 저 원수들을 이리로 끌어다가 내 앞에서 죽이라 하였느니라"(눅 19:27).

죄인은 하나님의 아들을 멸시해 그분을 욕되게 한다. 이교도들보다 더 하나님을 욕되게 하는 이들이 많다. 그런 사람들은 그들보다 더 큰 심판을 받게 될 것이다. 하나님은 성자를 세상에 보내시어 그분의 죽음으로 죄인들과 화목할 수 있는 길을 열어주셨다. 하나님은 "회개함을 주시려고 그분을 오른손으로 높이셨다"(행 5:31 참조). 계속 죄를 짓는 것은 그분의 죽음과 보혈을 경시하는 행위에 지나지 않는다. 주님을 미워하고 죄를 사랑한다면 그 종말이 과연 어떻게 되겠는가? 성경은 "보라 멸시하는 사람들아 너희는 놀라고 멸망하라"(행 13:41)라고 경고한다.

죄인은 하나님의 성령을 근심시켜 그분을 욕되게 한다. 하나님은 회개하지 않은 죄인들에 대해 이렇게 말씀하신다. "그들이 음란한 마음으로 나를 떠나고 음란한 눈으로 우상을 섬겨 나를 근심하게 한 것을 기억하고 스스로 한탄하리니"(겔 6:9). "보라 곡식 단을 가득히 실은 수레가 흙을 누름같이 내가 너희를 누르리니"(암 2:13).

죄에서 돌이키게 하기 위해 주님의 성령께서 은밀한 양심의 가책과 섭리와 사역과 감동과 내면의 속삭임으로 자주 말씀하셨지만 다 무슨 소용이 있었는가? "여호와께서 이르시되 나의 영이 영원히 사람과 함께 하지 아니하리니"(창 6:3)라는 말씀대로 그런 은혜가 늘 지속되지는 않을 것이다. 회개하지 않으면 슬픈 종말을 맞이할 것이다. "그들이 반역하여 주의 성령을 근심하게 하였으므로 그가 돌이켜 그들의 대적이 되사 친히 그들을 치셨더니"(사 63:10). 죄인들이 하나님의 성령을 계속 근심하시게 하고 회개로 그 근심을 덜어 드리지 못하면 하나님이 그 대가를 톡톡히 치르게 하실 것이다. "그러므로 주 만군의 여호와 이스라엘의 전능자가 말씀하시되 슬프다 내가 장차 내 대적에게 보응하여 내 마음을 편하게 하겠고 내 원수에게 보복하리라"(사 1:24).

죄인은 영혼 안에 남아 있는 하나님의 형상을 왜곡시켜 그분을 욕되게 한다. 하나님은 본래 자신의 형상대로 인간을 올바르게 창조하셨다. 아담의 죄가 우리 안에 있는 하나님의 형상을 왜곡시켰다. 우리가 계속 죄를 고집하면 우리 안에 남아 있는 하나님의 형상이 더욱 왜곡되어 그분을 더욱 대적하게 된다. 우리 안에 남아 있는 하나님의 형상이 지워져 없어진다면 진정 두려운 일이 아니겠는가?

죄인은 다른 사람들에게 그릇된 영향력을 행사해 하나님을 욕되게 한다. 주님은 "불법이 성하므로 많은 사람의 사랑이 식어지리라"(마 24:12)라고 말씀하셨다. 회개하지 않은 죄인은 누구나 마귀의 하수인이다. 그들은 하나님과 그분의 길을 멸시하도록 다른 사람들을 부추긴다. 따라서 그들은 자신의 죄가 미친 악영향에 대해 책임을 지게 될 것이다. 부자는 전에는 몰랐지만 지옥에 떨어지고 나서 비로소 이 사실을 의식하고 "아버지여 구하노니 나사로를 내 아버지의 집에 보내소서 내 형제 다섯이 있으니 그들에게 증언하게 하여 그들로 이 고통받는 곳에 오지 않게 하소서"(눅 16:27, 28)라고 간청했다.

자, 이런데도 하나님께 돌아오지 않고 계속 죄를 지어 그분을 욕되게 할 셈인가?

하나님은 우리의 창조주이시다(전 12:1). 하나님이 우리를 존재하게 만드셨고, 무로부터 우리를 창조하셨다. 그러니 그분을 위해 존재해야 하지 않겠는가? 어찌 그분을 대적하려는 것인가? 우리를 지으신 분이 우리를 다스릴 권리를 가지고 계시지 않은가? 하나님이 우리를 창조하셨으니 우리를 주권적으로 다스리시는 것이 마땅하지 않겠는가? 어찌 피조물이 창조주를 대항하는 것인가? 어찌 토기가 토기장이를 거역하려고 애쓰는 것인가?

하나님은 우리의 유지자이시다. 우리는 하나님의 땅에서 살고, 그분이 창조하신 선한 것들을 먹고, 그분의 공기로 호흡한다. 그런데도 그분의 말씀에 귀를 기울이지 않을 셈인가? 모태에서 우리를 보존하시어 그곳에서 죽게 하지 않고 세상의 빛을 볼 수 있게 해주신 분이 누구신가? 우리의 연약한 생명의 끈이 지금까지 끊어지지 않게 보호하셨고, 필요한 것으로 우리를 먹여주신 분이 누구신가?

바로 주님이 아니신가? 계속 죄를 고집함으로써 하나님이 우리에게 지금까지 베푸셨고, 또 베풀고 계시는 축복으로 그분과 맞서 싸울 셈인가? 그분이 허락하신 생명과 힘과 삶의 위로와 시간을 가지고 그분의 성령을 근심하시게 할 생각인가? 그런 일들이 과연 어떤 결과를 가져올지 생각해보았는가?

하나님은 원하시면 언제라도 우리를 단번에 멸하실 수 있다(마 10:28). 우리의 생명과 호흡이 그분에게서 비롯했다. 따라서 하나님은 원하실 때 우리의 생명과 호흡을 거두실 수 있다. 하나님은 우리가 계속 죄를 짓도록 허용하지 않으신다. 왜냐하면 그런 것을 용납하실 수 없기 때문이다. 우리가 하나님을 격노하시게 하는 순간, 그분은 우리를 죽이실 수도 있고, 또 산 채로 지옥의 구덩이에 던져 넣으실 수도 있다. 그러나 그분은 은혜로우시게도 오래 참으신다. 이 한 가지 사실만 생각해도 죄인들은 순식간에 자신을 죽여 무덤 속에서 잠잠하게 만드실 수 있는 하나님을 분노하시게 만드는 미친 짓을 당장 중단하고 회개를 결심할 수 있을 것이다.

하나님은 우리의 증인이시다. 마음속으로 하나님을 생각하기를 싫어하는 죄인들은 그분이 하늘에만 머물러 계신다는 생각으로 스스로를 위로한다. "이는 그들이 이르기를 여호와께서 이 땅을 버리셨으며 여호와께서 보지 아니하신다 함이라"(겔 9:9). 그러나 자신의 생각에 비참하게 속아 넘어갔다는 사실을 깨닫게 될 날이 올 것이다. 하나님은 우리의 목격자이시다. 그분은 우리를 조용히 지켜보고 계시지만, 정해진 때가 되면 입을 열어 증언하실 것이다. 양심의 책과 하나님의 회계장부가 펼쳐지면 하나님이 죄인들의 행위와 삶을 낱낱이 기록한 내용이 온전히 드러날 것이다.

하나님은 우리의 재판관이시다. 하나님은 전지하시기 때문에 아무것도 숨길 수 없다. 그분은 각 사람에게 행한 대로 갚으시는 의로우신 재판관이시다. 또한 하나님은 모든 곳에 편재하시기 때문에 누구도 그분 앞에서 피할 수 없고, 전능하시기 때문에 모든 판결이 한 치도 어긋남 없이 효력을 발휘한다. 미래의 심판을 믿는다면 회개하지 않고 그런 재판관을 계속 대적하기보다 그분을 친구로 삼으려고 애써야 마땅하지 않겠는가? 안타깝게도 회개하지 않은 마음의 저변에는 끔찍한 불신앙이 깊이 도사리고 있다.

하나님은 돌아오라고 부르신다

하나님은 회개하라고 부르신다. 하나님의 부르심에 귀를 막지 말라. 만일 그렇게 하면 우리가 부르짖을 때 듣지 않으심으로 우리의 죄를 징벌하실 것이다. 하나님은 다음과 같은 방법으로 회개하라고 부르신다.

첫째, 하나님은 매일 우리에게 긍휼을 베푸심으로 우리를 부르신다. "혹 네가 하나님의 인자하심이 너를 인도하여 회개하게 하심을 알지 못하여 그의 인자하심과 용납하심과 길이 참으심이 풍성함을 멸시하느냐"(롬 2:4). 이것이 하나님이 죄인을 이끄시는 "사람의 줄 곧 사랑의 줄"(호 11:4)이다. 우리는 아직 지옥에 떨어지지 않고 하나님으로부터 날마다 양식을 공급받으며 그분이 지으신 세상에서 삶을 유지하고 있다. 하나님은 하늘과 땅의 문을 닫아 우리를 돕지 못하게 만들지 않으신다. 이 모든 은혜가 우리를 향해 회개하고 돌아오라고 큰 소리로 외치고 있다. 그러나 "너희 마음으로 우리에게 이른 비와 늦은 비를 때를 따라 주시며 우리를 위하여 추수기한을 정하시는 우리 하나님 여호와를 경외하자 말하지도 아니하니"(렘 5:24)라는 말씀이 암시하는 대로, 죄인들은 이 모든 은혜를 외면하고 있다.

둘째, 하나님은 십자가와 고난을 경고하거나 허락하심으로 우리를 부르신다. 고난의 섭리는 모두 회개하라는 하늘의 부름이다. "너희는 매가 예비되었나니 그것을 정하신 이가 누구인지 들을지니라"(미 6:9). 발람이 천사를 만났던 것처럼 죄의 길을 걷는 사람은 고난과 마주친다. 고난은 그 자리에서 발길을 멈춰 더 나가지 말고 하나님께로 돌아오라고 요구한다. 하나님은 세상과 교회와 이 회중을 비롯해 이 시대의 모든 사람에게 그런 방식으로 말씀하신다.

셋째, 하나님은 말씀 선포를 통해 회개하라고 부르신다. 회개하고 죄에서 돌이켜 하나님께 돌아오게 하는 것이 말씀 선포의 위대한 목적이다. 하나님이 우리에게서 복음을 거두지 않으신 것이 곧 그분이 우리의 회개를 아직 기다리고 계신다는 증거다. 그러나 모든 경고에도 불구하고 죄를 고집하면 복음으로부터 우리가 사라지거나 우리에게서 복음이 사라지는 치명적인 결과가 나타날 것이다. 오늘날 이런 결과를 두려워해야 할 이유가 많다. 그리스도께서는 에베소 교회를 향해 "어디서 떨어졌는지를 생각하고 회개하여 처음 행위를 가지라 만일 그리하지 아니하고 회개하지 아니하면 내가 네게 가서 네 촛대를 그 자리에서 옮기리라"(계 2:5)라고 말씀하셨다.

회개하지 않으면 너희도 다 망하리라

회개하지 않은 죄는 오늘날 우리의 땅과 교회가 이렇게 황폐해진 것처럼 나라와 교회와 회중과 가정에 파멸을 가져온다. "내가 귀를 기울여 들은즉 그들이 정직을 말하지 아니하며 그들의 악을 뉘우쳐서 내가 행한 것이 무엇인고 말하는 자가 없고 전쟁터로 향하여 달리는 말같이 각각 그 길로 행하도다"(렘 8:6)라는 말씀이 오늘날 우리가 직면한 현실을 정확하게 묘사한다.

하나님은 파멸의 재앙을 내리시겠다고 경고하셨고, 또 지금도 여전히 경고하고 계시지만 오늘날의 세대는 "주께서 강림하신다는 약속이 어디 있느냐"(벧후 3:4)라고 비웃었던 사람들처럼 행동한다. 하나님이 신속하게 재앙을 내리지 않으시기 때문에 사람들은 두려움 없이 죄를 지어 하늘을 대적한다. 그러나 "내가 이 일들로 말미암아 그들에게 벌하지 아니하겠으며 내 마음이 이런 나라에 보복하지 않겠느냐 여호와의 말씀이니라"(렘 9:9)라는 말씀은 우리를 몹시 불안하게 만든다.

회개하지 않은 죄는 우리의 영혼을 파멸로 이끈다. 회개하지 않으면 멸망한다. 우리의 생명과 영혼의 운명이 걸린 문제다. 하나님을 등지고 살아온 죄인들이여, 회개해야만 전당잡힌 영혼을 되찾을 수 있다. 돌이키지 않으면 전당잡힌 영혼을 영원히 잃게 된다. 천국의 문은 회개하지 않은 죄의 짐을 등에 지고 통과하기에는 너무 비좁다. 회개하지 않으면 천국을 볼 수 없다. 회개하지 않으면 지옥행을 피할 수 없다. 복음은 회개를 요구한다. 회개하지 않으면 "주 예수께서 자기의 능력의 천사들과 함께 하늘로부터 불꽃 가운데에 나타나실 때에 하나님을 모르는 자들과 우리 주 예수의 복음에 복종하지 않는 자들에게" 내리실 형벌을 피할 수 없다(살후 1:7, 8).

자신의 영혼을 불쌍히 여겨라. "너희가 범한 모든 죄악을 버리고 마음과 영을 새롭게 할지어다 이스라엘 족속아 너희가 어찌하여 죽고자 하느냐 주 여호와의 말씀이니라 죽을 자가 죽는 것도 내가 기뻐하지 아니하노니 너희는 스스로 돌이키고 살지니라"(겔 18:31, 32). 회개하라. 그렇지 않으면 멸망한다. 죄를 버려라. 그렇지 않으면 천국을 잃게 될 것이다.

회개하지 않으면 파멸은 불을 보듯 뻔하다. 주님이 명확하고도 단호한 어조로 "너희도 만일 회개하지 아니하면 다 이와 같이 망하리라"(눅 13:5)라고 직접 말씀하셨다. 설혹 그럴 가능성만 있다고 해도 회개해야 할 이유는 충분하다. 왜냐하면 죄가 주는 쾌락과 이익 때문에 영혼을 영원한 멸망의 위험으로 몰아넣는 것은 파리를 잡으려고 물에 빠져 죽는 위험을 자초하는 것보다 훨씬 더 어리석은 일이기 때문이다. 그러나 이 경우의 멸망은 단순히 가능성에 그치지 않고 확실한 현실로 다가올 것이다.

회개하지 않으면 다른 희망의 근거도 모두 단절된다. 회개하지 않은 죄인들이여, 대답해보라. 죄에서 돌이키지 않으면서 무엇을 의지해 하나님의 진노로부터 구원받기를 기대하는 것인가? 하나님의 긍휼을 의지할 생각인가? 분명히 말하지만 죄를 회개하지 않는 것은 긍휼을 멸시하는 것이다. 회개하지 않는 것은 하나님의 진리를 무시하는 것이기 때문에 그분의 긍휼을 얻을 수 없다. 주님은 "회개하지 아니하면 다 이와 같이 망하리라"라고 말씀하셨다. 하나님의 긍휼을 얻으려면 그분이 원하시는 길을 걸어가야 한다. "악인은 그의 길을, 불의한 자는 그의 생각을 버리고 여호와께로 돌아오라 그리하면 그가 긍휼히 여기시리라 우리 하나님께로 돌아오라 그가 너그럽게 용서하시리라"(사 55:7).

예수 그리스도와 그분의 보혈과 공로를 의지할 생각인가? 허튼 생각하지 말라. 그리스도께서 친히 "회개하지 아니하면 다 이와 같이 망하리라"라고 말씀하지 않으셨는가? 이 말씀을 하신 분이 구원자이신 주님이 아니신가? 주님은 "회개하고 죄에서 돌이키지 않는 죄인을 하나님의 진노로부터 구원하기 위해 내 피를 단 한 방울이라도 낭비할 생각은 없다"라고 말씀하신다. 회개하지 않고서도 그리스도의 보혈을 의지할 수 있다면 복음을 전해 들은 자들 가운데 멸망할 사람이 누가 있겠는가? 그리스도를 통해 죄로부터 먼저 구원받아야만 진노로부터 구원받을 수 있다. 그리스도께서는 천국에 들어갈 수 있는 은혜를 허락하시기 전에 먼저 회개의 은혜를 베푸신다. 그분은 개와 돼지들을 성부의 집으로 이끌어 들이려고 피를 흘리지 않으셨다. 그분은 "모든 불법에서 우리를 속량하시고 우리를 깨끗하게 하사 선한 일을 열심히 하는 자기 백성이 되게 하시기 위해"(딛 2:14) 피를 흘리셨다.

이런 중대한 일을 생각하면 과연 죄의 열매를 누리고 싶은 마음이 들겠는가? "살아 계신 하나님의 손에 빠져 들어가는 것이 무서울진저"(히 10:31). 아직은 죄의 길을 달려갈 시간이 있는지 모르지만 결국에는 눈동자가 풀리고 맥박이 그치면 영혼은 저 세상으로 날아가서 회개하지 않은 죄로 인해 영원히 불꽃 가운데서 형벌을 받게 될 것이다. 그곳에 들어간 후에도 과연 세상에서 죄의 길을 걸으면서 누렸던 모든 즐거움을 그대로 누릴 수 있을까? 절대 그럴 수 없다. 그곳에 가면 모든 위로와 즐거움과 편안함과 영원히 결별하게 될 것이다.

멸망의 구덩이에서 그 큰 진노를 어떻게 감당할 셈인가? "시온의 죄인들이 두려워하며 경건하지 아니한 자들이 떨며 이르기를 우리 중에 누가 삼키는 불과 함께 거하겠으며 우리 중에 누가 영영히 타는 것과 함께 거하리요 하도다"(사 33:14). 하나님이 한 손으로 죄인을 붙들고 다른 한 손으로 징벌을 가하실 텐데 어떻게 중보자의 보응을 감당할 수 있겠는가? 너무 늦지 않게 구더기도 죽지 않고 불도 꺼지지 않는 지옥을 생각하라. 지금 회개하지 않으면 구더기가 갉아먹고 불이 영원히 사를 것이다.

그런 상태가 영원히 지속된다는 것을 기억하라. 죄가 주는 즐거움과 이익과 편안함은 일시적이지만 회개하지 않은 죄에 대한 형벌은 영원하다. 순간의 즐거움을 위해 영원한 고통을 자초한다면 그보다 더 어리석은 일은 없다. 만일 죄 때문에 스스로에게 분노하고, 탄식하고, 후회하고, 슬퍼하는 것이 회개라면 지옥에서는 오직 회개의 그런 씁쓸한 맛만을 질리도록 느끼게 될 것이다. 사람들은 회개가 씁쓸하다는 이유로 회피하려고 들지만 그 안에는 달콤한 은혜가 녹아 있다. 그러나 죽고 나면 오직 회개의 달콤한 맛은 없고 오로지 씁쓸한 맛만을 온전히 느끼게 될 것이다. 왜냐하면 긍휼을 얻을 희망은 모두 사라졌고 영원히 비참한 형벌을 당하는 두려운 현실만이 끝없이 지속될 것이기 때문이다.

그러므로 자신의 영혼을 불쌍히 여겨 아무 유익도 없는 것과 맞바꾸지 않도록 주의하라.

회개하면 멸망하지 않는다

회개는 민족과 교회 위에 하나님의 진노가 쏟아지지 않도록 막아준다. 회개는 우리 각자가 하나님의 진노를 피할 수 있는 유일한 길이다. "너희는 돌이켜 회개하고 모든 죄에서 떠날지어다 그리한즉 그것이 너희에게 죄악의 걸림돌이 되지 아니하리라"(겔 18:30). "너희가 회개하여 각각 예수 그리스도의 이름으로 세례를 받고 죄 사함을 받으라"(행 2:38).

진노의 경고는 모두 회개하라는 부름이다. 그런 경고에는 "회개하지 아니하면 다 이와 같이 망하리라"는 말씀처럼 항상 단서가 달려 있다. "볼지어다 내가 그를 침상에 던질 터이요 또 그와 더불어 간음하는 자들도 만일 그의 행위를 회개하지 아니하면 큰 환난 가운데에 던지고"(계 2:22). 세상과 더불어 죄를 지었더라도 하나님이 선택하신 백성과 더불어 회개하면 세상과 함께 멸망하지 않을 것이다.

복음을 전해 들은 사람들이 멸망하는 이유는 죄를 지었기 때문이 아니라 회개하지 않고 죄 가운데 계속 머물러 있기 때문이다(요 3:19). 그러나 치유책이 제공되었다. 영혼의 모든 질병, 가장 심각하면서도 절망적인 질병까지도 모두 치유한다. 의원이신 주님을 기꺼이 받아들여 그분의 치료 방법을 따르는 사람에게는 아무것도 치명적일 수 없다. 다윗, 바울, 베드로도 처음에는 큰 죄를 지었지만 죄를 회개했기 때문에 지금은 영광을 누리고 있다.

회개하고 그리스도께 나오면 긍휼을 얻는다. 죄인들이여, 좋은 소식이 있다. 회개하면 모든 죄를 용서받고 넓고 따뜻한 긍휼의 팔에 안길 수 있다. 하나님을 떠나 살아왔지만 다시 돌아오면 긍휼을 얻는다. "악인은 그의 길을, 불의한 자는 그의 생각을 버리고 여호와께로 돌아오라 그리하면 그가 긍휼히 여기시리라 우리 하나님께로 돌아오라 그가 너그럽게 용서하시리라"(사 55:7). "볼지어다 내가 문 밖에 서서 두드리노니 누구든지 내 음성을 듣고 문을 열면 내가 그에게로 들어가 그와 더불어 먹고 그는 나와 더불어 먹으리라"(계 3:20).

오, 죄인들이여, 주님의 애끓는 사랑을 외면할 셈인가? 하나님은 지금 긍휼의 보좌에 앉아 계신다. 그분의 길에서 긍휼을 구하면 기꺼이 평화의 금홀을 내미실 것이다. 죄를 버리고 하나님께 돌아오기를 원하는 가엾은 죄인들에게 그분의 이름으로 긍휼을 선포한다. 아무리 강퍅한 죄인이라도 이런 용서의 선포 앞에서는 마음에 감화를 받고 태도를 누그러뜨려야 마땅하지 않겠는가?

회개하면 영원히 구원을 보장받는다. "너희는 돌이켜 회개하고 모든 죄에서 떠날지어다"(겔 18:30). 참 회심자는 아무도 지옥에 가지 않는다. 참 회심자는 모두 천국에 들어간다. 지금 죄를 버리고 하나님께 돌아오면 저 세상에서 영원히 주님과 함께 거할 것이다.

위에 있는 영광을 바라보라. 그러면 영혼이 감화를 받아 회개하게 될 것이다. 유익하지 못한 것을 위해 영원한 행복을 얻을 수 있는 희망을 포기하지 말라.

회개하지 않으면 반드시 멸망한다

죄인들이여, 이런 일들을 생각하고 회개할 마음을 가져라. 이 모든 경고를 무시하고 회개하지 않는 삶을 고집하지 말라. 복음의 시대에 회개하지 않는 것은 중대한 죄에 해당한다. 그런 죄를 짓지 않도록 조심하라.

회개하지 않으면 계속해서 죄를 지을 수밖에 없다. 회개하지 않으면 하나님이 생명의 줄을 끊으실 때까지 그분이 허락하신 삶을 살아가는 내내 죄에 죄를 더할 수밖에 없다. 하나님의 회계장부에 기록된 죄의 빚만 해도 이미 차고 넘치지 않은가? 왜 회개하고 죄의 길에서 돌이키지 않고 죄를 더 지으려는 것인가?

회개하지 않으면 영혼은 죄책에서 벗어날 수 없다. 회개하지 않은 죄인의 영혼은 정죄를 피할 수 없다. "그 정죄는 이것이니 곧 빛이 세상에 왔으되 사람들이 자기 행위가 악하므로 빛보다 어둠을 더 사랑한 것이니라"(요 3:19). 회개하면 그 어떤 죄도 영혼을 파멸시키지 못하지만 회개하지 않으면 모든 죄책을 짊어지고 완전히 멸망할 것이다.

회개하지 않는 것은 복음과 그리스도는 물론 한결같은 목소리로 회개를 요구한 그분의 사도들과 사역자들을 대적하는 것이다. 회개하면 모든 것을 얻지만 그렇지 않으면 모든 것이 수포로 돌아간다. 회개하지 않으면 하나님의 은혜도 헛되이 받고, 그리스도께서 죄인들을 위해 죽으셨다는 복음도 헛되이 듣게 된다. 왜냐하면 그것을 통해 아무런 유익도 얻을 수 없기 때문이다.

회개하지 않는 것은 영원한 불행을 가져다줄 중대한 죄에 해당한다. 왜냐하면 하나님의 진노를 피할 수 없기 때문이다. "너희도 만일 회개하지 아니하면 다 이와 같이 망하리라"는 말씀대로 회개하지 않으면 영원히 멸망한다.

이것이 주님이 죄인들에게 전하시는 메시지다. 그렇다면 죄인들은 주님께 어떻게 대답해야 할까? 내가 생각하기에는 죄인들을 여섯 부류로 나눠 그 대답을 추정해볼 수 있을 듯하다.

첫째는 짐승처럼 분별없는 죄인들이다. 이들은 메시지를 건성으로 듣는다. 귀는 있기 때문에 소리는 들지만 단지 소음에 그칠 따름이다. 이들은 스스로의 상태와 처지를 성찰할 줄 모르기 때문에 짐승보다 더 나을 바가 없다. 그런 사람들에게는 "혈과 육의 늪

속에서 죽어가는 당신의 영혼이 육체와 분리되는 날, 회개하라는 그 많은 부름을 왜 귀담아 듣지 않았는지를 영원히 곱씹게 될 것이오"라고밖에는 달리 무슨 말을 할 수 있겠는가? "소는 그 임자를 알고 나귀는 그 주인의 구유를 알건마는 이스라엘은 알지 못하고 나의 백성은 깨닫지 못하는도다"(사 1:3). "너희는 무지한 말이나 노새같이 되지 말지어다 그것들은 재갈과 굴레로 단속하지 아니하면 너희에게 가까이 가지 아니하리로다"(시 32:9).

자포자기에 빠진 우울한 죄인은 "희망이 없구나. 희망이 없어. 이방 신들을 사랑하고 그들을 따랐으니"라고 대답할 것이다. 그들은 스스로의 죄에 집착한다. 그들은 죄와 결별할 의지도 없고 그렇게 되리라는 희망도 없다. 만일 죄와 결별한다면 하나님이 받아주실 텐데도 늘 머뭇거릴 뿐이다. 그러나 바울도 처음에는 자신의 우상을 좇았지만 나중에는 온전히 변화되었다. 이런 말에도 마음이 동하지 않거든 "우리 중에 누가 삼키는 불과 함께 거하겠으며 우리 중에 누가 영영히 타는 것과 함께 거하리요"(사 33:14)라는 질문을 생각해보기 바란다.

교활하고 음흉한 죄인은 사울이 사무엘에게 말했던 것처럼 "당신은 여호와께 복을 받으소서 내가 여호와의 명령을 행하였나이다"(삼상 15:13)라고 대답할 것이다. 그러나 그런 죄인은 사무엘이 사울에게 말했던 대로 "그러면 내 귀에 들려오는 이 양의 소리와 내게 들리는 소의 소리는 어찌 됨이니이까"(삼상 15:14)라는 대답을 듣게 될 것이다. 마음과 행위로 짓는 죄와 맞서 싸우려고 하지 않고 계속 죄를 고집하는 것이 무슨 이득이 있을지 생각해보라.

주제넘은 죄인은 "심중에 스스로 복을 빌어 이르기를……내게는 평안이 있으리라"(신 29:19)라고 대답할 것이다. 마음이 철석 같고 얼굴이 놋쇠와 같아 아무것에도 영향을 받지 않는 사람들이 있다. 주님의 사자들은 그들의 앞날이 어떻게 될지 분명하게 경고한다. 그들은 죄를 고집하면서도 모든 것이 잘 될 것이라고 믿는다. 나는 그런 사람들에게 다음의 말씀을 들려주고 싶다.

> "여호와는 이런 자를 사하지 않으실 뿐 아니라 그 위에 여호와의 분노와 질투의 불을 부으시며 또 이 책에 기록된 모든 저주를 그에게 더하실 것이라 여호와께서 그의 이름을 천하에서 지워버리시되 여호와께서 곧 이스라엘 모든 지파 중에서 그를 구별하시고 이 율법책에 기록된 모든 언약의 저주대로 그에게 화를 더하시리라"(신 29:20, 21).

나태한 죄인은 벨릭스가 바울에게 말한 것처럼 "지금은 가라 내가 틈이 있으면 너를 부르리라"(행 24:25)라고 대답할 것이다. 이들은 회개해야 한다는 것을 알고 또 그렇게 하겠다고 결심하지만 시간을 미룬다. 젊은이는 늙을 때까지 미루고, 늙은 사람은 죽을 때까지 미룬다. 모든 사람이 종종 결심을 미룬다. 그러나 일 년은 고사하고 한 시간 앞도 확신할 수 없지 않은가? 늙을 때까지 살지 못하는 사람들이 얼마나 많은가? 미처 죽음을 의식하기도 전에 영원한 세상으로 떠나는 사람들이 얼마나 많은지 잘 알고 있지 않은가?

그러나 죄를 깨달은 죄인은 간절한 마음으로 "어떻게 해야 구원을 받습니까?"라고 묻는다.

무엇이 회개를 방해하는가

회개를 방해하는 요소 가운데 하나는 생각이 없는 것이다. "내가 귀를 기울여 들은즉 그들이 정직을 말하지 아니하며 그들의 악을 뉘우쳐서 내가 행한 것이 무엇인고 말하는 자가 없고 전쟁터로 향하여 달리는 말같이 각각 그 길로 행하도다"(렘 8:6). 사람들은 자신의 행위와 상황과 영혼의 상태를 돌아보지 않는다. 그들은 적절한 성찰 없이 시간을 부주의하게 낭비한다. 그 결과 그들의 영적 상태는 처참히 붕괴되고 죄 가운데서 서서히 죽어간다.

회개를 방해하는 또 하나의 요소는 세상의 근심과 세상에 대한 사랑이다. 그런 것에 마음을 온통 **빼앗긴** 탓에 영혼을 생각하고 돌볼 여지가 없다. 일평생 세상 일에만 분주하고 죽음이 목전에 이를 때까지 자신의 행위를 한 번도 돌아보지 않는 사람이 얼마나 많은가?

진지한 신앙생활에 대한 편견도 회개를 크게 방해한다. 어떤 사람들은 신앙생활이 아무 유익이 없다고 생각한다. 그러나 "경건은 범사에 유익하니 금생과 내생에 약속이 있다"(딤전 4:8). 또 어떤 사람들은 신앙생활에서 즐거움도 찾지 못한다. 그러나 "그 길은 즐거운 길이요 그의 지름길은 다 평강이다"(잠 3:17). 그들은 그런 수고를 감당할 필요가 없다고 생각한다. 그들은 주님이 거룩하고 질투하는 하나님이시고, 천국에 들어가기를 원해도 그렇게 할 수 없는 사람들이 셀 수 없이 많다는 것을 생각하지 않는다.

주제넘은 생각도 회개를 크게 방해한다. 사람들은 죄를 자유롭게 지으면서도 모든 것이 잘 될 것이라고 희망한다. 그들은 하나님의 긍휼을 정욕을 발산하는 빌미로 삼는다. 그들은 하나님이 결코 죄를 용서하지 않으신다는 것을 생각하지 않는다.

그리스도를 영접하지 않고 그분 안에 나타난 하나님의 긍휼을 이해하지도 못하는 불신앙도 회개를 크게 방해한다.

모든 것을 미루기를 좋아하는 나태함도 회개를 방해한다.

―
어떻게 해야 회개할 수 있을까

지금부터 회개하는 데 필요한 몇 가지 지침을 제시할 생각이다. 회개하려면 믿음이 필요하다고 말한 바 있다. 거기에 몇 가지 지침을 더하면 다음과 같다.

죄의 특색을 간파하려고 노력하라. 죄가 얼마나 사악한지 생각하라. 죄를 버리지 못하는 이유는 죄에 대한 그릇된 생각 때문이다. 죄의 본질을 알면 죄에서 도망칠 수 있다. 이를 위해 생각해야 할 점이 몇 가지 있다.

1. 죄는 하나님의 권위를 거스른다. 하나님에 대한 무지가 회개하지 않는 근본 원인이다.
2. 우리는 하나님을 섬겨야 할 의무가 있다. 그러나 죄는 그런 의무를 이행하지 못하게 방해한다.
3. 회개하지 않은 죄인에게는 하나님의 진노가 임한다.
4. 회개하지 않은 죄는 우리에게서 온갖 좋은 것을 빼앗아간다.
5. 하나님의 영예를 욕되게 하고 우리 자신과 이웃을 진정으로 이롭게 하는 것을 방해하는 죄에 의해 많은 불행이 야기된다.

죽음을 많이 생각하라. 인생이 얼마나 짧고 불확실한지 생각하라. 장수할 것이라고 생각했다가 절망의 나락으로 떨어진 사람이 한둘이 아니다. 언제 은혜의 시대가 끝나고 하나님이 "나의 영이 영원히 사람과 함께 하지 아니하리니"(창 6:3)라고 말씀하실 날이 다가올지 그 누가 알 수 있겠는가?

장차 임할 심판의 날에 심문을 받게 될 것을 생각하라.

그리스도의 고난을 생각하라.

회개하게 해달라고 기도하고, 주님께 약속하신 대로 새 마음을 허락해달라고 구하라. "또 새 영을 너희 속에 두고 새 마음을 너희에게 주되 너희 육신에서 굳은 마음을 제거하고 부드러운 마음을 줄 것이며"(겔 36:26). "내가 이렇게 행함은 너희를 위함이 아닌 줄을 너희가 알리라 이스라엘 족속아 너희 행위로 말미암아 부끄러워하고 한탄할지어다"(겔 36:32).

스스로가 해야 할 일을 신속히 행하라. 시작이 빠를수록 더 수월해질 것이다.

REPENTANCE
죄에서 떠나
하나님께로 돌아가라

4

REPENTANCE

회개를 미루면 위험하다
: "좀 더 자자 좀 더 졸자"

좀 더 자자, 좀 더 졸자,
손을 모으고 좀 더 누워 있자 하면
네 빈궁이 강도같이 오며
네 곤핍이 군사같이 이르리라
잠언 6:10, 11

회개를 미루고 죽어간 영혼이 허다하다. 사람들은 시간이 다 지나기까지 종종 회개를 미루다가 갑작스레 파멸을 당하곤 한다.

나태한 자의 모습

성경은 영원한 관심사를 미루는 나태한 사람의 모습을 적절히 묘사한다. 이것이 여기에서 말하고자 하는 요점이다. 나태한 사람은 "좀 더 자자, 좀 더 졸자, 손을 모으고 좀 더 누워 있자"라고 생각하면서 자신의 일을 종종 뒤로 미루는 사람을 가리킨다.

잠언 6장 6절은 나태한 죄인에게 개미에게 가서 가르침을 얻으라고 말씀한다. 개미는 유리한 점이 많지 않아도 현명함을 타고난

덕분에 양식을 얻을 수 있는 여름철과 추수철에 일을 해 겨울철을 대비한다. 9절은 죄인들에게 서둘러 일어나 그 본보기를 따르라고 요구한다. 그러나 나태한 사람은 누워 있는 것을 즐긴다. 그는 일어나기를 싫어하고, "좀 더 자자, 좀 더 졸자, 손을 모으고 좀 더 누워 있자"라고 말한다. 본문에는 세 가지 사실이 전제되어 있다.

1. 나태한 사람은 스스로가 해야 할 일을 소홀히 한 채 잠에 빠져 있다는 사실을 의식한다. 그들은 자신의 행위가 잘못이라는 것을 알면서도 고치려고 노력하지 않는다. 그들은 해야 할 일이 많이 밀렸다는 것을 알면서도 서둘러 그 일을 행하려 하지 않는다.
2. 나태한 사람은 잠에서 일어나 일을 해야 한다는 것을 인식한다. 나태한 죄인은 자신의 상태를 알고 있다. 그들은 그런 상태 그대로 죽기를 원하지 않는다. 그들은 새로운 삶을 살아야 할 필요성을 의식하고, 게으름을 피우면서도 스스로의 구원을 염려한다.
3. 나태한 사람은 해야 할 일이 신경 쓰여 잠자리에서 일어나기를 원한다. 그는 잠을 즐기지만 너무 오랫동안, 또는 계속 잠만 잘 생각은 없다. 그는 조금만 잠을 자다가 일어나겠다고 생각한다. 그러나 그는 스스로가 바다 한복판에서 잠을 자고 있는 탓에 잠깐 자겠다고 생각했던 잠에서 미처 깨어나기도 전에 익사하고 말 것을 알지 못한다.

본문에는 세 가지 의미가 함축되어 있다.

1. 나태한 사람은 미루기를 좋아한다. 그는 "잠깐만 자야지"라고 생각하지만 다시 깨어나지 못하리라는 것, 곧 회개하지 못하리라는 것을 알지 못한다. 그는 아직은 자신이 무슨 일을 하고 있는지 알 수 없다.

   아무리 오랫동안 죄 가운데 빠져 잠을 자더라도 그는 더 자기를 원한다. 잠이 잘수록 더 느는 것처럼 죄도 더 많이 지을수록 더 길게 지속된다. 회개를 미룰수록 더욱 회개하기에 합당하지 못한 상태로 전락한다.

2. 나태한 사람은 회개를 미루는 시간의 양을 그다지 중요하게 생각하지 않는다. 성령께서는 근심하시며 그가 깨닫기를 애타게 기다리시지만 그는 모든 것을 하찮게 생각한다. 만일 나태한 사람이 자신의 일생이 영원과 비교하면 아무것도 아니라는 사실을 의식한다면 잠을 자는 데 할애하는 최소한의 시간도 매우 길게 느껴질 것이다. 그러나 그는 그런 생각을 하지 않는다.

3. 나태한 사람은 어떻게 해서든지 조금이라도 더 지체하려고 애쓴다. 그런 태도가 파멸을 자초하는데도 조금도 아랑곳하지 않고 게으름 피우는 것을 좋아한다. 그는 마치 굶주린 사람이 빵을 애걸하듯 좀 더 지체하게 해달라고 애원한다. 그는 편안한 것을 좋아하기 때문에 "좀 더 자자, 좀 더 졸자"라고

말한다.

그가 원하는 나태함의 형태는 세 가지인데 그 표현의 강도는 갈수록 조금씩 약해진다. 1) "좀 더 자자"는 죽은 듯 자는 잠이 아니라 적절한 숙면을 가리킨다. 2) 그런 잠이 주어지지 않으면 "좀 더 졸자"라는 말대로 그는 비몽사몽의 상태에서 잠깐 조는 잠을 원한다. 3) 그런 잠도 즐길 수 없으면 그는 "손을 모으고 좀 더 누워 있자"(히브리어 원어는 "침상에 누워 있다"를 뜻한다)라고 말한다. 그는 일어나 일을 해야 할 책임이 있는데도 누워서 빈둥거리면서 편안함을 즐긴다. 그는 손을 가만히 모은 채로 있는 것을 몹시 좋아한다.

죄인들은 자신의 죄와 육신적인 안일함에 마음을 쏟는다. 양심이 나태함을 질책하더라도 그들은 귀를 막고 온갖 변명을 내세워 저항한다. 그들은 모든 것을 원하면서도 아무런 노력도 기울이지 않는다. 어둠이 찾아왔을 때, 곧 파멸이 임했을 때가 아니라 구원의 기회가 주어졌을 때 정신을 차린다면 얼마나 행복할 것인가?

나태함의 치명적인 결과

나태함은 치명적인 결과를 가져온다. 일을 미루는 것은 위험하다. 영원한 운명과 관련된 문제에서는 특히 더 그렇다. 회개를 미루면 파멸한다. 나태한 사람은 너무 늦을 때까지 깨어나지 않는다. 좀 더 자는 것이 결국에는 그에게 주어진 짧은 인생을 모두 갉아먹고, 아무런 준비도 되지 않은 상태로 그를 끝없는 영원의 시간 속으로 던져 넣을 것이다.

파멸이 그에게 이를 것이다. 그는 가난하고 궁핍할 것이다. 이런 이유로 성경은 스스로를 위해 양식을 준비하는 개미에게 배우라고 권고한다.

개미는 여름철과 추수철에 양식을 준비하는 덕분에 겨울에는 땅속에서 나오지 않고 모아둔 양식을 먹고 살아간다. 우리에게도 일을 할 수 없는 겨울, 곧 하나님의 은혜와 긍휼을 더 이상 받을 수 없을 때가 이를 것이다. 죽음이 바로 그 때다. 살아 있는 동안이 여름철과 추수철이다. 이 기간에 영원한 삶을 위한 것을 안전하게 확보해두어야 한다. 그러나 나태한 사람은 일할 시간에 잠을 잔다. 일할 시간이 지나면 그는 영원히 굶주려 죽게 될 것이다.

멸망은 나태한 사람에게 어떻게 닥쳐올까?

1. 빠르고 신속하게 닥쳐 올 것이다. "강도같이"로 번역된 말은 사람이 길을 힘차게 서둘러 걸어가는 모습을 묘사한다. 죄인은 나태함의 침상에서 편안하게 누워있지만 그의 파멸은 신속하게 다가온다(벧후 2:3). 나태한 사람은 일을 미루면서 천천히 하지만 태양은 그 자리에 머물러 있지 않다. 그가 영적인 잠에 취해 한 호흡씩 들이쉬고 내쉴 때마다 그의 파멸은 한발자국씩 더 가까이 다가온다.

2. 조용히 느닷없이 닥쳐 올 것이다. "네 빈궁이 강도같이 오

며." 어떤 사람에게 심부름을 맡기면 그가 정해진 시간에 돌아오기를 기대하는 법이다. 그러나 우리는 그가 다시 돌아오기까지는 그가 어디쯤 오고 있는지 알 수 없다. 마찬가지로 회개를 미루는 죄인에게도 그가 의식하지 못할 때 느닷없이 파멸이 임할 것이다. 그가 깨어나기 전에 파멸이 그의 침상에 닥쳐올 것이다(잠 29:1).

3. 항거할 수 없게 닥쳐 올 것이다. "네 곤핍이 군사같이 이르리라." 방패를 든 사람은 죄인을 해칠 수 있지만 죄인은 그를 해칠 수 없다. 왜냐하면 방패가 보호해줄 것이기 때문이다. 공격자가 무장하지 않은 사람이거나 공격을 당하는 사람이 무장한 상태에서 깨어 경계하고 있다면 위험은 그렇게 크지 않을 것이다. 그런 경우에는 무사할 수 있다. 그러나 나태한 죄인은 옷을 벗고 잠에 빠져 있는 상태다. 그런 상태로 어떻게 공격자를 대적할 수 있겠는가? 절대 그럴 수 없다. 그는 나태함 때문에 목숨을 잃고 말 것이다.

이 모든 불행의 원인은 무엇인가? "네 빈궁이 강도같이 오며." 이 모든 불행의 원인은 편안함과 나태함을 좋아하고 회개를 미루고 지체하면서 귀중한 시간을 낭비한 것에 있다. 그 결과 보배로운 영혼이 돌이킬 수 없는 파멸에 직면한다. 나태한 죄인들은 회개를 미루고 지체하면서 황금과 같은 기회를 날려 보내고 나중에 잘해 보겠다는 생각과 함께 지옥의 구덩이에 던져질 것이다.

파멸에 이르는 길

복음을 들으면서도 회개나 구원의 일을 미루고 지체하는 것은 영혼을 망치는 지름길이다.

복음을 듣는 자들이 회개를 미루는 이유는 무엇인가

복음을 듣는 자들이 회개를 미루고 지체하는 이유를 설명하면 다음과 같다. 회개나 구원의 일을 등한시하겠다고 결심하는 사람은 아무도 없다. 문제는 그런 노력을 차일피일 미루는 데 있다. 사람들은 나중에는 개과천선하기를 바라지만 현재에는 그렇게 할 의도가 전혀 없다. 결국 항상 스스로를 속일 뿐이다. 말씀과 양심이 사후 세계를 위해 준비하고 구원을 위해 힘쓰라고 권고하지만 그들은 "좀 더 자자, 좀 더 졸자, 손을 모으고 좀 더 누워 있자"라고 말한다. 그들은 그런 안일한 습관에 늘 젖어 살아간다. 그 이유는 무엇일까?

· 사탄의 자장가

이런 일의 배후에는 사탄이 도사리고 있다. 사탄은 진리의 빛을 가로막아 죄인들을 깨우지 못하게 할 수 없다면 다른 수단을 동원해 그들이 온전히 깨어나기 전에 다시 잠들도록 유도한다. "강한 자가 무장을 하고 자기 집을 지킬 때에는 그 소유가 안전하되"(눅

11:21). 사탄은 벨릭스에게도 그런 방법을 사용했다. "바울이 의와 절제와 장차 오는 심판을 강론하니 벨릭스가 두려워하여 대답하되 지금은 가라 내가 틈이 있으면 너를 부르리라 하고"(행 24:25). 영혼이 탈출구를 찾기 시작하면 사탄은 지옥의 힘을 총동원해 붙잡아 두려고 애쓴다. 노골적으로 구원을 부인하기보다는 그 일을 나중에까지 미루게 만드는 것이 더 쉽다. 따라서 사탄은 두 가지 극단 중에 하나, "그 일을 하기에는 너무 이르다"거나 "그 일은 너무 힘들다"거나 하는 방법 가운데 하나를 사용한다.

· 세상의 일과 근심

세상의 일과 근심이 큰 원인으로 작용한다. 따라서 주님은 "가시떨기에 떨어졌다는 것은 말씀을 들은 자이나 지내는 중 이생의 염려와 재물과 향락에 기운이 막혀 온전히 결실하지 못하는 자요"(눅 8:14)라고 가르치셨다. 세상의 일에 얽매여 구원을 위해 힘쓸 적절한 시간을 찾지 못할 때가 얼마나 많은가? 사람들은 다른 일로 분주한 탓에 영혼을 염려할 시간이 없다. 그들은 세상 근심에 휩싸여 살아간다. 그들은 이번 일만 끝내면 구원을 위해 힘쓰겠다고 생각한다. 그러나 그 일을 끝내고 나면 또 다른 일을 시작한다. 그들은 구원을 소홀히 하면서 그런 일을 반복하다가 결국에는 구원을 완전히 등한시하기에 이른다. 구원받을 수 있을 때 구원받아야겠다고 단호히 결심하지 않으면 구원을 위한 일에 시간을 할애하기 어렵다.

· 게으름

　육신적인 편안함을 추구하는 성향 때문이다. "게으른 자는 그 손을 그릇에 넣고도 입으로 올리기를 괴로워하느니라"(잠 26:15). 우리는 모두 잇사갈처럼 "쉴 곳을 보고 좋게 여기며 토지를 보고 아름답게 여기고 어깨를 내려 짐을 메고 압제 아래에서 섬기기를"(창 49:15) 좋아하는 성향을 타고났다. 게으른 자의 침상에서 잠을 자는 사람이 천국에 갈 수 있겠는가? 막연한 바람만으로 천국에 들어갈 수 있을까? 천국에 가고 싶어하는 사람은 많아도 목적을 이루지는 못할 것이다.

　열심히 노력하고, 애쓰고, 분투해야 한다. 속된 사람의 눈에는 그런 일이 힘들게 보인다. 따라서 단호히 거부하지는 못해도 가능한 한 뒤로 미루기를 원한다. 게으른 성향을 떨쳐버리기 전에는 구원의 일에 진지하게 관심을 기울이기 어렵다.

· **죄를 달콤하게 여기는 성향**

　죄를 사랑하는 성향 때문이다. 사람들이 회개를 회피하는 이유는 죄를 헤어지기 싫어 떠나는 것을 차일피일 미루는 친구처럼 생각하기 때문이 아니겠는가? 죄와 결별하는 것은 신체의 일부를 잘라내는 것과 같다.

　단호한 결심이 없으면 절대 불가능한 일이다. 불붙은 숯불을 품에서 내던지는 것을 지체할 사람은 아무도 없겠지만, 죄인들은 입 밖으로 뱉어내야 한다는 것을 알면서도 혀로 죄의 달콤한 맛을 즐기기를 좋아한다. 죄를 사랑하고 죄와의 결별을 원하지 않기 때문에 회개도 나중으로 미루기만 할 뿐 진지한 관심을 기울이기가 어렵다.

· 거룩한 것에 대한 반감

거룩한 것을 거부하고 싫어하는 성향 때문이다. "육신의 생각은 하나님과 원수가 되나니 이는 하나님의 법에 굴복하지 아니할 뿐 아니라 할 수도 없음이라"(롬 8:7). 은혜를 받지 못하면 그리스도의 멍에를 즐거워하는 마음을 가질 수 없다(시 110:3). 그러나 멍에에 익숙하지 않은 수소가 멍에를 짊어지기 싫어하듯 인간의 마음도 은혜의 감화를 받기 전에는 강퍅한 성향을 굽히지 않는다. 진리의 빛이 생각에 비추었더라도 의지에 여전히 반발심이 남아 있으면 회개를 온전히 거부하지는 않더라도 어떻게든 뒤로 미루려고 애쓰기 마련이지 않겠는가?

· 나중에 회개하기가 더 쉽다는 생각

나중에 회개하기가 더 쉬울 것이라는 생각 때문이다. 나태한 사람은 좀 더 자고, 좀 더 졸고, 손을 모으고 좀 더 누워 있으면 침상에서 일어나기가 더 쉬울 것이라고 생각한다. 그러나 오히려 그 반대다. 일어나야 할 때 잠을 자면 잠을 더 많이 자게 되는 것처럼 회개를 미룰수록 회개하기가 더욱 어려워진다. 죄는 질병과 같아서 오래될수록 병세가 깊어져 치료하기가 더 어려워진다. 오늘 회개하지 않으면 내일은 회개하기가 더 어렵다.

· 항상 내일이 있다는 생각

항상 내일이 있다는 생각 때문이다. 어리석은 부자는 "내가 내 영혼에게 이르되 영혼아 여러 해 쓸 물건을 많이 쌓아 두었으니 평안히 쉬고 먹고 마시고 즐거워하자 하리라"라고 생각했다. 그러나 하나님은 그 생각을 아시고 "어리석은 자여 오늘 밤에 네 영혼을 도로 찾으리니 그러면 네 준비한 것이 누구의 것이 되겠느냐"라고 말씀하셨다(눅 12:19, 20).

하나님은 아무에게도 몇 년, 심지어는 몇 시간의 미래를 허락하겠다고 약속한 일이 없으시다. 그러나 모든 사람은 내일, 내달, 내년에 이러저러한 일을 할 것이라고 말한다. 젊은이들은 회개하기에는 아직 시간이 너무 이르다고 말하고, 나이든 사람들도 회개할 시간이 아직 충분히 남아 있다고 말한다. 사람들은 시간이 다 지나고 꿈에서 깨어나기까지는 항상 충분한 시간이 남아 있다고 생각한다. 오래 살 것이라는 기대감 때문에 멸망한 영혼이 한둘이 아니다.

지혜롭게 생각하라. "들으라 너희 중에 말하기를 오늘이나 내일이나 우리가 어떤 도시에 가서 거기서 일 년을 머물며 장사하여 이익을 보리라 하는 자들아 내일 일을 너희가 알지 못하는도다 너희 생명이 무엇이냐 너희는 잠깐 보이다가 없어지는 안개니라"(약 4:13, 14). 영원한 운명을 결정짓는 일을 두고 그렇게 불확실한 모험을 감행하는 것은 참으로 어리석기 그지없다.

· 구원받는 것이 쉽다는 생각

  구원받는 것이 쉽다는 착각 때문이다. 믿고 회개하는 일은 잠깐이면 끝낼 수 있다고 착각하는 사람들이 많다. 그들은 단숨에 해치울 수 있는 일을 굳이 서두를 필요가 없다고 생각한다. 그러나 그런 생각은 성경의 가르침은 물론 신자들의 경험과도 정면으로 상충된다. "생명으로 인도하는 문은 좁고 길이 협착하여 찾는 자가 적음이라"(마 7:14). "좁은 문으로 들어가기를 힘쓰라 내가 너희에게 이르노니 들어가기를 구하여도 못하는 자가 많으리라"(눅 13:24). 하나님은 그리스도를 죽은 자 가운데서 일으키신 그 능하신 능력의 역사하심을 따라 믿는 자들에게 역사하신다. "의인이 겨우 구원을 받으면 경건하지 아니한 자와 죄인은 어디에 서리요"(벧전 4:18). 천국에 가는 것이 어렵다는 사실을 알면 그 길에 들어서는 일을 잠시도 지체할 수 없을 것이다.

· 자만심

  스스로의 힘으로 얼마든지 죄를 버리고 하나님께 돌아갈 수 있다는 생각 때문이다. 타고난 능력과 이성의 힘으로 영적인 문제를 해결할 수 있다는 생각이 세상에 이토록 만연한 것은 조금도 놀랍지 않다. 왜냐하면 인간은 본성상 자신의 영적 무능력에 무지하기 때문이다. 죄를 깨달은 사람이 던지는 첫 번째 질문은 "구원받으려면 어떻게 해야 하는가?"이다. 육신적인 마음은 부패한 정욕에 이끌려 그릇된 생각에 치우친다. 사람들은 때로 선을 행할 능력이 없다고 말한다. 그러나 그들은 책망을 통해 더 이상 자신의 죄를 감추지 못하고 심한 죄책감을 느끼면서도 삶의 변화와 회개를 다음으로 미룬다. 그것은 곧 자신이 원하는 때에 자신의 힘으로 회개할 수 있다고 말하는 것이나 다름없다. 스스로 노를 저을 수 있다고 생각하는 사람은 자신이 원할 때 노를 저으려고 하지만, 바람의 도움에 의지하는 사람은 바람이 불어올 때 비로소 항해를 시작할 수밖에 없다.

지체하면 멸망한다

지체하는 것은 복음의 부름을 무시하는 처사다. 복음은 내일이 아닌, 오늘 회개하라고 요구한다. "오늘 너희가 그의 음성을 듣거든……너희 마음을 완고하게 하지 말라"(히 3:7, 8). 복음은 당장 복종할 것을 요구한다. 복음은 다른 날로 회개를 미루는 것을 용납하지 않는다. 물론 구원은 신중한 생각이 필요한 일이다. 그러나 그리스도 앞에 나가 거룩한 삶을 살아야 할지 말아야 할지를 생각할 시간은 필요하지 않다. 회개의 부름은 집에 난 불을 끄라는 요구와도 같다. 불은 신중하게 곧바로 서둘러 진화해야만 피해를 최소화시킬 수 있다. 영혼을 파괴하는 일도 그런 식으로 처리해야 마땅하지 않겠는가?

성경은 "좀 더 자자, 좀 더 졸자, 손을 모으고 좀 더 누워 있자 하면 네 빈궁이 강도같이 오며 네 곤핍이 군사같이 이르리라"라고 분명하게 말씀한다. 하나님의 경고를 무시하는 것보다는 차라리

칼끝 앞에 목을 드러내는 것이 훨씬 더 안전할 것이다. 에브라임(호 13:13)과 벨릭스(행 24:25)의 경우처럼 이미 많은 사람이 이 경고대로 나태하게 회개를 미루다가 멸망했다. 하나님의 나라에서 그리 멀지 않은 곳에 있으면서도 그곳에 들어가지 못한 사람들이 헤아릴 수 없이 많다.

은혜가 마음을 감화시키면 지체해서는 안 된다는 것을 알게 된다. 시편 저자는 "주의 계명들을 지키기에 신속히 하고 지체하지 아니하였나이다"(시 119:60)라고 말했다. 믿음으로 그리스도를 영접하고 죄를 버리고 하나님께 돌아가려고 애쓰는 사람은 더 이상 진노의 상태에 머물지 않고 목숨을 구하기 위해 서둘러 도망친다. 눈이 열려 위험을 감지하면 당장 회개를 결심하기 마련이다.

지체하면 영혼이 멸망할 수밖에 없다. 지체하며 서두르지 않으면 멸망을 피할 수 없다. 다음 몇 가지를 생각하면 이 사실을 분명하게 알 수 있다.

죄의 상태는 진노의 상태, 즉 파멸이 인간을 사방에서 에워싸고 있는 상태다. "아들을 믿는 자에게는 영생이 있고 아들에게 순종하지 아니하는 자는 영생을 보지 못하고 도리어 하나님의 진노가 그 위에 머물러 있느니라"(요 3:36). 소돔이 불타던 날 그곳에 머물러 있는 것은 매우 위험했다. 그러나 진노의 상태에 한순간이라도 머물러 있는 것은 그보다 훨씬 더 위험하다. 곧 무너질 집에 감히 들어가려고 할 사람이 누가 있겠는가? 그 누가 당장 그 집에서 도망쳐 나오려고 하지 않겠는가? 그런데도 하나님과 반목한 상태에서 감히 "좀 더 자자, 좀 더 졸자, 손을 모으고 좀 더 누워 있자"라고 말할 셈인가? 그런 사람은 하나님의 위대하심은 물론 자신의 영혼이 얼마나 귀한지를 알지 못함이 분명하다.

죄 가운데 오래 머물수록 영적 사망이 더 가까이 다가온다. 죄를 지을 때마다 하나님과의 관계가 더 소원해지고, 그분과 화목할 수 있는 길에 새로운 장애가 생겨나며, 그분을 거역하는 본성이 더욱 강화되고, 그분의 생명으로부터 더욱 멀어진다. 그 마지막은 결국 영혼의 파멸이 아니겠는가? 이미 그 길로 충분히 멀리 나아가지 않았는가? 하나님으로부터 더 멀어질 텐데 어찌 더 지체하려는 것인가?

그런 상태에 머물러 있는 동안 언제라도 죽음이 찾아올 수 있다. 조금만 더 지체하다가 그대로 세상을 떠날 수도 있다. 스스로 안전하다고 생각할지 몰라도 생명의 줄은 한 번만 건들면 곧 끊어질 정도로 연약하기 짝이 없다. 생명의 줄이 끊어지면 파멸을 되돌릴 방법이 없다. 우리의 목숨은 한순간에 사라질 수 있다. 따라서 짧든 길든 회개를 미루는 것은 그런 불확실한 삶을 믿고 영원한 운명이 걸린 모험을 감행하는 것이나 다름없다.

· 자멸의 길

회개를 지체하는 자들은 스스로를 파괴하는 자살자들이다. "너희가 어찌하여 죽고자 하느냐"(겔 18:31)라는 말씀은 그런 사람들에게 적용된다. 질병의 치유책을 고의로 무시하고 자신의 생명을 위태롭게 만든다면 그 죽음에 대한 책임은 그 사람 자신에게 있다. 이는 일어나 집에 난 불을 끄라는 소리를 듣고서도 모든 것이 잿더미로 변할 때까지 누워 있는 사람이 스스로의 죽음을 책임져야 하는 이치와 같다. 자기애, 곧 부패한 자아를 사랑하는 것은 가장 잔인한 행위가 아닐 수 없다. 왜냐하면 정욕을 용납해 영혼의 생명을 해치는 결과를 낳기 때문이다.

회개를 지체하면 지옥만 유리해진다. 오늘날 나중에 회개하겠다고 생각했다가 죽음을 맞이해 절망의 나락으로 떨어진 사람들이 많다. 사람들이 늘 새로운 이유를 내세워 회개를 미루는 것은 조금도 이상하지 않다. 왜냐하면 사람들이 가나안으로 들어가지 못하도록 광야에 붙잡아 두는 것이 사탄의 전략이기 때문이다. 지체할 때마다 멸망에 점점 더 가까워진다. 사탄이 새로운 지체의 구실을 만들어내기에 충분한 지략을 지니고 있다는 것을 어느 누가 의심할 수 있겠는가?

죄인이 죄책을 의식하는 순간, 사탄은 벨릭스에게 했던 것처럼 (행 24:25) 서둘러 지체의 전술을 사용한다. "유순한 대답이 분노를 쉽게 하는" 것처럼(잠 15:1 참조) 지체의 전술은 강압적인 거절만큼이나 날카로운 죄책감을 무디게 만드는 데 효과적이다. 설교를 듣거나 임종 직전에 죄책감을 느끼면 죄인은 불현듯 잠에서 깨어난다. 그러나 "좀 더 자자"라는 생각보다 사탄의 목적에 더 잘 부합하는 것은 없다. 그렇게 되면 더 이상 죄책감을 느끼지 못하고 다시 잠에 빠져든다.

지체하는 것은 죄의 길에 머물러 보잘것없는 안식을 누리게 만드는 죄인의 가장 좋은 친구다. 사람들은 자신이 지금 생각하는 것을 나중에도 똑같이 생각하게 될 것이다. 누구나 편안한 것을 좋아한다. 따라서 영혼을 깨우는 사역과 충실한 설교는 아무런 방해도 받지 않고 죄 안에서 안식을 누리려 하는 사람들에게는 큰 고통이 아닐 수 없다. 우리의 부패한 성향에 가장 잘 어울리는 것은 우리의 영혼에는 치명적인 독이 된다. 결국에는 그런 사실이 분명하게 드러날 것이다. 지금까지 솔직한 깨우침과 정당한 경고는 많은 사람을 죽음의 덫에서 건져냈지만 입에 발린 말은 많은 사람을 멸망으로 이끌었다.

· **회개를 미루는 것을 안타깝게 여겨야 할 이유**

안타깝게도 복음을 듣는 사람들 가운데 대다수는 아니더라도 상당히 많은 사람이 회개를 차일피일 미루는 탓에 영적 상태가 날이 갈수록 악화되고 있다. "게으른즉 서까래가 내려앉고 손을 놓은즉 집이 새느니라"(전 10:18)라는 말씀대로 이는 자연스런 결과가 아닐 수 없다.

그들은 지금 죽어가고 있는 상태다. 의원이 침상에 와서 치료약을 건네주면 그들은 완강하게 거절하지 않고 단지 복용하는 것을 미룬다. 그러는 동안 그들의 병은 더 깊어가고 죽음이 신속히 다가온다. 값없는 은혜를 받을 수 있는 길은 활짝 열려 있지만 그들은 그 길이 닫힐 때까지 움직이려 들지 않는다. 참으로 피눈물을 흘리며 안타깝게 여기지 않을 수 없는 어리석고 우둔한 행위가 아닐 수 없다. "좀 더 자자, 좀 더 졸자, 손을 모으고 좀 더 누워 있자"라고 말하는 나태한 사람들이 깨닫지 못하는 네 가지가 있다.

그들은 보배로운 영혼의 가치를 모른다. 그들은 유익하지 못한 것을 위해 영혼을 내던지고 있다. 죄 가운데서 즐기는 달콤한 잠이 과연 영혼의 파멸을 상쇄할 수 있을까? 절대 그럴 수 없다. 성경은 "사람이 만일 온 천하를 얻고도 제 목숨을 잃으면 무엇이 유익하리요 사람이 무엇을 주고 제 목숨과 바꾸겠느냐"(마 16:26)라고 말씀한다.

그리스도께서는 성부의 품을 떠나 영혼들을 구원하시려고 귀한 피를 흘리셨다. 그분은 지혜로우시게도 정확한 대가를 지불하셨다. 그보다 가치가 덜한 것으로 가능했다면 그분은 불필요하게 귀한 피를 흘리지 않으셨을 것이다. 그 대가를 받으신 분은 성부이셨다. 만일 그런 희생이 필요하지 않았다면, 성부께서는 성자를 죽음에 내주지 않으셨을 것이다. 사탄은 우리의 영혼을 파멸시키기 위해 쉬지 않고 활동한다. 나태함에서 벗어나 영혼을 파멸에서 구원하지 않는 것은 곧 그 가치를 너무나도 하찮게 여긴다는 증거가 아니겠는가?

그들은 보배로운 그리스도의 탁월하심을 모른다. 잠을 자면 눈이 감겨 주님의 영광스런 모습을 볼 수 없다. 하늘에 있는 성도와 천사들의 눈은 천국의 영광이신 주님께 고정되어 있다. 세상에 있는 성도도 은혜로 눈이 열리면 주님의 찬란한 영광에 온통 매료된다.

성경은 이런 황홀한 경험을 이렇게 묘사한다. "하늘에서는 주 외에 누가 내게 있으리요 땅에서는 주밖에 내가 사모할 이 없나이다"(시 73:25). "네 기름이 향기로워 아름답고 네 이름이 쏟은 향기름 같으므로 처녀들이 너를 사랑하는구나"(아 1:3). 면류관을 쓰신 시온의 왕께서 성도가 거하는 도성을 지나실 때 그분을 바라보며 큰 환성을 지르는 소리가 귓가에 들려온다.

그러나 나태한 죄인들은 "좀 더 자자, 좀 더 졸자, 손을 모으고 좀 더 누워 있자"라고 생각하며 그 광경을 보지 못한다. 왕이신 신랑께서 죄인에게 장가들기 위해 손을 내밀며 "나를 보라, 나를 보라"라고 말하시면 졸린 눈을 조금 치켜뜨고 손을 조금 내미는 척하다가 졸음을 이기지 못해 다시 눈을 감고 손을 내려놓는다. 결국 혼인은 성사되지 못한다. 성부의 집으로 향하는 언약의 마차가 죄인의 집 앞에 멈춰 서서 나오라고 부르고, 임마누엘의 땅으로 향하는 배가 어서 탑승하라고 소리치지만, "좀 더 자자, 좀 더 졸자, 손을 모으고 좀 더 누워 있자"라고 생각하는 탓에 모든 기회를 잃고 만다.

그들은 보배로운 시간의 가치를 모른다. 바울 사도는 "세월을 아끼라"(엡 5:16)라고 말했다. 그러나 나태한 죄인은 시간을 무가치하게 여겨 낭비한다. 일하는 시간이 잠자는 시간으로 바뀐다. 귀중한 시간이 헛되이 흘러가는데도 죄인은 아랑곳하지 않는다. 시간은 한 번 흘러가면 다시 되돌릴 수 없다. 영원을 위한 노력을 조금도 기울이지 않고 수많은 세월을 헛되이 보낸 희망이 없는 사람들이 과연 무엇으로 그 잃어버린 시간을 회복할 수 있겠는가? 오, "오늘 평화에 관한 일을 알지 못하는" 불행한 영혼들이여!

그들은 하나님의 진노가 얼마나 무서운지 모른다. 물론 "누가 주의 노여움의 능력을 알며"(시 90:11)라는 말씀대로 하나님의 진노를 온전히 이해하는 사람은 아무도 없다. 그러나 하나님이 선택하신 백성은 모두 그 진노를 의식하고 그것으로부터 도망친다. 바울 사도는 "우리는 주의 두려우심을 알므로 사람들을 권면하거니와"(고후 5:11)라고 말했다.

하나님의 진노를 조금만 이해해도 잠에서 깨어나 구원을 위해 애쓸 것이 분명하다. 살아 계신 하나님의 손에 빠져 들어가는 것이 무섭다는 것과 나태함의 침상에 다시 드러눕는 순간 그런 위험을 당할 수밖에 없다는 것을 생각한다면 깜짝 놀라 더는 잠을 자지 못할 것이다.

나태한 죄인들이 생각하지 않는 것이 세 가지 있다.

그들은 편안하게 누워 있는 동안 파멸이 신속하게 임할 것을 생각하지 않는다. "그들의 멸망은 잠들지 아니하느니라"(벧후 2:3)라는 말씀대로 죄인들에 대한 심판은 지체하지 않을 것이다. 죄인들은 다가올 진노를 피하지 못한 채 피의 보복자에게 사로잡힐 것이다. 나태한 죄인은 시시각각 물이 스며들어 오는 배에서 잠을 자는 사람과 같다.

깨어나 조처를 취하지 않으면 잠시 후면 물이 가득 들어와 배는 바다 밑으로 가라앉고 말 것이다. 죄의 빚은 갈수록 늘어나고 진노의 잔은 점점 차오르고 있다. 죄인이 안일에 젖어 있을 때는 훨씬 더 빠르게 차오른다.

그들은 멸망이 임박했다는 것을 생각하지 않는다. 나태한 죄인은 "홍수 전에 노아가 방주에 들어가던 날까지 사람들이 먹고 마시고 장가들고 시집갔던"(마 24:38) 옛 세상 사람들과 같다. 영적 나태함에 사로잡혀 죽음의 잠을 자는 탓에 재앙이 다가오고 있는 발자국 소리를 듣지 못한다.

죄인들은 가장 놀라운 일이 다가오고 있는데도 지옥에 갈 때까지 깨어나지 않을 죽음의 잠을 자고 있다. 희망 없이 지내다가 공포에 사로잡히고, 침상에서 일어나기도 전에 집이 무너져 내린다면 얼마나 슬픈 일인가!

그들은 재앙이 닥치면 도저히 피할 수 없다는 것을 생각하지 않는다. "시온의 죄인들이 두려워하며 경건하지 아니한 자들이 떨며 이르기를 우리 중에 누가 삼키는 불과 함께 거하겠으며 우리 중에 누가 영영히 타는 것과 함께 거하리요"(사 33:14). "내가 네게 보응하는 날에 네 마음이 견디겠느냐 네 손이 힘이 있겠느냐 나 여호와가 말하였으니 내가 이루리라"(겔 22:14). 벌레 같은 인간이 전능하신 하나님의 진노를 견딜 수 있겠는가? 죄인이 깨어나기 전에 그분의 인내가 다할지도 모른다.

긍휼과 인내가 속히 지나가면 정의가 그 자리를 메울 것이다. 그러면 더 이상 잠을 잘 수 없고, 영원히 편안한 휴식을 즐길 수 없을 것이다.

1
왜 죽으려고 하는가

왜 영혼을 파괴하는 길을 고집하는가? 복음의 부름과 영원한 삶과 자신의 영혼에 아무 관심이 없는가? 왜 무엇이든 스스로 할 수 있는 일에 전력을 기울이지 않는가?

지체하는 신자들에게

지체하는 신자들이 있을 수 있다. 특히 오늘날에는 그런 신자들이 많다. 본문에는 일반적인 진리와 경고가 담겨 있다. 영적 나태함은 우리의 부패한 본성과 깊이 얽혀 있기 때문에 그 본성이 완전히 바뀌기 전까지는 결코 근절되지 않는다. 신자들 안에도 그런 본성이 많이 남아 있기 때문에 많이들 지체한다. 아래의 다섯 가지 지체는 신자들 사이에서도 종종 발견된다.

죄를 지었을 때는 회개와 믿음의 행위를 통해 새롭게 회복해야 하지만 그 일을 지체할 때가 있다. 상황이 상당히 심각할 때도 있다. 은혜가 사라지고, 성령의 감화에 무감각하고, 신앙의 의무를 통해 하나님과 교제하는 일이 중단된다. 그런 상황을 불만족스럽게 생각해 회복을 결심하지만 나태함에 사로잡혀 차일피일 미룬다. 아가서의 신부가 대표적인 경우다. "내가 잘지라도 마음은 깨었는데 나의 사랑하는 자의 소리가 들리는구나 문을 두드려 이르기를 나의 누이, 나의 사랑, 나의 비둘기, 나의 완전한 자야 문을 열어다오 내 머리에는 이슬이, 내 머리털에는 밤이슬이 가득하였다 하는구나 내가 옷을 벗었으니 어찌 다시 입겠으며 내가 발을 씻었으니 어찌 다시 더럽히랴마는"(아 5:2, 3).

마음에 품은 우상, 곧 하나님과의 교제를 방해하는 요인을 제거하는 것을 지체할 때가 있다. 그들은 우상을 품는 것이 영혼을 해롭게 한다는 것을 알고 칼을 들어 쳐내겠다고 결심하지만 선뜻 그렇게 하지 못한다. 그들은 때때로 우상을 십자가에 못 박는 일을 뒤로 미룬다. 그것은 양초의 찌꺼기처럼 계속 남아 영혼의 파멸을 유도한다.

주님 앞에서 자신의 상태를 점검하는 일을 지체할 때가 있다. 신앙생활을 새롭게 하고, 자신이 그리스도 안에 있는지 아닌지, 은혜의 상태에 있는지 아닌지를 확인해야 할 상황에 직면한다. 그들은 그 일을 진지하게 점검하고 스스로를 성찰해 천국에 들어갈 자격을 갖추었는지 그 증거를 확인하겠다고 결심하지만 게으름에 빠져 뒤로 미룬다.

하나님이 요구하신다고 확신하는 특별한 의무를 서둘러 이행하지 않고 지체할 때가 있다. 그들은 그 의무를 종종 진지하게 생각하지만 다른 일에 신경을 쓰느라고 뒤로 미루기를 반복한다. 이따금 그 의무를 이행하려고 시도하지만 다시 중단하고, "좀 더 자자, 좀 더 졸자, 두 손을 모으고 좀 더 누워 있자"라는 유혹에 빠져든다.

신랑이 더디 오자 졸며 잠들었던 처녀들처럼(마 25:5) 영원한 삶을 준비하는 일을 지체할 때가 있다. 그들은 죽는 것이 쉬운 문제가 아니라는 것을 안다. 그들은 하나님의 은혜에 의지해 죽음을 잘 준비하겠다고 결심하지만 차일피일 미루기만 한다. 그들은 신랑을 맞이하기 위한 등불을 잘 관리하지 않는다. 당장의 상태만 좋으면 꺼지지 않을 것이라고 생각한다.

나는 그런 모든 사람들에게 "자는 자여 어찌함이냐 일어나서 네 하나님께 구하라 혹시 하나님이 우리를 생각하사 망하지 아니하게 하시리라"(욘 1:6)라고 말해주고 싶다. 오, 지체하는 신자들이여, 나의 권고에 귀를 기울여주기 바란다.

지체해서 목표한 대로 잘 되는 것이 있을까? 없다. 지체할수록 목표에서 더욱 멀어지지 않았는가? 의무에 대한 거부감과 반발심만 더 커지지 않았는가? 주님을 의지하는 마음이 갈수록 약화되지 않았는가? 그렇다. 영적인 잠에 취하면 취할수록 자고 싶은 마음만 더욱 커질 뿐이다.

나태함이 빈궁과 곤핍에 이르는 지름길임을 알지 않는가? 우리의 양심이 부지런하면 축복을 넘치게 받고 게으르면 굶주림의 고통을 느끼는 것이 진리라고 증언한다. 지난 세월을 돌이켜 보니 과연 그렇지 않았는가? 무엇이든 자신이 할 일을 찾아 온 힘을 다했을 때 의무를 통해 하나님께 더 가까이 나가려는 신앙의 열정이 솟구치는 것을 느끼지 않았는가?

빈궁이 강도같이 임하는 것을 경험하지 않았는가? 들릴라의 무릎에서 깨어난 삼손처럼 힘이 가장 필요할 때 힘이 다 사라진 것을 발견한 적이 있지 않은가? 어쩌면 안일한 마음으로 오랫동안 하나님에게서 멀어진 상태로 지내다가 마침내 강한 유혹이나 극심한 시련에 부딪쳐 나태하게 지체했던 대가를 톡톡히 치르고 있는지도 모른다.

좀 더 자고, 좀 더 졸고, 손을 모으고 좀 더 누워 있으면 소홀히 했던 의무를 이행할 기회를 잃게 된다. 기회를 빼앗기든지, 아니면 기회를 활용하기도 전에 세상을 떠나든지 둘 중의 한 가지 사태가 빚어진다. 선을 행할 기회나 생명이 영원히 보장된 사람은 아무도 없다. 따라서 바울 사도는 "우리는 기회 있는 대로 모든 이에게 착한 일을 하되 더욱 믿음의 가정들에게 할지니라"(갈 6:10)라고 권고했다. 물론 그리스도 안에 있는 영혼은 확실하게 구원받지만 나태하면 불 가운데서 구원받은 것 같을 것이다.

오래 지체한 의무를 행하는 것은 매우 어렵다. 그러다가 정신을 차리고 난 뒤에는 처음부터 미루지 않고 의무를 행하는 것보다 시간과 힘도 더 부족하고, 장애 요인도 더 많은 법이다. 오랫동안 손을 놓고 있을수록 문제를 해결하기가 더욱 어려워진다. 죽음이 임박했을 때는 많은 두려움과 혼란과 당혹감을 느끼기 쉽다.

―
회개를 미루는 젊은이들에게

지체하는 죄인들, 곧 아직 그리스도 밖에 머물러 있으면서 영원을 위한 일을 아무것도 행하지 않고 있는 사람들을 생각해보자. 그들은 진노의 상태에서 살고 있지만 머뭇거리면서 소돔을 빠져나오는 것을 미루고 있다. 그들은 회개를 미루면서 계속 죄를 짓는다. 나는 그들에게 "게으른 자여 네가 어느 때까지 누워 있겠느냐 네가 어느 때에 잠이 깨어 일어나겠느냐"(잠 6:9)라고 말하고 싶다. 나의 권고에 귀를 기울여주기 바란다.

젊은이들이여, 왜 회개를 미루는가? 왜 다루기도 어렵고 길들이기도 힘든 야생 나귀 새끼처럼 행동하는가? 아마도 회개하기에는 아직 너무 이르다고, 지금이 아니더라도 아직 시간이 충분하다고 생각할 것이다. 회개하고 진지하게 사는 것은 얼굴에 주름이 생기고, 안색이 창백해지고, 눈이 횅하게 보이는 노년의 시기에나 적합하다고 믿고, 그런 일을 화사하게 피어나는 꽃 같은 젊은 시절에 행하는 것은 너무 비참하다고 생각할 것이다. 대체 언제 회개할 셈인가? 세상에 깊이 물들거나 다 늙었을 때, 아니면 최소한 청춘의 시기가 지났을 때 회개할 것이라고 생각할지도 모르겠다.

그러나 어리석고 불쌍한 자들아, 지금 짊어진 죄의 빚이 적어서 하나님의 정의의 빚을 더 많이 짊어지려는 것인가? 처음부터 진노의 자녀로 태어났다는 사실(엡 2:3), 곧 회개하고 그리스도께 나오지 않으면 정죄를 면할 수 없는 상태로 세상에 태어났다는 것을 알지 못하는가? 회개하지 않으면 더 이상 죄를 보태지 않더라도 이미 멸망하기에 충분한 죄를 짊어지고 있는 상태임을 모르는가?

선악을 분별하게 하는 거룩한 율법이 가장 나이 많은 사람에게나 젊은 사람에게나 똑같이 구속력을 발휘하고 있지 않은가? 하나님께 대한 경외심과 믿음을 저버리고, 노인들보다 더 자유롭게 죄를 지을 자유가 젊은이들에게 주어졌다고 생각하는가? 성경은 "무릇 율법 행위에 속한 자들은 저주 아래에 있나니 기록된 바 누구든지 율법 책에 기록된 대로 모든 일을 항상 행하지 아니하는 자는 저주 아래에 있는 자라 하였음이라"(갈 3:10)라고 말씀한다. 여기에 예외는 없다. 젊은 시절의 어리석음은 지나갈지 몰라도 하나님의 심판은 그들을 용납하지 않을 것이다.

"청년이여 네 어린 때를 즐거워하며 네 청년의 날들을 마음에 기뻐하여 마음에 원하는 길들과 네 눈이 보는 대로 행하라 그러나 하나님이 이 모든 일로 말미암아 너를 심판하실 줄 알라"(전 11:9). 장차 부패한 생각과 말과 행위, 곧 헛되거나 악한 일들이 눈앞에 생생하게 펼쳐지는 것을 보게 되면 그 모든 일에 대해 책임을 지게 될 것이다. 아무리 짧은 인생을 살아왔더라도 자신이 저지른 죄가 머리털보다 더 많다는 것을 알게 될 것이다. "눈이 높은 것과 마음이 교만한 것과 악인이 형통한 것은 다 죄니라"(잠 21:4)라는 말씀대로 아직 거듭나지 못해 은혜에 무지한 상태에 머물러 있다면 무엇을 행하든 다 죄에 해당한다. 그렇다면 바로 지금이 회개해야 할 때가 아니겠는가?

스스로가 기대하는 노년의 시기가 올 것이라고 누가 장담할 수 있겠는가? 교회 마당에 가보라. 젊은이들의 크기와 같거나 그보다 작은 크기의 무덤들이 많은 것을 볼 수 있을 것이다. 흰 머리가 될 때까지 살다가 죽은 사람들보다 한 살에서부터 열 살 사이의 어린 아이들이 묻힌 무덤이 훨씬 더 많다. 많은 사람이 노인이 되기 전에 세상을 떠난다. 꽃 같은 청춘의 나이에 죽음을 맞이한 사람들처럼 언제 죽음을 당할지 모른다. 따라서 젊었을 때 죽을 수도 있다는 것을 알고 서둘러 회개하라. 그래야만 나중에 비참하게 절망하지 않을 것이다.

누가 젊은 시절의 힘과 활력을 요구하기에 합당한가? 하나님이신가 마귀인가? 하나님은 자신이 허락하신 선물을 요구하실 권한이 있으시다. "너는 청년의 때에 너의 창조주를 기억하라"(전 12:1). 사탄은 자신의 소유를 지키려고 애쓸 것이다. 하나님은 처음이시요 마지막이시다. 그분은 처음의 것, 가장 좋은 것, 첫 열매, 첫 아들, 아침 번제를 요구하신다. 그분은 청춘의 첫 시절을 요구하시고 그것을 기쁘게 생각하신다. "내가 너를 위하여 네 청년의 때의 인애와 네 신혼 때의 사랑을 기억하노니 곧 씨 뿌리지 못하는 땅, 그 광야에서 나를 따랐음이니라"(렘 2:2). 첫 번째, 가장 좋은 것을 마귀와 죄에 바치고, 마지막 남은 가장 나쁜 것을 창조주께 바칠 셈인가?

젊었을 때 믿음을 가진 사람들은 다른 사람들보다 여러 가지 점에서 많은 유익을 누린다.

1. 새로운 탄생의 산고를 통과하기가 다른 사람들보다 더 쉽다. 씨가 나서 자라되 어떻게 그리 되는지를 알지 못한다는 성경

말씀은 은혜와 훌륭한 교육이 합쳐져 젊은이에게 주어질 때 가장 잘 성취된다. 최근에 박은 못이 오랫동안 박혀 녹슨 못보다 더 쉽게 빠진다. 세상의 더러움에 깊이 물들기 시작하기 전에 은혜를 받은 사람은 그렇지 않은 사람들에 비해 후회할 일이 훨씬 더 적다.

2. 젊은이들은 감정이 매우 풍부하다. 그렇기 때문에 무엇이든 원하는 것에 큰 열정을 쏟아 붓는다. 따라서 그들은 신앙생활의 달콤함도 누구보다 더 많이 느낄 수 있다. "그러므로 보라 내가 그를 타일러 거친 들로 데리고 가서 말로 위로하고"(호 2:14). "나를 사랑하는 자들이 나의 사랑을 입으며 나를 간절히 찾는 자가 나를 만날 것이니라"(잠 8:17)라는 약속의 말씀대로 하나님은 때로 젊은 회심자들을 무릎 위에 올려놓고 은혜의 즐거움을 맛볼 수 있게 허락하신다.

3. 젊은이들은 자신의 세대 안에서 하나님을 가장 잘 섬길 수 있는 위치에 있다. 다 늙어서 회심한 사람을 생각해보라. 그는 구원은 보장되지만 세상에서 하나님의 영광을 위해 일하려고 해도 시간이 부족해 그렇게 하기가 어렵다.

하나님은 지금 당장 회개하라고 명령하신다. 따라서 한순간이라도 회개를 미루는 것은 영혼을 위태롭게 하는 결과를 낳는다. "오늘 너희가 그의 음성을 듣거든 너희 마음을 완고하게 하지 말라"(히 3:7, 8). "청년이여 네 어린 때를 즐거워하며 네 청년의 날들을 마음에 기뻐하여 마음에 원하는 길들과 네 눈이 보는 대로 행하라 그러나 하나님이 이 모든 일로 말미암아 너를 심판하실 줄 알라 그런즉 근심이 네 마음에서 떠나게 하며 악이 네 몸에서 물러가게 하라 어릴 때와 검은 머리의 시절이 다 헛되니라"(전 11:9, 10)라는 말씀을 기억하라.

젊었을 때 죄를 짓고 살면 결국에는 슬픈 최후를 맞이할 것이다. 지체하면 하나님이 언제 노를 발해 생명을 거두실지 모른다. 하나님의 분노는 노인은 물론 어린아이와 젊은이들에게도 똑같이 쏟아진다.

신앙생활에 아무 즐거움이 없는 것처럼 말하는 사탄에게 속지 말라. 절대 그렇지 않다. 지혜의 "길은 즐거운 길이요 그의 지름길은 다 평강이니라"(잠 3:17). 신앙생활의 기쁨은 젊은이들이 추구하는 헛된 쾌락과 허영보다 수천 배나 더 크다.

회개를 미루는 중년들에게

중년들이여, 왜 회개를 미루는가? 왜 자신이 영원히 머무를 곳과 자신을 진지하게 생각하며 회개로 영원한 삶을 준비하지 않는 것인가? 아마도 젊은이들처럼 시간이 아직 충분하다고 생각할지도 모른다.

가족 부양과 같은 일로 머리가 복잡한 탓에 지금은 그럴 여유가 없다고 생각할 수도 있다. 그렇다면 대체 언제 회개할 셈인가? 마치 지금보다 시간이 더 많을 때, 곧 노년이 되었을 때 그렇게 하겠다고 생각하는 것처럼 보인다.

그러나 노년을 보게 될지 누가 장담할 수 있겠는가? 하나님이 "오늘 밤에 네 영혼을 도로 찾겠다"(눅 12:20)고 말씀하실지 어떻게 알겠는가? 사람들은 왜 영원한 운명이 걸린 문제를 두고 종종 불확실한 모험을 감행하려는 것일까? 우리의 일생은 하루, 곧 겨울철의 하루처럼 짧기만 한데 가야 할 길은 너무나도 멀다. 중년의 오전은 이미 지나갔다. 곧 저녁이 올 텐데 어디에서 밤을 지새울 생각인가? 기우는 태양이 서두르라고 재촉한다.

세상 일 때문에 영원을 위한 일을 등한시하는 이유가 무엇인가? 사람들이 초청을 받고서도 한결같이 이런저런 변명을 내세워 거부하자 결국 은혜의 날이 끝났다는 선고가 주어졌다(눅 14:18-20, 24). 미래를 대비해야 할 영혼을 지니고 있지 않은가? 자신의 영원한 운명을 염려해야 하지 않겠는가? 그리스도보다 세상을 더 좋아해 이생에서 분깃을 허락받았다면, 정작 회개해야 할 때가 왔을 때는 은혜를 허락받지 못하고 그동안 섬겼던 우상들에게로 돌아가라는 명령을 듣는 것이 당연하지 않겠는가?

청춘의 활력은 식었지만 노쇠한 노년은 아직 찾아오지 않은 이 시기에 얻을 수 있는 유익을 진지하게 생각해보라. 생각할 줄 아는 인간이라는 증거를 보여달라. 젊음을 헛된 일에 낭비하고 노년도 그렇게 보낼 생각인가? 인생의 찌꺼기, 노쇠의 시절을 하나님께 드릴 셈인가? 기력이 없어 죄를 짓기조차 힘들 때 죄와 결별한다면 하나님이 과연 그것을 회개로 인정해주실 것이라고 자신할 수 있겠는가?

"만군의 여호와가 이르노라 너희가 눈 먼 희생제물을 바치는 것이 어찌 악하지 아니하며 저는 것, 병든 것을 드리는 것이 어찌 악하지 아니하냐 이제 그것을 너희 총독에게 드려보라 그가 너를 기뻐하겠으며 너를 받아주겠느냐"(말 1:8).

늙을 때까지 살 수 있다고 가정해도 그 시기에 회개의 은혜를 허락받는 사람들이 얼마나 적은가? 그런 경우가 전혀 없는 것은 아니지만 극히 드물다.

열한 시에 부름을 받은 사람들이 있다는 말씀을 지체해도 좋다는 의미로 이해해서는 곤란하다(마 20:6). 그 비유를 읽어보면 세 시와 여섯 시와 아홉 시에도 서 있는 사람들이 있었다. 하나님의 주권을 제한해서는 안 된다. 그러나 관찰에 의하면 복음의 시대에 살면서 인생의 가장 좋은 시기에 믿음을 등한시하고 죄에 빠져 지낸 사람들의 경우, 노년이 되었을 때 마음이 강퍅하게 굳어지는 것이 하나님이 그들을 대하시는 일반적인 방식이라는 것을 알 수 있다. "그의 기골이 청년같이 강장하나 그 기세가 그와 함께 흙에 누우리라"(욥 20:11).

지체하는 것이 스스로를 속이는 것임을 알지 못하는가? 젊었을 때도 좀 더 나이가 들 때까지 미루지 않았는가? 지금 그때가 되었지만 여전히 아무 변화가 없다. 죽음의 잠을 자지 않으려면 더 이상 미루지 말라.

회개를 미루는 노년들에게

노년들이여, 왜 회개를 미루는가? 은혜를 받아야 할 이 때 왜 하나님의 부르심에 마음을 기울이지 않는가? 일평생 항상 시간이 충분하다고 생각하며 살아왔기 때문에 아직도 시간이 충분하다고 생각할지도 모르겠다. 과연 언제 회개할 것인지 궁금하다. 아마도 임종할 때 그렇게 하겠다고 생각하는 것처럼 보인다. 병들어 죽음을 기다리는 극한의 상태까지 회개를 미룰 수 있기를 바라는 듯하다.

그러나 지나간 세월 동안 육신의 뜻대로 할 만큼 하며 살아오지 않았는가? 그런데도 아직도 "좀 더 자자, 좀 더 졸자, 손을 모으고 좀 더 누워 있자"라고 생각할 셈인가? 일평생 하나님의 부르심을 외면하고도 은혜와 긍휼을 구할 수 있다고 자신하는가? 죄와 사탄과 세상을 위해 평생을 바치고 나서 더 이상 아무것도 할 수 없을 때 하나님을 바라보고 그분의 은혜를 구하려고 하니 아래의 말씀이 이루어질까 두렵지도 않은가?

"내가 불렀으나 너희가 듣기 싫어하였고 내가 손을 폈으나 돌아보는 자가 없었고 도리어 나의 모든 교훈을 멸시하며 나의 책망을 받지 아니하였은즉 너희가 재앙을 만날 때에 내가 웃을 것이며 너희에게 두려움이 임할 때에 내가 비웃으리라 너희의 두려움이 광풍같이 임하겠고 너희의 재앙이 폭풍같이 이르겠고 너희에게 근심과 슬픔이 임하리니"(잠 1:24-27).

만일 지금 양심이 깨어난다면 긍휼의 약속을 굳게 믿고 서기 위해 한바탕 큰 혼란을 겪어야 할 것이다.

임종을 잘 맞이하리라는 것을 어떻게 장담할 수 있겠는가? 많은 사람이 그런 것처럼 단번에 저 세상으로 떠날지 누가 알겠는가?

죽을 때 세 마디 말이면 충분히 회개할 수 있다고 말하곤 했던 사람이 있었다. 그러나 죽음이 항상 사자를 먼저 보내 자신의 도착을 알리는 것은 아니다. 주님은 다음과 같이 분명하게 말씀하셨다. "만일 그 악한 종이 마음에 생각하기를 주인이 더디 오리라 하여 동료들을 때리며 술친구들과 더불어 먹고 마시게 되면 생각하지 않은 날 알지 못하는 시각에 그 종의 주인이 이르러 엄히 때리고 외식하는 자가 받는 벌에 처하리니 거기서 슬피 울며 이를 갈리라"(마 24:48-51).

다른 일, 곧 진정으로 해야 할 일을 죽을 때까지 미뤄도 될 만큼 과연 죽는 것이 그렇게 쉬운 일일까? 죽음에는 고통과 격통과 질병이 수반되기 때문에 그 자체만으로도 충분히 힘들다. 우리가 건강에 옳게 주의를 기울였더라도 죽을 때가 되었을 때는 죽는 것 외에는 다른 아무 일도 할 수 없을 것이다. 더욱이 그때에는 이성을 잃고 헛소리를 하면서 죽을 수도 있다. 설혹 마지막 순간에 회개할 수 있다고 해도 다른 일을 아무것도 할 수 없을 때까지 미뤄도 될 만큼 회개가 그렇게 쉬운 일인지 깊이 생각해보기 바란다. 스스로 침대에 누울 수가 없어 사람들이 옮겨주어야 할 때까지 하나님께 돌아오는 것을 미룰 셈인가? 모든 기력이 사라졌을 때 천국을 침노할 생각인가? 한 호흡에 한 문장도 채 끝마치기 어려운 순간에 하나님을 향해 부르짖을 셈인가? 침상에 누워 임종을 기다릴 때 죽음을 준비할 생각인가?

■ 적용

1. 모두에게 권고하건대 회개와 구원의 일을 더 이상 미루지 말라. 지체하는 것은 하나님을 조롱하고 스스로를 속이는 것이다. 그 이유는 회개하고 죄에서 돌이키겠다는 진지한 의도와 모순되기 때문이다. 진정으로 죄에서 돌이킬 생각이 있는 사람은 당장 죄를 버릴 것이 틀림없다.

2. 회개는 우리의 힘으로 되는 것이 아니라 하나님이 원하실 때 베푸시는 선물이다. "이스라엘에게 회개함과 죄 사함을 주시려고 그를 오른손으로 높이사 임금과 구주로 삼으셨느니라"(행 5:31). 은혜의 때는 한정되어 있다. 하나님을 발견할 수

있을 때와 그럴 수 없을 때가 있다. "너희는 여호와를 만날 만한 때에 찾으라 가까이 계실 때에 그를 부르라"(사 55:6). 죽음이 찾아오면 그 시기가 끝난다. 그러나 많은 사람이 은혜의 때를 헛되이 흘려보낸다. "내가 너희에게 말하노니 전에 청하였던 그 사람들은 하나도 내 잔치를 맛보지 못하리라"(눅 14:24). 에서에게도 축복을 받을 수 있는 때가 있었지만, 그는 그 때를 무시했다. 그러자 더 이상 축복을 받을 수 없는 때가 찾아왔다. "너희가 아는 바와 같이 그가 그 후에 축복을 이어받으려고 눈물을 흘리며 구하되 버린 바가 되어 회개할 기회를 얻지 못하였느니라"(히 12:17). 그러므로 기회가 있을 때 서둘러라. 바람과 조수가 도와주지 않으면 항해를 할 수 없다.

3. 은혜의 때가 아직 끝날 때가 멀었다고 확신하더라도 하나님 앞에서 그런 생각을 품는 것은 큰 불경이 아닐 수 없다. 주님이 오래 기다리신다고 해서 그분의 긍휼과 은혜를 남용해야 할까? 주님이 오래 참으신다고 해서 그분의 인내를 헛되이 흘려보내야 할까? 결국에는 복종해야 할 하나님을 가능한 한 오랫동안 멀리하려고 애쓰는 것은 참으로 어리석지 않은가?

4. 시간은 짧고 구원받는 것은 어렵다. 구원을 방해하는 요소가

너무 많다. 구원받는 것은 큰 숙제다. 기독교인이 되는 것은 쉬운 일이 아니다. 마귀와 세상과 육신으로부터 비롯하는 모든 장애 요소를 극복해야 한다. 이제 인생이 얼마 남지 않았다. 아무것도 할 수 없을 때가 곧 온다.

5. 인생은 매우 불확실하다. 우리의 처지는 언제라도 나가라면 나가야 할 세입자와 같다. 우리에게 내일은 보장되어 있지 않다. 우리는 모두 회개의 필요성을 인정한다. 유일한 문제는 "언제 회개할 것인가?" 하는 것이다.

하나님은 오늘 회개하라고 말씀하신다. 내일은 우리의 것이 아니고 하나님의 것이기 때문이다. 그렇다면 우리의 것이 아닌 시간을 어떻게 이 용도에 맞게 사용할 수 있을까? 유대 학자들은 죽기 전에 하나님께로 돌아오라고 말한다. 그보다는 오늘 당장 돌아오라고 말하는 것이 더 지혜롭다. 왜냐하면 내일 죽을지도 모르기 때문이다.

6. 지체할수록 구원받는 일이 더 어려워진다. 왜냐하면 죄는 수원지에서 멀어질수록 더 큰 강을 이루는 물처럼 갈수록 강해지기 때문이다. 이는 빗나간 화살과 과녁과의 간격이 갈수록 더 멀어지는 이치와 같다. 그리스도께서는 죽은 지 나흘이 지난 나사로를 살리실 때는 크게 슬퍼하셨지만, 나인 성의 청년이나 야이로의 딸을 살리실 때는 그렇지 않으셨다. "구

스인이 그의 피부를, 표범이 그의 반점을 변하게 할 수 있느냐 할 수 있을진대 악에 익숙한 너희도 선을 행할 수 있으리라"(렘 13:23). 마음이 강퍅해질수록 생각은 더 어두워지고 의지는 더 왜곡되고 감정은 더 악해진다.

7. 하나님은 지금 당장 회개하라고 명령하신다. 한순간의 지체가 영원한 손실을 초래할 수 있다. 어느 순간이 마지막이 될지 알 수 없기 때문이다. 더 이상 지체한다면 위험을 각오해야 한다.

REPENTANCE
죄에서 떠나
하나님께로 돌아가라

REPENTANCE
죄에서 떠나
하나님께로 돌아가라

5

REPENTANCE

지체할 이유는 없다
: "예수여, 나를 기억하소서"

이르되 예수여
당신의 나라에 임하실 때에
나를 기억하소서
누가복음 23:42

회개를 지체하는 것은 정욕을 사랑하는 죄인들의 성향과 회개의 필요성을 의식하는 사람들의 일반적인 확신이 충돌할 때, 자연스레 생겨나는 현상이다. 사탄의 역사와 부패한 마음, 그럴 듯한 변명과 사례들의 남용이 서로 합쳐져 회개를 지체하는 성향을 한껏 부추긴다. 그 중 사례를 남용하는 가장 대표적인 경우는 십자가에서 회개한 강도다.

이 내용이 회개를 지체하는 것을 고무하는 본보기가 될 수 없다는 것을 설명하려고 한다. 이 사람의 진정성을 입증할 근거를 굳이 제시할 필요는 없을 듯하다. 본문과 상황으로 미루어 볼 때 너무나도 확실하기 때문이다. 또한 이를 설명하기 위해 그의 기도가 믿음과 회개의 기도였다는 사실을 강조할 필요도 없을 것 같다. 왜냐하면 그의 기도에 너무나도 은혜로운 응답이 주어졌기 때문이다.

이 일화를 모르는 사람은 거의 없다. 성경을 잘 모르는 사람들도 십자가에서 회개한 강도에 관한 일화를 잘 알고 있다. 그들은 이 일화를 남용해 스스로를 파멸로 몰아넣고 있으며, 회개를 임종할 때까지 지체하는 빌미로 사용한다.

이 일화가 많은 사람을 파멸로 이끄는 걸림돌로 작용하는 것에 대해 지나치게 놀랄 필요는 없다. 강도는 마지막 숨을 거두기 전에 회심했다. 그는 일평생 죄를 짓고 살다가 갑자기 변화되어 행복한 죽음을 맞이했다. 그의 삶은 생애 마지막 순간까지 온통 음울했다. 그러다가 한순간 빛이 환하게 빛났다가 사그라졌다. 다음의 사실들을 고려하면 회개하지 않는 죄인들이 이 일화를 남용해 스스로 걸림돌로 만드는 것이 그리 놀랍지 않게 느껴진다.

― 죄인들은 가장 좋은 것을 남용한다

뱃속이 탈이 나면 아무리 좋은 고기도 맛이 없는 것처럼 회개하지 않은 죄인은 가장 좋은 것을 남용해 파멸을 자초한다. 다른 사람들을 일으켜 세우는 하나님의 진리가 그들에게는 도리어 넘어짐의 빌미가 된다. 하나님을 위한 제단과 율법이 믿지 않는 유대인들에게 걸림돌이 되었던 것처럼, 복음과 그것을 전하는 설교자들이 누군가에게는 사망에 이르는 냄새가 된다(고후 2:16). 무엇보다도 그런 사람에게는 그리스도께서 부딪치는 돌이 되신다(벧전 2:7, 8).

회개하지 않은 죄인은 성경을 왜곡한다

회개하지 않은 죄인의 마음에는 성경을 남용하고 왜곡하려는 성향이 도사리고 있다. 이것이 베드로가 바울의 서신을 가리켜 "그 중에 알기 어려운 것이 더러 있으니 무식한 자들과 굳세지 못한 자들이 다른 성경과 같이 그것도 억지로 풀다가 스스로 멸망에 이르느니라"(벧후 3:16)라고 말했던 이유다. 성경은 빛이요 하나님의 권위를 지닌 규칙이다.

따라서 죄를 가릴 방패막을 찾으려는 죄인들에게 성경은 가장 효과적인 수단이 될 수 있다. 성경은 양심의 질책을 잠재우고 스스로를 속여 파멸을 자초하게 만드는 데 가장 그럴듯한 빌미로 오용될 수 있다.

사탄은 자신의 왕국을 유지하기 위해 성경을 남용한다

성경을 남용하는 것은 사탄의 주된 무기 가운데 하나다. 그는 그것으로 성경을 믿는 사람들 가운데서 자신의 왕국을 유지하고 확장시킨다. 사탄은 그리스도께 "네가 만일 하나님의 아들이어든 뛰어내리라 기록되었으되 그가 너를 위하여 그의 사자들을 명하시리니 그들이 손으로 너를 받들어 발이 돌에 부딪치지 않게 하리로다 하였느니라"(마 4:6)라고 말했다. 부정한 사람들은 다윗이 죄를 지은 일, 베드로가 실족한 일과 같은 사례를 들어 그들도 그랬다며 스스로 양심의 소리를 묵살한다.

또한 단순한 도덕주의자들은 "사람아 주께서 선한 것이 무엇임을 네게 보이셨나니 여호와께서 네게 구하시는 것은 오직 정의를 행하며 인자를 사랑하며 겸손하게 네 하나님과 함께 행하는 것이 아니냐"(미 6:8)라는 말씀으로 자기 자신을 은폐한다. 이 밖에도 "의에 주리고 목마른 자는 복이 있나니 그들이 배부를 것임이요"(마 5:6)라는 말씀을 근거로 선한 의도와 마음이면 충분하다고 만족하는 사람들도 있고, "만일 악인이 그 행한 악을 떠나 정의와 공의를 행하면 그 영혼을 보전하리라"(겔 18:27)라는 말씀을 근거로 아무 때나 회개할 수 있다고 생각하는 사람들도 있다. 따라서 성경을 아예 모르는 사람들보다 성경을 이론적으로 알고 있는 사람들을 깨우치는 것이 훨씬 더 어렵다.

사람들은 자신의 욕망을 포기하지 않는다

죄를 사랑하는 마음은 온갖 변명을 내세워 교묘하게 욕망을 유지하도록 이끈다. 사울은 사무엘에게 "그것은 무리가 아말렉 사람에게서 끌어온 것인데 백성이 당신의 하나님 여호와께 제사하려 하여 양들과 소들 중에서 가장 좋은 것을 남김이요 그 외의 것은 우리가 진멸하였나이다"(삼상 15:15)라고 말했다. 사람들이 자진해서 진실하기를 원하는 것은 설득하기가 쉽다. 그러나 그들이 포기하기 싫어하는 것은 그리 어렵지 않게 변명을 지어내 끝까지 유지하려고 애쓴다. 사람들이 기꺼이 주님의 소유가 되기를 원한다면 지금 당장 그렇게 할 것이고 그 일을 잠시라도 뒤로 미루는 것을 싫어할 것이 분명하다.

성경에 기록된 이 특별한 일화를 자세히 다루기에 앞서 한 가지 요점을 분명히 밝혀두고 싶다. 즉 본문의 일화는 두려워 떠는 가엾은 죄인들에게 회개하면 하나님의 영접을 받을 수 있다는 희망의 근거가 될 수는 있지만 회개를 미루다가 나중에, 특히 죽는 순간에 구원받기를 바라는 교활한 죄인들을 위한 희망의 근거는 결코 될 수 없다.

두려워 떠는 죄인들을 위한 희망

두려워 떠는 죄인들을 위한 희망이 있다. 우리는 본문의 일화로부터 다음과 같은 교훈을 배울 수 있다.

사악한 죄인이 위대한 신자가 된다
오랫동안 계속해서 지옥을 향해 멀리 나아가고 있는 이들도 하나님이 자기에게로 돌아오게 하실 수 있다. 본문에 나오는 사람은 강도였다. 그의 삶은 그를 불행한 최후, 곧 고통스런 죽음으로 이끌었다. 그런 그에게 은혜가 임했다. 다음의 말씀은 참으로 놀랍기 그지없다.

"불의한 자가 하나님의 나라를 유업으로 받지 못할 줄을 알지 못하느냐 미혹을 받지 말라 음행하는 자나 우상 숭배하는 자나 간음하는 자나 탐색하는 자나 남색하는 자나 도적이나 탐욕을 부리는 자나 술 취하는 자나 모욕하는 자나 속여 빼앗는 자들은 하나님의 나라를 유업으로 받지 못하리라 너희 중에 이와 같은 자들이 있더니 주 예수 그리스도의 이름과 우리 하나님의 성령 안에서 씻음과 거룩함과 의롭다 하심을 받았느니라"(고전 6:9-11).

이 말씀은 고린도 신자들 가운데 전에는 사악했던 죄인, 곧 음란하고 불경건하기 그지없던 죄인이었지만, 마침내 하나님의 주권적인 유효 은혜의 탁월함을 입증하는 산 증인으로 거듭난 이들이 있었다고 증언한다. 바울이 결국 어떻게 되었는가? 바울은 만세에 이름을 떨친 회심자가 되지 않았는가? 바울은 위대한 성인의 성품을 갖추었고, 사도들 중에 가장 뛰어난 인물이 되었다.

도무지 회개하지 않을 것 같은 죄인에게도 은혜가 임한다

겉으로 볼 때나 세상 사람들의 눈에 도무지 회개하지 않을 것 같은 죄인에게도 때로 은혜가 임한다. 은혜는 이따금 가장 가능성이 높아 보이는 사람은 놔두고 가장 가능성이 없어 보이는 죄인에게로 향한다. 대제사장들과 서기관들과 장로들은 그리스도를 조롱했지만 십자가의 강도는 회개했다. 주님은 마귀의 왕국 한복판에 승리의 기념비를 세우기를 좋아하신다. 주님은 "보라 네가 알지 못하는 나라를 네가 부를 것이며 너를 알지 못하는 나라가 네게로 달려올 것은 여호와 네 하나님 곧 이스라엘의 거룩하신 이로 말미암음이니라 이는 그가 너를 영화롭게 하였느니라"(사 55:5)라고 약속하셨다.

은혜는 선택적이다

은혜는 가능성이 전혀 없어 보이는 사람들 사이에 큰 차이를 만들어낸다. 십자가에 매달린 강도는 두 명이었다. 그러나 은혜는 한 사람의 마음에만 임했다. 한 사람은 회심했지만, 다른 한 사람은 강퍅한 상태로 세상을 떠났다. 이런 이유로 사도 바울은 "그런즉 원하는 자로 말미암음도 아니요 달음박질하는 자로 말미암음도 아니요 오직 긍휼히 여기시는 하나님으로 말미암음이니라"(롬 9:16)라고 말했다.

생명이 있는 곳에 희망이 있다

마지막 순간에 한 사람이 회심했다. 그의 생애가 다할 즈음 은혜가 임해 그때까지 감겨 있던 눈을 뜨게 만들고, 일평생 강퍅하기만 했던 마음을 부드럽게 만들었다. 그러나 나는 여기에서 이 점을 길게 설명할 생각이 없다. 내가 말하고자 하는 요지는 다음과 같다.

일찍부터 하나님을 구하는 자들은 그분을 발견하게 될 것이라는 약속에서 용기를 얻기 바란다. 성경은 "나를 사랑하는 자들이 나의 사랑을 입으며 나를 간절히 찾는 자가 나를 만날 것이니라"(잠 8:17)라고 말씀한다. 주님이 마지막 순간에 돌아오는 회심자를 기꺼이 받아주신다면, 그 전에 돌아오는 회심자는 더욱 반갑게 맞아주실 것이 분명하다. 하나님은 늦게 돌아왔다는 이유로 십자가의 강도를 거절하지 않으셨다. 그분은 그가 돌아오자 반갑게 맞아주셨다. 따라서 일찍 돌아오면 더 반갑게 받아주실 것이 분명하니 서둘러 나오기 바란다.

구원의 일을 시작하기 전에 인생을 거의 다 소비한 자들도 절망할 필요없다. 온종일 소홀히 했던 일을 저녁 무렵에 다 처리할 수 있을지 누가 알겠는가? 천국을 향한 거센 바람이 불어와 늙은 죄인에게 생명을 불어넣어 그의 육신을 어린아이의 육신처럼 만들 수 있다.

포도원의 문은 심지어 열한 시에도 일꾼들이 들어올 수 있도록 활짝 열려 있다. 하나님의 주권은 시간과 방법에 구애받지 않는다. 그분의 주권은 시간과 방법으로부터 자유롭다.

그러므로 아침과 저녁에 모든 물가에 씨를 뿌리자(사 32:20 참조). 씨앗이 자라는 것은 전적으로 은혜의 사역에 달려 있다. 주님을 오랫동안 대적하며 살아가는 동안에는 형통하기를 바랄 수 없다. 그러나 하나님의 무거운 징벌 아래 영원한 삶을 생각하게 된다면 야생 나귀를 사로잡을 수 있는 계절이 다가올 수도 있다.

회개한 강도

본문은 교활한 죄인이 죽을 때까지 회개를 지체할 수 있는 근거를 제시하지 않는다. 다음의 사실들을 고려하면 이 점을 분명하게 이해할 수 있다.

매우 드문 일

이 일은 매우 드문 사례에 해당한다. 아간의 회개를 제외하고는 성경 그 어느 곳에서도 이런 사례를 발견할 수 없다(수 7:20, 21). 더욱이 아간의 회개도 그리 확실하지가 않다. 너그럽게 생각해 그가 진정으로 회개했다고 하더라도 본문의 경우만큼 확실하게 단정하기는 어렵다.

평생 동안 죄를 짓고 살다가 마지막 순간에 하나님의 영접을 받게 될 가능성을 보여주는 사례가 이외에 또 어디에 있을까? 본문의 사례가 없다면 시간을 헛되이 낭비한 비참한 죄인들에게 뒤늦게 천국을 향한 여행을 시작한 사람도 그곳에 들어갈 수 있다고 어떻게 가르칠 수 있을 것인가? 그러나 이 사례가 아무도 절망할 필요가 없다고 가르친다고 해서 회개를 마음대로 지체해도 좋다는 의미로 이해한다면 과연 옳은 일인가? 여호수아의 시대에 태양이 단 한 번 움직임을 멈추었다. 그것은 그런 기적이 가능하다는 것을 보여준다. 그러나 그런 기적이 다시 일어나기를 바라며 회개를 미룬다면 과연 온당한 일일까? 도대체 무슨 이유로 회개를 미루려는 것인가?

제비 한 마리가 봄소식을 전하지 않는 것처럼 이 경우가 모두에게 적용되는 일반 원리는 아니다.

"살아 있는 사람은 모두 죽는다"라거나 "거룩한 삶은 행복한 종말을 맞이하고, 은혜 없는 삶은 불행하고 비참한 종말을 맞이한다"라는 것이 일반 원리에 해당한다. 섭리가 일반 원리에서 벗어나 수십 년이 걸리는 일을 단 몇 분에 이룰 수 있다고 해서 그런 가능성을 스스로에게 적용해 영원한 운명을 결정지을 중대 사안을 모험에 맡길 생각인가? 모세가 40일 동안 밤낮으로 금식했다고 해서(출 34:28) 아무나 음식을 먹지 않고 생명이 보존되기를 바라며 그런 일을 감행한다면 어찌 되겠는가?

이와 반대되는 사례들, 곧 죄 가운데 살다가 회개할 시간도 없이 단번에 불 같은 진노에 의해 목숨이 끊어져 종말을 맞이한 경우가 많지 않은가? 망령된 잘못을 저지른 나답과 아비후를 비롯해(레 10:1, 2, 9), 고라, 다단, 아비람(민 16:31), 거짓말을 했다가 갑자기 명을 달리한 아나니아와 삽비라(행 5장)의 경우를 생각해보라.

특정한 개인들만 그런 경우에 해당하는 것도 아니지 않은가? 죄 가운데 살던 수많은 사람이 옛 세상을 휩쓴 홍수, 소돔과 고모라와 아드마와 스보임을 불태운 유황불에 한꺼번에 목숨을 잃지 않았는가? 경고의 말을 듣고서도 늙어 죽을 때까지 미루다가 그 날을 보기도 전에 목숨을 잃은 사람이 어디 한둘인가? 수많은 사람의 끔찍한 종말을 무시하고 본문의 사례만을 의지해 회개를 미룰 작정인가?

본문의 사례는 있을 법한 가능성을 제시한다. 이것은 가능한 사건, 항상 그렇지는 않지만 때로 그럴 수도 있는 일을 암시한다. 농부가 씨앗을 뿌린 것보다 더 많은 것을 거두는 이치와 비슷하다. 그러나 방금 말한 내용은 또 다른 가능성을 전제로 한다.

사람들은 살다가 대부분 그대로 죽는다. 그 전에 회개하지 않으면 하나님이 마지막에 숨을 거둘 때, 회개의 은혜를 베풀지 않으실 수도 있다.

오직 한 강도만 회개했다

당시 십자가에는 두 사람의 강도가 매달려 있었지만 회개의 은혜를 받은 사람은 한 사람뿐이었다. 한 사람은 진정으로 회개했지만 나머지 한 사람은 살아온 그대로, 죄로 인해 강퍅해진 상태로 명을 달리했다. 어쩌면 그는 죽을 때 더 악해졌는지도 모른다. 왜냐하면 자신이 서게 될 심판대의 주인이신 하나님의 아들을 저주하며 죽었기 때문이다(39절).

지금 시간이 허락할 때 회개하지 않으면 저주하면서 죽을 수도 있지 않겠는가? 십자가의 강도 가운데 한 사람이 그렇게 죽었는데도 그럴 가능성을 부인하기는 어려울 것이다. 물론 선한 강도처럼 회개한 상태로 죽을 수 있을지도 모른다. 그렇지만 그 반대로 다른 강도처럼 저주하면서 죽을 수도 있다. 후자의 경우도 전자의 경우만큼 확실하다. 평생 회개하지 않고 살다가 임종을 맞이하는 순간에 하나님은 그때까지 은혜를 거부하며 살아온 죄인에게 끝까지 은혜를 베풀지 않으실 수도 있다. 하나님은 죄인을 영원히 절망적인 상태로 놔두실 수 있다. 그런 경우 죄인은 아무 희망도 가질 수 없다. 그런 경우에는 마음으로는 하나님을 적대하고 입으로는 그분을 저주하며 죽을 가능성이 매우 높다.

회개하고 죽을 수도 있고 회개하지 않고 죽을 수도 있다. 가능성은 최소한 반반이다. 왜 그럴까? 그 이유는 십자가의 강도가 회개했기 때문이다. 그러나 죽을 때까지 회개를 미루다가는 회개하지 않고 죽을 수도 있다. 다른 강도는 그런 상태로 죽었다. 스스로의 운명이 전자와 같을지 후자와 같을지 어찌 알 수 있겠는가? 지금 회개하면 구원을 확실히 보장받지만 회개를 미루는 것은 기껏해야 운에 의지하는 것이다. 구원과 정죄가 어떻게 될지 장담할 수 없는 불확실한 운에 맡길 만큼 사소한 일인지 깊이 생각해보기 바란다.

성공이냐 실패냐가 극히 중대한 문제인 일, 곧 미리 확실하게 해둘 수도 있는 일을 운에 맡기는 것은 상식에 어긋난다. 반역자가 군주에게 복종하면 목숨을 건질 수 있는데도 관리들에게 체포될 때까지 버텨 시므이의 경우처럼(왕상 2:42) 불필요하게 스스로의 생명을 위험에 처하게 만든다면, 참으로 터무니없는 행동이라고밖에 달리 말하기 어려울 것이다. 회개를 미루는 것은 그것보다 수천 배나 더 미련한 짓이다. 왜냐하면 지금 천국행을 확실하게 결정할 수 있기 때문이다. 지체하는 것은 영혼을 어떻게 될지 모르는 끔찍한 운명에 내맡기는 것이다. 회개하지 않은 상태로 죽음을 맞이하게 되면 영원히 멸망당한다.

더욱이 그런 가능성은 매우 희박하다. 왜냐하면 회개하고 죽는 것보다 회개하지 않고 죽을 확률이 훨씬 더 크기 때문이다. 많은 군중 가운데 선한 강도의 편에 섰던 사람은 거의 없었다. 대다수가 악한 강도처럼 그리스도를 조롱했다(35절).

일반적인 관찰에 따르면 사람들은 대부분 살아온 그대로 죽는다. 임종할 때의 회개는 매우 희귀한 꽃과 같다. 은혜 없이 부주의하고 주제넘게 살아온 사람들이 하나님을 욕되게 한 죄를 진심으로 뉘우치는 일은 좀처럼 보기 어렵다. 그런 악한 성향은 마지막 순간까지 지속된다.

구원받은 사람들의 숫자는 그렇지 못한 사람들에 비해 매우 적다. "생명으로 인도하는 문은 좁고 길이 협착하여 찾는 자가 적음이라"(마 7:14). 구원받는 사람은 모두 좁은 문을 지나가야 한다. 그러나 그 문을 지나가는 사람은 적다. 대다수 사람들은 회개하지 않고 죽는다. 모든 사람이 죽는다. 마지막 순간에 회개의 은혜를 받는 사람은 적다. 대부분 회개하지 않고 살아온 그대로 죽는다.

성경은 죄 가운데서 행하는 죄인들이 마지막에 당하게 될 슬픈 운명을 이렇게 경고한다.

"내가 불렀으나 너희가 듣기 싫어하였고 내가 손을 폈으나 돌아보는 자가 없었고 도리어 나의 모든 교훈을 멸시하며 나의 책망을 받지 아니하였은즉 너희가 재앙을 만날 때에 내가 웃을 것이며 너희에게 두려움이 임할 때에 내가 비웃으리라 너희의 두려움이 광풍같이 임하겠고 너희의 재앙이 폭풍같이 이르겠고 너희에게 근심과 슬픔이 임하리니"(잠 1:24-27).

"너의 더러운 것들 중에 음란이 그 하나이니라 내가 너를 깨끗하게 하나 네가 깨끗하여지지 아니하니 내가 네게 향한 분노를 풀기 전에는 네 더러움이 다시 깨끗하여지지 아니하리라" (겔 24:13).

지체하는 자에게 회개의 은혜를 약속하는 말씀이 성경에 단 한 구절이라고 있으면 말해보라. 물론 복음은 만민에게 제시된다. 세상에 살고 있는 사람들 가운데 아무도 배제되지 않는다. 그러나 참으로 위험하게도 은혜의 기회를 거부한 자들에게는 이런 경고의 말씀이 그대로 이루어질 것이 확실하다.

부패한 본성은 죄인에게서 절대 사라지지 않는다. 위에서 오는 은혜를 받지 못하면 지금과 마찬가지로 죽을 때도 마음이 여전히 강퍅할 것이다. 부패한 본성은 이미 오랫동안 지속되어 왔기 때문에 마지막까지 변하지 않을 것이라고 확신할 수 있지만, 하나님의 은혜가 부패한 본성을 깨뜨려 그토록 오랫동안 회개하지 않고 지내온 마음속에 회개의 역사를 일으키리라고는 확신하기 어렵다. 따라서 죽을 때 회개할 가능성이 매우 낮다고 결론지을 수밖에 없다.

짐작하겠지만 죄인이 극단적인 상황에 처한다고 해서 회개가 이루어지는 것은 아니다. 여기 십자가에 매달려 피를 흘리며 큰 고통 속에서 죽어가는 사람이 있다. 그는 더 이상 세상에서 즐거움을 누릴 수 없는 상태다. 그러나 그런 상황이 그를 겸손하게 만들었는가? 그렇지 않다. 그의 마음은 마지막 숨을 내쉴 때까지 강퍅했다. 그는 영원한 세상을 향해 떠나는 순간에도 죄에 죄를 더하며 지금까지 살아왔던 그대로 세상을 떠났다. 대제사장들과 서기관들과 장로들이 그리스도를 비난하고 조롱하자 "함께 십자가에 못 박힌 강도들도 이와 같이 욕했다"(마 27:44). 심지어 나중에 회개한 강도도 은혜가 임해 그의 본성을 변화시키기 전에는 그리스도를 함께 비난했다.

성령의 특별한 사역이 동반되지 않으면 가장 강력하고 확실한 은혜의 수단도 아무런 효력을 발휘하지 못한다. 그리스도를 비난했던 강도는 그분 곁에 있으면서 그분의 말씀과 신음 소리를 들었다. 또한 자신의 동료를 보고 회개하고 싶은 마음을 가졌을 법도 하다. 은혜가 그의 동료에게 놀라운 기적을 일으켰다. 그는 죽어가면서 회개하라고 외쳤던 설교자와 다름없었다. 태양이 어두워지고 땅이 흔들리고 바위가 터지고 무덤들이 열렸다. 그러나 그 모든 것에도 불구하고 그는 강퍅한 마음으로 회개하지 않고 죽었다. 죽을 때에 회개하는 것이 쉬워 보이거든 이 모든 일을 생각해보기 바란다.

회개하지 않은 십자가의 강도를 통해 분명하게 알 수 있는 것은 회개를 죽을 때까지 미루는 사람들은 정작 그때가 되면 회개하는 것보다 또 다른 것에 신경을 기울이기 마련이다. "하나는 비방하여 이르되 네가 그리스도가 아니냐 너와 우리를 구원하라 하되"(눅 23:39).

죽음으로 인간의 자연적인 생명은 끝난다. 따라서 인간은 희망이 없더라도 본성적으로 죽음을 격렬하게 거부한다. 회개하지 않은 강도는 영혼이 구원받는 일보다 육신이 구원받는 일에 더 많은 관심을 기울였다. 사람들도 대부분 죽을 때 그런 태도를 취하지 않는가? 사람들은 죽는 것만 크게 두려워하는 탓에 영혼의 안위를 걱정하거나 침착하고 냉정하게 생각할 겨를이 없다.

그가 복음을 미리 알고 있었다는 증거는 없다

회개한 강도가 우리에게 주어진 것과 같은 은혜의 수단을 전부터 지니고 있었다는 증거는 어디에도 없다. 그가 그리스도나 사도들이 전한 복음을 들었다고 누가 장담할 수 있겠는가? 그가 하나님에 관해 무엇이라도 들은 것이 있다면, 이따금 서기관들과 바리새인들에게서 들은 것이 전부일 것이다. 설혹 그가 그들이나 그리스도와 사도들을 통해 무엇인가를 들었더라도 그는 온통 인간적인 것에만 관심을 기울였을 것이 틀림없다.

일평생 은혜의 수단을 지니고 있으면서도 그것을 멸시한 사람과 죽을 때까지 그런 수단을 지니지 못한 사람을 마지막 순간에 똑같이 취급해야 한다는 생각은 불합리하다. 사실 어떻게 생각하면 마지막 순간에 회심하는 사람, 곧 임종할 때 그리스도와 구원의 길에 대해 처음 알게 된 사람의 경우는 그리 놀랄 만한 일이 못된다. 회개하고 그리스도께 돌아오라는 부르심을 평생토록 듣고서도 그렇게 하지 않은 사람의 경우는 과연 어떻게 생각해야 할까? 오히려 전자보다 후자가 더욱 놀랍지 않은가?

강도의 회개는 그 자신에게도 뜻밖의 일이었다. 그는 그것을 전혀 기대하지 못했다. 그러나 우리 가운데는 마지막 순간에 회개하겠다고 생각하는 사람들이 많다. 강도가 훗날에 경험할 일, 곧 십자가에서 그리스도와 함께 죽으면서 그분의 은혜의 능력을 경험할 것을 미리 예견하고 회개를 미루었다고 생각하는가? 그렇게 생각하는 사람은 아무도 없을 것이다. 그렇다면 이 일화를 어떻게 이해하는 것이 옳을까? 구하지 않았던 은혜를 받고 깜짝 놀랄 일을 기대하는 것이 과연 합리적이라고 생각하는가?

임종할 때의 회개가 아니었다

강도는 공적인 심판을 받아 죽을 때 회개했다. 그는 강제적으로 악행을 중지당한 죄인의 모습으로 징벌의 본보기가 되었다. 그는 임종을 맞이할 때가 아니라 형장에서 처형되는 순간에 회개했다. 아마도 그는 한창 때의 나이에 죽음을 맞이했을 것이다. 그의 죽음은 자연사도 아니었고 질병에 의한 것도 아니었다. 그는 악행을 저지른 대가로 처형되었다. 성경에서 이와 비슷한 경우는 오직 하나, 아간의 경우뿐이었다.

강도, 도둑, 살인자와 같이 악행을 저지르는 죄인들은 그 나라의 법률에 의해 때 이른 죽음을 맞이한다. 임종할 때까지, 곧 죽을 때까지 회개를 미루는 사람들보다는 형장에서 처형될 때까지 회개를 미루는 사람들이 본문을 그 근거로 삼는 편이 더 나은 듯 보인다. 왜냐하면 그들의 경우가 임종할 때까지 회개를 미루는 사람들보다 본문의 사건에 더 적합하기 때문이다.

그러나 그들이 만일 그렇게 한다면 임종할 때까지 회개를 미루는 사람들이 보기에도 크게 어리석어 보이지 않겠는가? 당연히 그럴 것이다. 그렇다면 하나님이 볼 눈을 열어주신 사람들의 눈에도 임종할 때까지 회개를 미루는 사람들이 그처럼 어리석어 보일 것이 너무나도 확실하다.

본문의 강도나 다른 악인들이 범죄를 저지른 탓에 죽음을 당하는 경우와 회개하지 않고 살다가 임종을 맞이하는 경우를 인간의 견지에서 서로 비교하면 후자보다는 전자가 회개할 가능성이 더 많아 보인다. 이렇게 말할 수 있는 이유는 크게 세 가지다.

일반적인 관찰에 따르면 형장에 선 죄수에게 그의 죄를 깨우치는 것이 단순한 임종을 맞이한 사람의 죄를 깨우치는 것보다 더 쉽다. 이런 이유로 주님은 "세리와 창녀들이 너희보다 먼저 하나님의 나라에 들어가리라"(마 21:31)라고 말씀하셨다. 형장에서 크게 후회하면서 부모에게 불순종하고, 술 취하고, 하나님의 은혜를 멸시했다고 고백하는 말은 많이 들을 수 있어도 단순히 임종을 맞이한 사람의 입에서 그런 말을 듣는 경우는 그리 많지 않다(그런 고백을 해야 할 이유가 충분한데도 말이다). 잔인한 범죄를 저질러, 때 이른 죽음을 맞이하게 되는 경우가 죄를 깨우쳐주기가 더 용이하다.

십자가에 매달린 강도나 그런 상황에 처한 다른 죄수들이 영원을 생각하는 관점이 회개하지 않고 임종을 맞이하는 사람들이 생각하는 관점보다 더 분명하다. 전자는 자신이 확실하게 죽을 것을 알고 있지만, 후자는 숨이 붙어 있는 동안에는 목숨이 지속될 것이라고 생각한다.

따라서 후자보다 전자가 죽음의 공포를 훨씬 더 명확하게 느낀다. 영원에 대한 생각의 확실성이 그런 차이를 드러내는 이유가 여기에 있다.

전자든 후자든 똑같이 죽음에 직면한다. 전자는 강제적인 죽음을, 후자는 자연적인 죽음을 맞이한다. 따라서 전자는 후자보다 죽음을 준비하는 데 있어 육신의 방해를 덜 받는다. 한쪽은 육신이 질병과 노쇠로 인해 약해져 있는 상태이지만, 다른 쪽은 대개 그렇지 않기 때문이다.

이례적인 일

강도가 십자가에서 회개한 것은 특별한 목적을 위해 주님의 능력이 이례적으로 나타난 사건이었다. 주님이 그런 일도 하실 수 있다는 것을 보여주는 것일 뿐, 그분이 일상적으로 하시는 일을 나타내는 것은 아니다.

그때가 전에도 없었고 앞으로도 없을 중대한 시점, 곧 세상의 구원자이신 영광의 주님이 선택받은 백성을 위해 대속물로 십자가에서 죽음을 당하시는 순간이었다는 사실을 기억하면 이 점을 쉽게 이해할 수 있을 것이다. "이는 그리스도께서 죽은 자 가운데서 살아나셨으매 다시 죽지 아니하시고 사망이 다시 그를 주장하지 못할 줄을 앎이로라"(롬 6:9).

이 사건은 모든 시대를 뛰어넘는 특별한 시점에 특별한 방법으로 이루어진 하나님의 기적이었다. 하나님이 시내 산에서 율법을 허락하실 때도 기적이 일어났지만 이때와는 비교할 수 없다. 하나님이 귀로 들을 수 있는 말씀으로 거룩한 율법을 허락하신 것은 진정 놀라운 기적이 아닐 수 없었다. 그 기적에는 우레와 번개, 산을 뒤덮은 구름, 불과 연기, 우렁찬 나팔 소리가 동반되었다(출 19:16). 그러나 갈보리의 기적은 그보다 훨씬 더 위대했다. 세상의 구원자이신 하나님의 아드님이 십자가에 매달려 신음하며 죽어가셨다. 따라서 거기에 동반된 기적도 그만큼 더 놀라웠다.

1. 두렵게도 태양이 몇 분도 아니고 무려 세 시간이나 빛을 잃고 어두워졌다(마 27:45). 온 세상이 어둠에 덮여 아무것도 보이지 않았다.
2. 성전의 휘장이 저절로 위에서부터 아래까지 찢어졌다(마

27:51). 이는 그리스도의 죽음으로 의식법이 종결되고 지성소로 가는 길이 열렸다는 것을 암시한다.

3. 영광의 주님을 십자가에 못 박은 두려운 사실로 인해 땅이 진동했다(마 27:51).

4. 단단한 바위가 터져 죄를 지은 무리와 군중의 강퍅한 마음을 질타했다(마 27:51).

5. 무덤이 열리고 죽은 성도가 많이 살아났다. 이는 그리스도의 죽음으로 선택받은 백성에 대한 사망의 권세가 극복되었다는 것을 보여준다(마 27:52).

6. 그런 기이한 현상을 목격한 군중은 크게 탄식하며 가슴을 쳤다(눅 23:48).

7. 백부장과 군인들은 자신이 십자가에 못 박은 사람이 하나님의 아들이었다는 사실을 깨달았다(마 27:54).

이 모든 사실을 근거로 몇 가지를 생각해보면 다음과 같다.

십자가의 강도가 전무후무한 사건이 일어나는 가운데 마지막 순간에 회개했다고 해서 그런 일이 똑같이 일어나기를 바라는 것이 과연 온당한 생각일까? 그보다는 차라리 다니엘과 그의 친구들이 풀무불 속에서 안전하게 구원받았기 때문에 나도 안전할 것이라고 생각하고 그곳에 뛰어드는 것이 더 나을 듯하다. 그리스도께서 다시 오셔서 두 명의 강도 사이에서 또다시 십자가에 못 박혀 죽으시고, 우리가 그 두 사람 중에 한 사람의 신분으로 함께 못 박힌다고 가정할 때 마지막 순간에 회개하는 사람이 우리가 될 수도 있겠지만 꼭 그러리라는 보장은 없다. 왜냐하면 다른 강도처럼 강퍅한 자가 될 가능성을 배제할 수 없기 때문이다. 그런데 어떻게 그런 식으로 늦게 회개할 것이라고 장담할 수 있단 말인가?

하나님의 정의와 능력과 신실하심을 보여주는 기이한 현상들 가운데 십자가의 강도에게 긍휼이 주어진 기적이 일어난 것은 진정 놀랍지 않은가? 바위를 터뜨린 그 능력이 은혜롭게도 십자가의 두 강도 가운데 한 사람의 마음을 열어 그리스도와 그분의 은혜를 받아들이게 한 것이 참으로 기이하지 않은가? 그러나 우리가 세상을 떠나는 순간이 그런 기적이 일어나는 순간이 될 것이라고 어떻게 장담할 수 있겠는가? 만일 그런 기적이 일어나지 않는다면 하나님의 은혜와 긍휼이 그런 식으로 놀랍게 주어질 것이라는 기대감에 스스로 속아 회개를 미루는 것이 과연 온당하겠는가?

성자의 거룩한 영광이 십자가 위에서 가려져 보이지 않을 때 그 빛이 그분과 함께 매달린 두 사람 가운데 한 사람의 회심을 이끌어냈다는 것은 하나님의 크신 지혜가 아니겠는가? 그리스도를 재판한 사람들과 통치자와 백성은 그분을 죄인으로 몰아 십자가에 못 박았지만, 그분과 함께 십자가에 못 박힌 강도 가운데 한 사람은 그분의 영광을 인정했다.

이런 사실은 그리스도께서 성부 하나님의 오른편에 앉으시고, 복음을 통해 그분의 영광이 온 세상에 널리 공표된 지 오래된 시대에 살고 있는 우리에게 과연 무엇을 가르칠까?

주님이 정사와 권세를 물리치시고 전쟁터에 승리를 기념하는 전승비를 세우신 것이 그렇게 이상한가? 주님이 높이 들려 장차 자기 백성을 자기에게로 끌어올리실 위치에 올라서시는 순간에 실제로 한 사람을 그 자리로 이끌어올리신 것은 너무도 자연스럽지 않은가? 과연 이런 일이 마지막 순간, 곧 오래 전에 기회가 모두 사라진 시점까지 회개를 늦춰도 좋다는 의미를 담고 있을까? 그리스도께서 죽음으로 정복하신 승리의 기념비는 너무나도 많다. 따라서 그런 가시적인 증거를 보고 회개를 미루다가 그대로 죽게 된다면 아무도 동정하지 않을 것이다.

그는 그리스도께 큰 영광을 돌렸다

회개한 십자가의 강도는 진지했을 뿐 아니라 뒤늦은 회개에도 불구하고 회개를 미루는 죄인들보다 더 많은 영광을 그리스도께 돌렸다.

그가 돌린 영광은 죄인들이 회개를 미루다가 마침내 회개한 뒤에 남은 인생을 살면서 하나님께 돌린 모든 영광에 조금도 모자라지 않는다.

그는 주님이 가장 낮은 단계로 낮아지셨을 때 그분의 신성을 인정했고 그분이 하나님 나라의 왕이심을 믿는 믿음을 고백했다. "예수여 당신의 나라에 임하실 때에 나를 기억하소서 하니"(눅 23:42). 그리스도께서 십자가에 못 박히시는 지경까지 낮아지셨을 때 그는 그분을 하늘의 왕으로 고백했다.

주님은 바야흐로 죽음을 통해 나라를 상속하실 예정이셨다. 그분은 그 나라의 모든 권세를 소유하신다. 그분은 긍휼과 자비와 신실하심이 충만하시다. 따라서 그런 주님이 자신을 기억해주신다면 그의 영원한 삶은 안전하게 보장될 것이 분명하다. 물론 우리도 이 모든 것을 믿고 고백한다. 그러나 그런 순간에는 그런 믿음을 갖기가 어려울 것이다. 그리스도께서는 지금 높임받으신 구원자로서 하늘 높이 올라 하나님의 오른편에 앉아 계신다. 그러나 주님이 가장 낮은 자리에 처하셨을 때 과연 그분께 영광을 돌릴 수 있을지 참으로 궁금하다.

다른 사람들이 주님을 악인으로 취급해 십자가에 못 박고, 동정을 받을 가치조차 없는 사람인 것처럼 조롱과 비난을 퍼부을 때 그는 하늘나라의 주인이신 그분께 기도를 드렸다. 지금 우리가 그렇게 행동한다고 해도 회개한 강도가 그런 상황에서 행한 행동에 비하면 그야말로 아무것도 아닐 것이다.

그는 이 모든 일을, 그것도 많은 군중이 지켜보는 자리에서 서슴없이 행했다. 회개를 지체하는 죄인이 임종할 때 그렇게 행동할 가능성은 거의 없어 보인다. 그는 모든 사람 앞에서 하나님의 의로우심을 인정했고, 스스로를 단죄했으며, 회개하지 않은 동료와 함께 고통을 당하면서도 죄를 지으려 하지 않고, 도리어 그를 꾸짖어 뉘우치게 하려고 노력했다. 또한 그는 그리스도를 십자가에 못 박은 사람들을 단죄하는 한편, 하나님을 두려워하지 않는 그들을 향해 담대히 증언했다.

임종할 때의 회개

결론을 말하면 다음과 같다. 늦지 않게 회개하라. 회개를 미루지 말라. 십자가의 강도나 그 밖의 경우를 회개를 미루기 위한 본보기로 삼지 말라. 주님께로 돌아오라는 부름을 많이 들었지만 대부분 아무 효과가 없었다. 하나님은 오늘날 섭리를 통해 회개하라고 명령하신다. 주님은 에베소 교회에게 말씀하셨던 것처럼 우리에게도 "그러므로 어디서 떨어졌는지를 생각하고 회개하여 처음 행위를 가지라 만일 그리하지 아니하고 회개하지 아니하면 내가 네게 가서 네 촛대를 그 자리에서 옮기리라"(계 2:5)라고 말씀하신다. 하나님은 우리가 겪는 현재의 시련이 어떻게 끝날지 알고 계신다. 우리는 이런 징벌의 섭리 안에서 하나님은 질투하시는 하나님이시요 사람들에게 죄를 깨우쳐주시는 하나님이심을 분명하게 알 수 있다. 회개는 우리를 시련으로부터 구해줄 가장 적합한 수단이다. 기도하는 마음으로 주님이 우리에게 경고하시는 이유를 진지하게 생각한다면, 상황이 개선될 좋은 징조가 아닐 수 없다. 그러나 안타깝게도 임종할 때까지 회개를 미루는 경우가 많다. 임종할 때 그런 약속을 지킬 것이라고 어느 누가 장담할 수 있겠는가?

가장 유익하지 못한 때

설혹 임종할 때 회개하더라도 그때는 하나님을 위해서는 가장 유익하지 못하고, 자신에게는 가장 불편한 때다. 하나님을 위해 유익하지 못한 이유는, 삶이 끝나가는 시점에는 하나님을 위해 어떤 일도 할 수 없으며, 자신은 구원받을지 몰라도 하나님께 영광 돌릴 기회는 모두 사라졌기 때문이다. 자신에게 가장 불편한 이유는 구원을 받아도 불 가운데서 겨우 구원받게 될 것이기 때문이다. 지옥의 가장자리를 지나 천국에 들어갈 것이다. 마지막 순간에 양심이 깨어나면 영원한 삶이 두렵게 느껴질 것이 틀림없다.

진지하기가 어려운 때

임종할 때의 회개는 진지하기가 어렵다. 바로는 두려움에 휩싸여 "내가 죄를 지었다"라고 고백했을 뿐이다. 물론 여러 사람의 경우를 통해 알 수 있는 대로 질병에서 회복할 희망이 없는 사람, 또는 회복하더라도 이전처럼 노쇠한 노인으로 되돌아갈 사람이 임종을 눈앞에 두고 자신에게나 다른 사람들을 위해 시작한 일에는 제법 많은 진지함이 묻어난다. 그러나 임종할 때 아무리 진지해 보여도 구원받았다고 확실하게 결론짓기가 어렵다. 이런 이유로 아우구스티누스는 "그런 사람이 단죄를 받을 것인지 구원을 받을 것인지는 말하지 않겠다. 건강할 때 회개에 관심을 기울여라"라고 말했다.

큰 위험이 뒤따르는 때

임종할 때 회개하겠다고 생각하는 많은 사람이 이 점을 의식하지 않는다. 느닷없이 영원한 세상으로 떠나는 사람들도 있고, 질병의 고통에 시달리는 탓에 차분히 생각하기 어려운 사람들도 있으며, 감각과 이성의 힘이 신속하게 사라지는 사람들도 있다. 대부분 살아온 그대로 죽음을 맞이한다.

따라서 시간이 있을 때 회개하라. 돌이킬 수 없는 영혼의 파멸을 자초하지 않으려면 더 이상 지체하지 말라.

3
REPENTANCE

하나님의 인내를 남용하지 마라
: 모든 이들을 향한 하나님의 심판

REPENTANCE
죄에서 떠나
하나님께로 돌아가라

6

▬▬ REPENTANCE

정죄의 심판

: "더디다고 생각하는 것같이 더딘 것이 아니다"

주의 약속은 어떤 이들이
더디다고 생각하는 것같이 더딘 것이 아니라
오직 주께서는 너희를 대하여 오래 참으사
아무도 멸망하지 아니하고
다 회개하기에 이르기를 원하시느니라
베드로후서 3:9

전도서는 특별한 방식으로 하나님의 섭리를 설명하는 성경이다. 그 안에는 솔로몬이 관찰을 통해 깨달은 진리가 기록되어 있다. 인간 중에 가장 지혜로웠던 그의 생각을 자극했던 주제는 관찰한 사실을 하나님의 존재와 속성에 결부시키는 것이었다. 전도서는 모순처럼 보이는 것들을 모순없이 설명한다.

솔로몬은 높은 지위에 있는 사람들이 스스로 파멸을 불러들이고, 다른 사람들을 지배하는 통치자들이 정욕을 마음껏 만족시키며, 멸망의 길로 치달아 심판을 재촉한다는 사실을 관찰했다(전 8:9). 그는 그들이 사악한 행위로 사치스럽게 살다가 명예롭게 죽어 호화롭게 매장되는 것을 목격했다(전 8:10). 그는 전도서를 통해 유예는 용서가 아니라고 선언한다.

본문은 다음과 같은 진리를 우리에게 가르친다.

1

하나님은 죄인들에 대해 오래 참으신다

하나님은 경건하지 못한 죄인들에 대해 오래 참으신다. "악한 일에 관한 징벌이 속히 실행되지 아니하므로"(전 8:11).

악인들에게는 형벌이 주어진다. 악한 일과 악을 행한 사람은 정의의 심판을 받는다. 악은 간과되지도 잊혀지지도 않는다(악을 행하는 것은 히브리어로 경건하지 못한 삶을 의미한다). "죄를 짓는 자는 마귀에게 속하나니 마귀는 처음부터 범죄함이라 하나님의 아들이 나타나신 것은 마귀의 일을 멸하려 하심이라 하나님께로부터 난 자마다 죄를 짓지 아니하나니 이는 하나님의 씨가 그 속에 거함이요 그도 범죄하지 못하는 것은 하나님께로부터 났음이라"(요일 3:8, 9)라는 말씀에서 이 사실을 분명하게 알 수 있다. "악을 행하는 각 사람의 영에는 환난과 곤고가 있으리니"(롬 2:9)라는 말씀대로 악인은 형벌을 받는다.

형벌은 종종 지체되고 신속하게 집행되지 않는다. 재판관이신 하나님이 형을 선고하셨지만 당장에 징벌이 이루어지지 않는다. 그분은 거룩한 목적을 위해 죄인의 형벌을 잠시 유예하신다.

형벌의 집행은 더디지만 판결이 취소되어 사면이 이루어지지 않는 한 확실하게 실행된다. 속히 실행되지 않는다는 것은 결국에는 반드시 실행될 것을 암시한다.

죄인들은 하나님의 인내를 남용한다

불법을 행하는 죄인들은 하나님의 인내를 남용한다. "인생들이 악을 행하는 데 담대하도다"(전 8:11). 그들은 형벌이 신속히 집행되지 않자 형벌이 아예 없을 것이라고 생각하고 마음껏 죄를 저지른다. 그들은 "악을 행하는 데 담대하다." 그들은 자신의 악을 제지하거나 징벌하는 섭리가 주어지지 않는 것을 보고 제멋대로 행동한다. 아무런 처벌을 받지 않는 관계로 마치 순풍에 돛을 단 배처럼 거침없이 죄의 길로 향한다.

본문에서 세 가지 사실을 추론할 수 있다. 이 진리들을 하나씩 순서대로 생각해 보자.

1. 불경건한 악인들이 한동안 아무리 편안한 삶을 누리더라도 하늘의 법정에서는 이미 그들에 대해 판결이 선고되었다.
2. 주님은 불경건한 악인들에 대한 심판을 종종 서둘러 집행하지 않으시고 한동안 미루신다(7장).

3. 죄인들은 하나님이 형벌을 미루시는 것을 종종 남용해 악을 행하려는 마음을 품고 더 많은 죄를 저지른다(8장).

하늘의 법정에서 선고된 판결

하늘의 법정에서 경건하지 못한 악인들에 대해 판결이 선고되었다. 악인들은 이미 하나님의 심판과 단죄를 당한 상태다. "믿지 아니하는 자는 하나님의 독생자의 이름을 믿지 아니하므로 벌써 심판을 받은 것이니라"(요 3:18). 경건하지 못한 악인들은 불신자들이다. 그들은 그리스도를 통한 죄 사함의 은혜를 받지 못했다. 따라서 그들은 악한 행위를 금하는 율법의 심판 아래 놓여 있다. 율법은 복음을 통해 죄 사함을 받지 못한 자들을 정죄한다.

오직 그리스도 안에 있는 자들만 정죄 아래 있지 않다. 정죄로부터의 해방은 믿는 순간에 이루어진다. "그리스도 예수 안에 있는 자에게는 정죄함이 없나니"(롬 8:1). 악을 행하는 자들은 그리스도 안에 있지 않다(요일 3:8, 9). 그들이 그리스도 안에 있다면 새로운 피조물이 되었을 것이다. "그런즉 누구든지 그리스도 안에 있으면 새로운 피조물이라 이전 것은 지나갔으니 보라 새 것이 되었도다"(고후 5:17). 따라서 악인들은 정죄 아래 있다.

악인들은 죄 가운데 죽어 있는 상태다(엡 2:1). 영적 생명의 원리

없이 죄 가운데 도덕적으로 죽어 있는 사람들은 법적으로도 죽은 상태다. 그들은 사형 선고를 받고 율법 안에서 죽은 자가 되었다. 이것이 그들이 진노의 자녀요 지옥의 자식으로 불리는 이유다.

그들을 지배하는 사탄의 능력은 이런 사실을 입증한다. 그들은 손과 발이 묶인 죄수들이다. 악인들은 그의 권세 아래 놓여 있다. 그가 그들을 지배하는 권세를 지니게 된 이유는 그들이 율법의 정죄를 받았기 때문이다. 판결이 취소되면 사탄은 더 이상 그들을 자신의 권세 아래 가두지 못한다(고전 15:56).

속박의 영은 죄인에게 이런 진리를 증언해 "너는 죽은 자이며 사면을 필요로 하는 상태다"라는 사실을 일깨워준다. 이런 증언은 사실이다. 왜냐하면 하나님의 성령께서도 그런 증언을 통해 죄인들에게 그리스도의 필요성을 깨닫게 하시기 때문이다.

심판의 본질

모든 악행은 하나님의 율법을 어기는 것이다. 악한 생각과 말과 행위가 모두 악행에 해당한다. "죄를 짓는 자마다 불법을 행하나니 죄는 불법이라"(요일 3:4). 그 누구도 스스로 주인이 될 수는 없다. 누구든 살면서 행한 일에 대해 하나님 앞에서 책임져야 한다. 그리스도 밖에 있으면 유죄 판결을 받고 저주 아래서 징벌을 받게 될 것이고, 그리스도 안에 있으면 일시적으로 징계를 받게 될 것이다. 경건하지 못한 악인들은 모두 죄로 인해 저주를 당하게 될 것이다.

율법은 하나님을 거역한 죄인들을 고소하고 그들에 대한 형벌을 주장하는 고발자다. 죄인이 어긴 계명은 하나님 앞에서 그를 고발한다. 계명을 어긴 것이 많으면 많을수록 그에 대한 고발 건수도 더 많이 늘어난다. 그런 죄가 사람이 보기에는 너무 많고, 또 스스로 의식하지 못할 때도 많지만 전지하신 하나님은 모든 죄를 기억하신다.

하나님은 죄인을 심판하시고 판결을 선언하시는 재판관이시다. 그분은 아무리 교묘하게 죄를 은폐하려고 해도 결코 속일 수 없는 재판관이시다. 하나님은 결코 무지하거나 편벽되지 않으신다. 그분의 판결은 아무리 가혹해도 항상 의롭다. 그분의 법정에서는 더 이상 상소가 통하지 않는다. 왜냐하면 세상에서는 죄인들이 그리스도 안에서 사면을 받을 수 있는 가능성이 존재하지만, 그 후에는 지극히 높으신 하나님보다 더 우월한 권위가 존재하지 않기 때문이다.

판결은 곧 사형 선고다. 이것은 육신과 영혼의 모든 불행을 포괄하는 죽음을 의미한다. 구더기도 죽지 않고 불도 꺼지지 않은 곳에서 영원히 죽음을 맛보아야 한다. 인간의 판결은 육신의 죽음으로 끝나지만 하나님의 판결은 영혼을 영원히 죽게 만든다. 그 이유는 죄가 지극히 거룩하신 하나님의 무한한 권위를 거스르는 것이기 때문이다.

심판의 근거

이 중한 판결의 근거는 하나님의 거룩한 율법을 어겼다는 사실에 있다.

"누구든지 율법 책에 기록된 대로 모든 일을 항상 행하지 아니하는 자는 저주 아래에 있는 자라 하였음이라"(갈 3:10). 거룩한 율법은 하나님의 순결한 본성을 반영한다. 하나님은 율법 안에 자신의 형상을 부여하셨다. 죄인들은 율법을 어김으로써 하나님의 형상을 훼손한다. 하나님은 죄인들을 멸하심으로써 율법을 크게 하고 존귀하게 하신다. 심판의 근거를 좀 더 구체적으로 살펴보면 다음과 같다.

· 원죄

본성의 죄, 곧 아담으로부터 전가된 원죄가 있다(롬 5:12). 우리는 영혼의 상태를 오염시키는 죄, 곧 본성에 내재해 있는 죄를 타고난다. 우리에게는 선을 거부하고 악을 원하는 성향이 있다. 이것이 우리가 사형 판결을 받은 상태로 세상에 태어나는 이유다. 인간이 뱀이나 독사를 보면 즉시 죽이고 싶어하는 이유는 독성을 지닌 그것들의 본성 때문이다. 그와 마찬가지로 거룩하신 하나님도 원죄를 지닌 인간을 보시는 순간 증오심을 느끼시고 그를 진멸할 대상으로 간주하신다.

· 마음으로 짓는 죄

인간의 법정은 마음으로 짓는 죄를 다스리지 않는다. 그러나 마음으로 짓는 죄도 하나님의 심판을 피할 수는 없다. 이는 만물을 지켜보시는 하나님 앞에서는 우리의 행위는 물론 마음속까지 다 드러날 수밖에 없기 때문이다. 그분은 회칠한 무덤 안에 있는 부패한 것을 보시고, 행위를 더럽히는 것은 물론 탐욕, 불결, 악의, 복수심, 욕망과 같은 마음의 정욕까지 심판하신다.

· 혀로 짓는 죄

혀는 본질적으로 부패한 마음을 쏟아내는 통로다(약 4:6). 혀는 하나님을 경멸하고, 진지한 삶을 조롱하고, 경건하지 못한 일을 부추기고, 이웃을 멸시하고, 음탕한 말을 내뱉고, 거짓을 말하고, 헐뜯고 비방하고 중상한다. 이런 사실은 지옥에 간 부자가 혀를 식혀 줄 물을 구한 이유를 익히 짐작할 수 있게 해준다.

· 악한 행위

하나님께 대한 불경건한 행동이든 인간을 향한 불의든 우리 자신에 대한 부절제한 행위든 행동으로 짓는 죄 때문에 심판받는다. 이 모든 행위는 아무리 교묘하게 행하거나 보기 좋게 꾸미더라도 하나님의 심판을 면하기 어렵다.

성경은 "하나님은 모든 행위와 모든 은밀한 일을 선악 간에 심판하시리라"(전 12:14)라고 말씀한다. 죄인들은 그런 행위를 잊고 기억하지 못할지 몰라도 하나님은 "야곱의 영광을 두고 맹세하시되 내가 그들의 모든 행위를 절대로 잊지 아니하리라"(암 8:7)라고 말씀하신다.

· **의무의 소홀**

의무를 소홀히 한 죄 때문에 심판받는다(마 25:41). 의로우신 하나님은 악을 행한 죄 때문만이 아니라 선을 행할 책임을 무시한 죄 때문에 사람들을 심판하실 것이다. 자신의 달란트를 숨겨 놓고 주님을 위해 사용하지 않는 사람은 바깥 어두운 곳으로 쫓겨날 것이다(마 25:24, 30).

심판의 선고

성경은 경건하지 못한 죄인들에 대한 심판을 공개적으로 선언한다. "오직 당을 지어 진리를 따르지 아니하고 불의를 따르는 자에게는 진노와 분노로 하시리라 악을 행하는 각 사람의 영에는 환난과 곤고가 있으리니"(롬 2:8, 9). 하나님은 하늘에서 사람들에게 말씀하신다(히 12:25). 그분의 음성은 구름 사이에서 들리는 소리가 아닌 기록된 말씀을 통해 들려온다. 성경은 우리를 향한 하나님의 말씀이다. 하나님은 성경으로 우리에게 말씀하시고, 앞으로도 세상이 끝날 때까지 사람들의 영적 상태에 따라 심판, 또는 용서의 말씀을 선언하실 것이다.

또한 성경은 "네가 먹는 날에는 반드시 죽으리라"(창 2:17), "범죄하는 그 영혼은 죽으리라"(겔 18:4)라고 말씀한다. 성경은 하늘의 법정에서 선고된 판결문이다. 경건하지 못한 죄인들은 그곳에서 자신의 운명과 형벌에 관한 기록을 읽을 수 있다. 이것이 오늘날 사람들이 성경을 외면하는 이유 가운데 하나다. "하나님의 진노가 불의로 진리를 막는 사람들의 모든 경건하지 않음과 불의에 대하여 하늘로부터 나타나나니"(롬 1:18). 아합은 자기에게 한 번도 좋은 말을 건넨 적이 없었다는 이유로 미가야 선지자를 미워했다. 성경은 정욕에 사로잡혀 자유롭게 죄를 짓고 싶어하는 사람들을 좋게 말하지 않는다. 따라서 사람들은 성경을 증오하거나 무시한다.

때로는 양심이 은밀히 사람을 책망한다. 양심은 인간 안에 존재하는 하나님의 대리인이다. 인간이 부패한 본성에 이끌려 악을 저지르고 스스로가 저지른 행위를 옹호하려고 할 때마다 양심이 마음에 새긴 거룩한 율법이 되어 죄와 그 죄를 저지른 사람을 단죄한다(롬 2:15). 양심이 온전히 깨어나면 죄의 형벌을 일깨워 큰 두려움을 느끼게 만든다.

마지막 날에는 온 세상 앞에서 공개적으로 심판이 선고될 것이다. "또 왼편에 있는 자들에게 이르시되 저주를 받은 자들아 나를 떠나 마귀와 그 사자들을 위하여 예비된 영원한 불에 들어가라"(마 25:41). 죄인들은 저주와 단죄를 받은 자들로 선언되고 그들이 감당하게 될 형벌이 곧바로 엄숙히 선고될 것이다. 이미 이 세상에서 단죄를 받은 사람들이 그때에도 단죄를 받게 될 것이다.

그러나 형벌이 집행될 시기는 죄인에게 구체적으로 알려지지 않는다. 주님은 이 일을 비밀에 붙이신다. 만일 죄인들이 단죄된 상태라는 것을 알면 감히 한순간도 악을 행하려고 하지 않을 것이고, 또 다음 순간에 형벌이 집행될 것을 알면 용서를 구하는 일을 잠시도 미루지 않을 것이다.

—
어떻게 반응할 것인가

경건하지 않은 자들, 곧 불법을 행하는 자와 모든 불신자는 정죄를 당한 비참한 상태에 처해 있다. 그들은 이전의 악인들과 마찬가지로 실제로 사형 선고를 받은 상태다. "믿지 아니하는 자는 하나님의 독생자의 이름을 믿지 아니하므로 벌써 심판을 받은 것이니라"(요 3:18).

판결을 생각하라

청년이든 노인이든 경건하지 못한 죄인이라면 형벌이 아직 집행되지 않았을 뿐 이미 형이 선고되었다는 사실을 기억해야 한다.

하나님이 하늘에서 침묵하시는 동안 죄인들은 세상에서 그분을 무시하고 모욕한다. 그러나 하나님은 그들의 행위와 태도를 무관심하게 지켜보지 않으신다. "네가 이 일을 행하여도 내가 잠잠하였더니 네가 나를 너와 같은 줄로 생각하였도다 그러나 내가 너를 책망하여 네 죄를 네 눈앞에 낱낱이 드러내리라 하시는도다"(시 50:21). 하나님은 그들에게 형을 선고하시고 "그의 날이 다가옴을 보고 계신다"(시 37:13). 죄인들은 죄를 짓고 있고, 하나님은 그들의 모든 죄과를 낱낱이 셈하게 될 날을 바라보신다. "그러나 하나님이 이 모든 일로 말미암아 너를 심판하실 줄 알라"(전 11:9). 죄인들은 심판의 날이 다가오고 있다는 것을 알지 못하기 때문에 그 날을 비웃고,

하나님은 그 날이 다가오는 것을 알고 계시기 때문에 그들을 비웃으신다(잠 1:26). 하나님은 그들이 재앙을 당할 때 그들을 비웃으시고, 그들에게 두려움이 임할 때 그들을 조롱하실 것이다.

인간의 정욕과 경건하지 못한 삶으로 인해 세상이 온통 시끌벅적한 것은 조금도 이상하지 않다. 단죄된 죄수들이 가득한 감옥에 가보면 음울한 분위기 속에서 감방마다 쇠사슬이 쩔그렁거리는 소리를 들을 수 있다. 이 세상도 그런 장소처럼 단죄된 사람들로 빼곡하다. 절제되지 못한 정욕이 쇠사슬이 되어 사람들을 옭아매고 있다. 이것이 경건한 자들의 귀에 사방에서 시끄러운 소음이 들려오는 이유다. 간수인 마귀가 그들 사이를 거닐고 있다.

대다수 사람들은 이 세상을 사랑한다. 그들은 이 세상을 다른 세상과 바꾸기를 싫어한다. 하나님은 그들을 "파멸의 웅덩이에 빠뜨리실 것이다"(시 55:23 참조). 감옥은 단죄된 죄인에게 고통스런 장소이지만 그곳을 빠져나가는 것은 더 더욱 고통스러울 것이다. 왜냐하면 그것은 곧 형장으로 향하는 것을 뜻하기 때문이다. 죽음은 형장으로 들어서는 문이다.

사면을 간청하라

유죄 판결이 내려진 상태인지 판결이 취소되어 의롭다 하심을 받았는지를 확인하라.

우리가 전에는 모두 유죄 판결을 받은 것이 확실하다. "전에는 우리도……다른 이들과 같이 본질상 진노의 자녀이었더니"(엡 2:3).

"누구든지 율법 책에 기록된 대로 모든 일을 항상 행하지 아니하는 자는 저주 아래에 있는 자라 하였음이라"(갈 3:10). "우리가 알거니와 무릇 율법이 말하는 바는 율법 아래에 있는 자들에게 말하는 것이니 이는 모든 입을 막고 온 세상으로 하나님의 심판 아래에 있게 하려 함이라"(롬 3:19). 그렇다면 이런 판결을 취소할 수 있는 방법은 무엇일까? 그렇게 되기를 원한다면 어떻게 해야 할까?

이 세상에서 단죄된 상태인지 의롭다 하심을 받은 상태인지에 따라 죽어서 어떤 심판을 받게 될지가 결정될 것이다. "네 손이 일을 얻는 대로 힘을 다하여 할지어다 네가 장차 들어갈 스올에는 일도 없고 계획도 없고 지식도 없고 지혜도 없음이니라"(전 9:10). 지금 사면을 받을 수 있는 길이 있다. 그러나 죽음이 찾아오면 기회는 영원히 사라진다.

사람들은 이 점에서 곧잘 실수를 저지른다. 하나님의 인정을 받지 않은 상태에서 죄를 용서받았다고 착각하는 사람들이 많다. "예수께서 이르시되 너희는 사람 앞에서 스스로 옳다 하는 자들이나 너희 마음을 하나님께서 아시나니 사람 중에 높임을 받는 그것은 하나님 앞에 미움을 받는 것이니라"(눅 16:15). "그는 재를 먹고 허탄한 마음에 미혹되어 자기의 영혼을 구원하지 못하며 나의 오른손에 거짓 것이 있지 아니하냐 하지도 못하느니라"(사 44:20). 어리석은 다섯 처녀는 신랑의 친구를 자처했지만 문이 닫혀 결국 그의 원수로 판명되었다.

이 문제와 관련한 실수는 치명적이다. 사면을 얻을 수 있는 기회를 헛되이 날릴 수 있기 때문이다. 기회를 놓치지 않으려면 등불에 기름을 채워놓아야 한다. 그렇지 않으면 느닷없는 파멸에 직면할 것이다. 평화를 꿈꾸었지만 막상 깨어난 뒤에는 영원토록 전쟁의 소음을 듣게 될 것이다.

· **사면의 증거**

스스로가 단죄된 상태라는 것을 깨닫지 못한 사람들은 지금도 여전히 그런 상태에서 벗어나지 못한다. 왜냐하면 성령의 첫 번째 사역인 책망에 둔감하기 때문이다. "이같이 율법이 우리를 그리스도께로 인도하는 초등교사가 되어 우리로 하여금 믿음으로 말미암아 의롭다 함을 얻게 하려 함이라"(갈 3:24). 율법의 학교에 들어가 스스로가 본질상 저주와 단죄를 받은 죄인이라는 사실을 깨우치지 못한 사람은 그리스도의 제자가 될 수 없다.

오직 은혜 언약 안에서 그리스도를 붙잡아 자신에게 제공된 그분의 의를 받아들여 그것으로 율법의 정죄를 상쇄하는 사람만이 사면을 받는다. 이것이 바울 사도가 "그러나 무엇이든지 내게 유익하던 것을 내가 그리스도를 위하여 다 해로 여길 뿐더러 또한 모든 것을 해로 여김은 내 주 그리스도 예수를 아는 지식이 가장 고상하기 때문이라 내가 그를 위하여 모든 것을 잃어버리고 배설물로 여김은 그리스도를 얻고"(빌 3:7, 8)라고 말했던 이유다. 그들은 더 이상 머뭇거리지 않고 자기 자신과 율법과 피조물을 의지하는 마음을 모두 버리고 그리스도께 나아가 그분을 유일한 피난처로 삼아 복음의 약속에 닻을 내린다.

죄의 정죄하는 힘이 제거되면 그 지배하는 힘도 아울러 제거된다. "죄가 너희를 주장하지 못하리니 이는 너희가 법 아래에 있지 아니하고 은혜 아래에 있음이라"(롬 6:14). 정죄된 사람이 사면을 받으면 쇠사슬과 감옥과 간수의 감시에서 놓여난다. 정욕의 쇠사슬이 여전히 쩔그렁거리는 소리를 낸다면 단죄된 상태에 있다는 증거다. 그러나 사면을 받은 사람의 경우는 그렇지 않다. "그러므로 이제 그리스도 예수 안에 있는 자에게는 결코 정죄함이 없나니 이는 그리스도 예수 안에 있는 생명의 성령의 법이 죄와 사망의 법에서 너를 해방하였음이라"(롬 8:1, 2). 의롭다 하심을 받은 자는 또한 깨끗하게 씻음을 받는다.

형벌의 선고가 취소되면 유혹과 죄와 악과 의무와 관련해 양심이 제 기능을 발휘하기 시작한다. 바울은 "이것으로 말미암아 나도 하나님과 사람에 대하여 항상 양심에 거리낌이 없기를 힘쓰나이다"(행 24:16)라고 말했다. 사형 선고를 받았던 사람이 사면을 받으면 다시 그 올무에 걸려드는 것을 두려워하기 마련이다. 히스기야의 경우도 마찬가지였다. 그는 "보옵소서 내게 큰 고통을 더하신 것은 내게 평안을 주려 하심이라 주께서 내 영혼을 사랑하사 멸망의 구덩이에서 건지셨고 내 모든 죄를 주의 등 뒤에 던지셨나이다"(사 38:17)라고 말하면서 "주께서 내게 말씀하시고 또 친히 이루셨사오니 내가 무슨 말씀을 하오리이까 내 영혼의 고통으로 말미암아 내가 종신토록 온건하게 행하겠나이다"(15절, 『킹제임스』 성경 참조/역자 주)

라고 덧붙였다. 물론 사면된 사람도 때로 양심이 강퍅해질 수 있다. 그러나 늘 양심이 강퍅한 상태를 유지한다면 그것은 곧 정죄된 상태라는 것을 보여주는 명백한 증거다.

형벌이 취소되면 거룩한 삶을 통한 믿음의 열매가 뒤따르기 마련이다. 우리는 행위가 아닌 믿음으로 의롭다 하심을 받지만 의롭다 하심을 받게 하는 믿음은 선한 행위를 독려한다. 믿음은 마음을 깨끗하게 한다. 저주가 제거되면 "사랑과 희락과 화평과 오래 참음과 자비와 양선과 충성과 온유와 절제"(갈 5:22, 23)와 같은 성령의 열매가 영혼 안에 맺힌다. 야고보 사도는 거룩함의 열매가 없는 믿음은 참 믿음이 아니라고 말했다.

· 용서의 열매

전에 선고된 형벌이 취소되었다면, 주님이 "그의 많은 죄가 사하여졌도다 이는 그의 사랑함이 많음이라"(눅 7:47)라고 말씀하셨던 여자처럼 형벌을 집행하지 않고 사면의 은혜를 베풀어주신 주님을 사랑하라. 주님 앞에서 율법의 단죄를 받았던 때, 곧 하나님이 "그를 건져서 구덩이에 내려가지 않게 하라"(욥 33:24)고 말씀하셨던 때를 잊어서는 안 된다.

정죄 아래 있는 자들을 염려하고 동정하라. 죄인들의 행복과 구원을 염려하고 동정하기보다 멸시와 경멸을 일삼는 것은 몹시 암울한 징후가 아닐 수 없다. 그런 태도는 사면된 상태를 보여주는 증거라기보다 오히려 교만함과 파렴치함을 드러낼 뿐이다.

겸손하고 온유하게 행동하라. 때때로 사형 선고를 받았던 일을 떠올리면 사는 동안 겸손하게 행동할 수 있다. 사면의 은혜를 받은 사람이 교만하거나 거만하게 행동하는 것은 결코 합당하지 않다. 그런 치명적인 올무에 걸리지 않도록 주의하라. 용서하시는 하나님은 "가서 다시는 죄를 범하지 말라"(요 8:11)고 말씀하신다.

세상에서 당하는 시련과 어려움을 잘 참고 견뎌라. 전에는 목숨을 잃은 상태였지만 이제는 은혜로 목숨을 되찾았다. 목숨을 건진 사람이 불평할 이유가 무엇인가? 지금은 주님이 이 세대를 재앙으로 징벌하시는 듯 보이는 시대다. 영혼을 향한 사형 선고가 취소된 것을 기억하고 시대의 고통에 동참해 무슨 어려움을 겪게 되든지 감사하게 받아들여라. 씨앗이 차가운 땅 속에서 썩어가고 들판의 짐승들이 재난으로 희생되더라도 징계의 회초리에 입을 맞추고, 자신에게 형벌이 집행되지 않은 것을 감사하게 여겨라.

용서하는 마음을 가져라. "서로 친절하게 하며 불쌍히 여기며 서로 용서하기를 하나님이 그리스도 안에서 너희를 용서하심과 같이 하라"(엡 4:32). 죄 사함을 베푸시는 구원자께서는 원수를 사랑하라고 명령하셨다. 다른 사람들에게 앙심을 품는 것은 죄를 용서받지 못했다는 증거다. "너희가 사람의 잘못을 용서하지 아니하면 너희 아버지께서도 너희 잘못을 용서하지 아니하시리라"(마 6:15).

그러나 아직도 하늘의 법정에서 사형 판결이 선고된 사람들 가운데 속한다면 이 문제를 피눈물을 흘려야 할 만큼 중대한 일로 받아들여 깊이 생각해야 할 것이다.

경건하지 못한 자들을 안타까워함

우리는 경건하지 못한 자들과 거듭나지 못한 자연인을 안타까워한다. 사형 선고를 받은 사람의 상태는 참으로 안타깝기 그지없다. 경건하지 못한 죄인들이여, 율법의 단죄를 받아 영원한 죽음을 선고받았는데 아무리 편안하게 지낸들 무슨 소용이 있으랴! "아들을 믿는 자에게는 영생이 있고 아들에게 순종하지 아니하는 자는 영생을 보지 못하고 도리어 하나님의 진노가 그 위에 머물러 있느니라"(요 3:36). 이 말씀의 거울에 자신의 비참한 상태를 비춰보라.

죄인은 정죄되었기 때문에 피조물에게 주어진 언약의 권리를 상실했다. 세상에서 가진 것이 많든 적든 그저 애처로울 뿐이다. 왜냐하면 그런 소유는 단지 섭리의 허락에 의한 것으로 처형될 날이 오기까지 죄수에게 던져주는 고깃덩이나 다름없기 때문이다. 따라서 "의인의 적은 소유가 악인의 풍부함보다 낫다"(시 37:16). 그런 풍부함은 아무런 만족을 주지 못한다.

하나님은 죄인의 원수이지만 원한다면 기꺼이 친구가 되어주신다. 하나님과 죄인은 법적으로 서로 반목하는 상태에 있다. 이는 의로운 재판관과 단죄된 죄인의 관계와 같다. "두 사람이 뜻이 같지 않은데 어찌 동행하겠으며"(암 3:3)라는 말씀대로 죄인은 하나님과 교통할 수 없다. 하나님과 죄인의 영혼이 서로 편안한 교제를 나눌 수 없는 이유는 죄인이 단죄된 상태에 있기 때문이다. 하나님과 죄인 사이에는 평화가 없다. 이는 마치 예후와 요람의 관계와 같다.

"요람이 예후를 보고 이르되 예후야 평안하냐 하니 대답하되 네 어머니 이세벨의 음행과 술수가 이렇게 많으니 어찌 평안이 있으랴 하더라"(왕하 9:22). 하나님의 율법에 의해 단죄된 죄인이 어떻게 그분과 화목할 수 있겠는가? 하나님이 허락하지 않으시는데 어떻게 양심의 평화를 누릴 수 있겠는가?

죄인은 하나님께 인정받을 것이 아무것도 없다. 죄인의 머리 위에는 절대 걷히지 않을 먹구름이 드리워 있다. "하나님은 의로우신 재판장이심이여 매일 분노하시는 하나님이시로다"(시 7:11). 율법이 죄인을 단죄하는 한, 그가 행하는 선한 일도 모두 아무 소용없다. "더럽고 믿지 아니하는 자들에게는 아무것도 깨끗한 것이 없고 오직 그들의 마음과 양심이 더러운지라"(딛 1:15).

"사람이 옷자락에 거룩한 고기를 쌌는데 그 옷자락이 만일 떡에나 국에나 포도주에나 기름에나 다른 음식물에 닿았으면 그것이 성물이 되겠느냐 하라 학개가 물으매 제사장들이 대답하여 이르되 아니니라 하는지라 학개가 이르되 시체를 만져서 부정하여진 자가 만일 그것들 가운데 하나를 만지면 그것이 부정하겠느냐 하니 제사장들이 대답하여 이르되 부정하리라 하더라 이에 학개가 대답하여 이르되 여호와의 말씀에 내 앞에서 이 백성이 그러하고 이 나라가 그러하고 그들의 손의 모든 일도 그러하고 그들이 거기에서 드리는 것도 부정하니라"(학 2:12-14).

죄는 거룩하게 하는 힘을 훼손한다. 그 힘이 없으면 아무 열매도 맺을 수 없다. 주님은 "나를 떠나서는 너희가 아무것도 할 수 없음이라"(요 15:5)라고 말씀하셨다. 죄인이 행하는 것은 모두 다 죄에 해당한다.

죄인에 대한 판결은 날마다 확증된다. "하나님은 사람이 아니시니 거짓말을 하지 않으시고 인생이 아니시니 후회가 없으시도다 어찌 그 말씀하신 바를 행하지 않으시며 하신 말씀을 실행하지 않으시랴"(민 23:19)라는 하나님의 진리가 이 점을 분명히 보여준다. 죄인의 죄는 갈수록 늘어나고 형벌의 선고는 더욱 강화된다. 옛 빚을 청산하지 않은 상태에서 새 빚이 더해진 탓이다. 죽음으로 모든 죗값을 치르면 그만이라고 생각할지 모르지만 악행이 늘어나면 형벌도 늘어난다. 왜냐하면 각자 그 행한 대로 보응을 받게 될 것이기 때문이다.

정의는 속히 죄인을 처형하기를 원한다. 가인과 소돔을 탄원하는 부르짖음이 하늘에 상달되었다. 경건하지 않은 모든 죄인을 탄원하는 부르짖음도 마찬가지다. 하나님은 "내가 이 일들로 말미암아 그들에게 벌하지 아니하겠으며 내 마음이 이런 나라에 보복하지 않겠느냐"(렘 9:9)라고 말씀하신다. 긍휼은 경건하지 않은 죄인들을 처형하는 일을 잠시 연기한다. 그러나 그들이 계속 그런 상태에 머문다면 긍휼도 더 이상 어찌할 수 없다. 정의가 시행되지 않으면 하나님은 정의로운 하나님이 되실 수 없기 때문이다.

죄인들을 처형하기 위한 준비가 모두 갖춰졌다. 죄인들을 향한 진노의 화살, 곧 죽음의 화살을 날리기 위한 시위가 이미 팽팽히 당겨진 상태다. 불을 붙일 나무들이 잔뜩 쌓여 있다. "대저 도벳은 이미 세워졌고 또 왕을 위하여 예비된 것이라 깊고 넓게 하였고 거기에 불과 많은 나무가 있은즉 여호와의 호흡이 유황 개천 같아서 이를 사르시리라"(사 30:33). 잠자리에 눕는 순간 다시 일어나지 못하고 처형되지 않으리라고 아무도 장담할 수 없다.

죄인의 생명은 전적으로 하나님의 오래 참으심과 인내에 달려 있다. 형 집행이 하루하루 연기되는 이유는 혹시 나중에라도 사면을 받을 수 있게 하기 위해서다. 죄인이 제아무리 안전하게 살아가고 있다 해도 그의 머리 위에는 오래된 인내의 낡은 줄에 매달린 정의의 칼이 드리워져 있다. 그 줄이 끊어지면 죄인은 영원히 멸망한다.

당장 행동을 취하라

그러므로 판결이 취소되어 단죄된 상태에서 벗어날 수 있도록 분발하라.

· 처형장으로 향하는 죄인

단죄된 상태에서 사는 것은 슬프고 비참하다. 사실 그런 삶은 연장된 죽음이나 다름없다.

단죄된 삶은 불명예스럽다. 유죄 판결은 불명예스런 오점을 남길 뿐 아니라 죄를 범한 탓에 더 이상 살 가치가 없다는 의미를 담고 있다. 하나님의 심판은 진리에 따라 이루어진다.

단죄된 삶은 불안하다. "내 하나님의 말씀에 악인에게는 평강이 없다 하셨느니라"(사 57:21). 단죄된 죄인은 피조물에게서 얻는 위로를 진정으로 누릴 수 없다. 그에게는 하나님의 위로가 없다. "두 사람이 뜻이 같지 않은데 어찌 동행하겠으며"(암 3:3). 자연인의 기쁨과 위로는 정신병자가 느끼는 기쁨과 위로에 지나지 않는다. 제정신을 차려 스스로가 단죄된 죄인이라는 사실을 깨닫게 되면 모든 위로와 기쁨이 사라진다. 탕자도 그랬다. "이에 스스로 돌이켜 이르되 내 아버지에게는 양식이 풍족한 품꾼이 얼마나 많은가 나는 여기서 주려 죽는구나"(눅 15:17).

단죄된 삶은 안전하지 않다. "아들에게 순종하지 아니하는 자는 영생을 보지 못하고 도리어 하나님의 진노가 그 위에 머물러 있느니라"(요 3:36). 죄인이 즐거움과 쾌락을 누리는 동안 그의 머리 위에는 정의의 칼이 아슬아슬하게 드리워져 있다. 언제 그 칼이 떨어져 죄인을 쪼개버릴지 모른다. 주님은 악한 종의 비유에서 "생각하지 않은 날 알지 못하는 시각에 그 종의 주인이 이르러 엄히 때리고 외식하는 자가 받는 벌에 처하리니 거기서 슬피 울며 이를 갈리라"(마 24:50, 51)라고 경고하셨다.

· **형 집행 정지는 쉽게 이루어지지 않는다**

사면을 통해 판결이 취소되는 일은 사람들이 생각하는 것만큼 쉽게 이루어지지 않는다. "더 이상 법석을 피울 필요가 없다. 부주의하고 은혜 없는 삶을 살다가 죽을 때가 이르면 '하나님 저를 불쌍히 여겨주소서'라고 기도하고 그분께 영혼을 의탁하면 무사할 것이다"라는 식으로 생각하는 사람들이 많다. 그러나 사면의 길을 발견한 사람들은 그와는 다르게 생각하도록 가르침을 받았다. 그들은 그런 가르침에 따라 사면을 감격스럽게 받아들인다. 따라서 신자들은 "주와 같은 신이 어디 있으리이까 주께서는 죄악과 그 기업에 남은 자의 허물을 사유하시며 인애를 기뻐하시므로 진노를 오래 품지 아니하시나이다"(미 7:18)라고 소리 높여 외친다.

죄는 가장 큰 악이자 너무 깊게 스며들어 쉽게 지워 없애기 어려운 얼룩이다. 눈물로도, 황소나 염소의 피는 물론 우리의 피로도 죄를 씻어낼 수 없다. 죄는 오직 하나님의 아들이신 주님의 피로만 씻을 수 있다. "피 흘림이 없은즉 사함이 없느니라"(히 9:22). "그 아들 예수의 피가 우리를 모든 죄에서 깨끗하게 하실 것이요"(요일 1:7). 죄는 하나님의 본성을 가장 크게 거스른다. "주께서는 눈이 정결하시므로 악을 차마 보지 못하시며 패역을 차마 보지 못하시거늘"(합 1:13). 하나님은 죄를 가장 미워하신다. 죄를 고집하는 것은 곧 하나님의 모든 속성을 거스르는 것이다. 죄는 하나님이 창조하신 모든 것을 훼손했다. 따라서 하나님은 모든 것을 산산이 부숴버리고 싶은 분노를 느끼신다. 질투하시는 하나님은 모든 죄를 기억하신다.

하나님이 베푸시는 사면은 그분의 가장 위대한 사역 가운데 하나다. 이것이 모세가 "이제 구하옵나니 이미 말씀하신 대로 주의 큰 권능을 나타내옵소서……구하옵나니 주의 인자의 광대하심을 따라 이 백성의 죄악을 사하시되 애굽에서부터 지금까지 이 백성을 사하신 것같이 사하시옵소서"(민 14:17, 19)라고 간절히 기도했던 이유다. 이 일은 세상을 창조하는 일보다 더 위대하다. 창조 사역은 말씀으로만 이루어졌다. 그러나 이 경우는 정의를 만족시키고, 깨어진 율법의 명예를 회복시키고, 오직 그리스도의 보혈만으로 긍휼을 얻을 수 있도록 하는 지혜를 필요로 한다. "하나님이 세상을 이처럼 사랑하사 독생자를 주셨으니 이는 그를 믿는 자마다 멸망하지 않고 영생을 얻게 하려 하심이라"(요 3:16).

죄인이 죄의식을 느끼고 죄 사함을 얻으려면 대개는 가슴을 찢는 듯한 슬픔을 먼저 느끼게 된다. 베드로의 설교를 듣던 청중도 마찬가지였다. "그들이 이 말을 듣고 마음에 찔려 베드로와 다른 사도들에게 물어 이르되 형제들아 우리가 어찌할꼬 하거늘"(행 2:37). 바울도 주님의 두려우심을 직접 느꼈고, 다윗도 온 몸의 뼈가 다 부러진 듯한 고통을 느꼈다. 죄 사함을 얻는 길을 아무리 가볍게 생각하더라도 죄의 독소를 제거하기 위해 주어진 치료약은 마음을 심하게 아프게 할 뿐 아니라 심지어는 곧 숨이 넘어갈 듯한 고통을 안겨줄 수도 있다(사 33:24 참조).

· **하나님은 지금 용서를 베푸신다**

하나님은 지금 은혜의 보좌 위에서 죄 사함을 베푸신다. "하나님께서 그리스도 안에 계시사 세상을 자기와 화목하게 하시며 그들의 죄를 그들에게 돌리지 아니하시고"(고후 5:19). 지금 당장 주님의 길에서 죄 사함을 얻을 수도 있다. "악인은 그의 길을, 불의한 자는 그의 생각을 버리고 여호와께로 돌아오라 그리하면 그가 긍휼히 여기시리라 우리 하나님께로 돌아오라 그가 너그럽게 용서하시리라"(사 55:7). 평화를 알리는 하늘나라의 깃발이 나부끼고 있고, 값없는 은혜의 시장이 문을 활짝 열어 놓고 있으며, 복음을 통해 죄 사함이 선포되고 있다. "그러므로 형제들아 너희가 알 것은 이 사람을 힘입어 죄 사함을 너희에게 전하는 이것이며"(행 13:38).

· 문이 닫힐 것이다

사면의 시기는 영원히 지속되지 않는다. "너희는 여호와를 만날 만한 때에 찾으라 가까이 계실 때에 그를 부르라"(사 55:6). 하나님의 인내를 남용한다면 격렬한 분노를 초래하게 될 것이다.

"좁은 문으로 들어가기를 힘쓰라 내가 너희에게 이르노니 들어가기를 구하여도 못하는 자가 많으리라 집 주인이 일어나 문을 한 번 닫은 후에 너희가 밖에 서서 문을 두드리며 주여 열어 주소서 하면 그가 대답하여 이르되 나는 너희가 어디에서 온 자인지 알지 못하노라 하리니"(눅 13:24, 25).

은혜의 기회를 놓치지 않도록 주의하라. 회개할 수 없을 때까지 미루지 말라. "내가 너희에게 말하노니 전에 청하였던 그 사람들은 하나도 내 잔치를 맛보지 못하리라"(눅 14:24).

REPENTANCE
죄에서 떠나
하나님께로 돌아가라

7

■■ REPENTANCE

연기된 형 집행

: "하루가 천 년 같고 천 년이 하루 같다"

사랑하는 자들아
주께는 하루가 천 년 같고 천 년이 하루 같다는
이 한 가지를 잊지 말라
베드로후서 3:8

주님은 경건하지 못한 사람들, 곧 악인들에 대한 형벌을 신속히 집행하지 않으시고 한동안 연기하신다.

—
두 가지 심판

우리는 이 문제와 관련해 하나님 심판의 방법을 두 가지로 나눠 생각해볼 수 있다. 경건하지 못한 악인들을 벌하는 하나님의 심판에는 신속한 심판과 더딘 심판이 있다.

신속한 심판

주님은 때로 죄인들에게 신속한 방법을 적용하신다. "내가 심판하러 너희에게 임할 것이라……나를 경외하지 아니하는 자들에게 속히 증언하리라"(말 3:5). 죄인들은 담대히 죄를 짓고, 하나님은 그들에게 유죄를 선고하시고, 지체 없이 형벌을 집행하신다.

때로 죄인은 악한 일을 계획하고, 주님은 그런 행위를 저지르려는 의도를 아시고 신속히 형을 집행하신다. 하만이 이 경우에 해당한다. 그는 악한 일을 계획했지만 그 계획을 성사시키지 못했다.

때로 죄인은 실제로 악한 일을 행하려고 시도하고 하나님은 그런 시도가 실효를 거두기 전에 형을 집행하신다. 하나님의 뜻을 어기고 제멋대로 약속의 땅에 들어가려고 시도했던 이스라엘 백성을 예로 들 수 있다(민 14:44, 45). 선지자를 잡으려고 했던 여로보암이나(왕상 13:4) 손으로 향로를 붙잡았던 웃시야도 마찬가지다(대하 26:19).

때로는 악한 행위를 저지르는 순간에 형이 집행된다. 이 경우 죄인은 죄를 짓다가 느닷없이 형벌을 당한다. 다른 불을 드렸던 나답과 아비후(레 10:1, 2), 부정한 행위를 저지르던 시므리와 고스비(민 25:8), 무신론과 신성모독을 일삼은 죄로 벌레에게 먹혀 죽은 헤롯(행 12:23)이 여기에 해당한다.

때로는 악행이 다 끝나고 나서 형벌의 집행이 시작되기도 한다. 하나님을 모독하는 편지를 보낸 산헤립이 여기에 해당한다. 그는 편지를 썼고 히스기야는 읽었다. 그의 죄가 완벽하게 실행되었다. 하나님은 그 날 밤 그의 군대를 치셨고, 그로부터 얼마 뒤에는 그의 생명까지 거두셨다(왕하 19:14, 35).

어떤 때에는 악행을 저지르는 내내 형벌이 집행되기도 한다. 죄를 짓는 한 형벌도 계속된다. 죄를 짓는 동안 심판이 단계적으로 이루어진다. 여리고 성을 건축했던 히엘이 대표적인 경우다(왕상 16:34).

때로는 죄인이 죄의 열매를 거두기 시작할 즈음에 형벌이 집행된다. 죄인이 벽에 몸을 기대는 순간 뱀이 그를 문다. 나봇의 포도원을 빼앗았던 아합(왕상 21:18, 19)과 광야에서 욕심을 부렸던 이스라엘 백성(시 78:30, 31)을 예로 들 수 있다.

이 밖에도 죄가 자행되어 다른 사람들에게 악한 영향을 미치기 시작할 무렵, 죄를 지은 당사자가 그로 인해 직접 해를 입기도 한다. 주님을 배신했던 가룟 유다의 경우가 그렇다(마 27:3-5). 어떤 사람들은 다른 사람들에게 악을 행하는 것을 즐거움으로 생각한다. 그러나 하나님은 의로우신 심판을 통해 그로 인한 해악이 주변 사람들은 물론 죄를 지은 당사자에게까지 미치게 하신다.

더딘 심판

주님은 이따금 죄인들에게 더딘 방법을 적용하신다(느 9:17). 죄인들이 악을 저지르는 순간 즉시 형벌이 선고되지만 그 집행이 한동안 연기된다(시 50:21). 이 심판에 관해 몇 가지 생각해야 할 점이 있다.

죄인은 때로 하늘의 간섭이나 형벌의 집행 없이 악한 일을 계획해 성사시키기도 한다. 하나님은 하늘에서 그의 일거수일투족을 지켜보시지만 침묵하시며 마음껏 죄를 짓도록 허용하신다. 악한 생각을 마음속에 품는 순간에 손발을 꺾어 악행을 저지르지 못하게 하실 수도 있지만 그렇게 하지 않으신다.

죄인은 한동안 방해나 징벌 없이 악행을 저지를 수 있다. 그런 때는 세상을 심판하시는 하나님이 존재하지 않는 것처럼 보인다. 마치 거룩한 섭리가 죄인들을 너그럽게 눈감아주는 듯하다. 그러나 그 시기가 지나면 하나님은 침묵을 깨고 심판을 행하신다.

악한 행위는 한동안 징벌을 면할 뿐 아니라 은폐된다. 세상에는 버젓이 얼굴을 들고 다니는 가증스런 죄인이 많다. 아마도 드러난 죄보다 드러나지 않은 죄가 더 많을 것이다. 그런 죄의 형벌은 큰 심판의 날까지 유보된다. 전지하신 하나님이 언젠가는 그 죄를 밝히 드러내실 테지만 그때까지는 한동안 더딘 방법이 적용된다.

죄인들은 징벌이 이루어지지 않은 것을 보고 더욱 힘써 악을 행한다. 그들은 악한 행위를 반복하고 죄에 죄를 더하며 마음껏 죄의 길을 달린다. 처음부터 극악한 죄를 짓는 사람은 드물다. 죄는 서서히 발전한다. 대부분 처음에는 악한 행위를 두렵게 여기고, 형벌을 받을까 무서워 머뭇거린다.

그러나 하나님이 오래 참으시며 신속히 징벌하지 않으시는 것을 보고 마음이 담대해져 거듭 죄를 짓는다. 이런 과정을 거치면서 두려움이 차츰 사라진다.

죄인들은 악한 길을 걸으면서도 형통할 수 있다. 그들은 형벌을 받지 않고 세상에서 번영을 구가한다. "내가 악인의 큰 세력을 본즉 그 본래의 땅에 서 있는 나무 잎이 무성함과 같으나"(시 37:35). 속된 번영의 태양이 하나님을 떠나 죄의 길을 걷는 사람들에게 밝은 빛과 따사로움을 전한다. 하나님의 진노의 대상인 죄인들이 천국의 귀한 자녀인 것처럼 대우받고, 그분의 특별한 사랑의 대상인 성도가 진노의 표적인 것처럼 대우받는다.

"세상에서 행해지는 헛된 일이 있나니 곧 악인들의 행위에 따라 벌을 받는 의인들도 있고 의인들의 행위에 따라 상을 받는 악인들도 있다는 것이라 내가 이르노니 이것도 헛되도다"(전 8:14). 이런 사실은 때로 예레미야와 같은 성도를 어리둥절하게 만든다.

더욱이 죄인들은 에브라임의 경우처럼 악한 행위로 번영을 구가하고, 죄의 열매를 만끽하며, 불의한 길로 행하며 형통한다(호 12:7, 8). 재물이 불의의 신으로 불리는 이유는 불법으로 재물을 쌓는 경우가 많기 때문이다. 압제를 통해 부와 권세를 누리는 경우가 많다. 그 가운데는 피로 건설된 것도 적지 않다(합 2:12). 사람들이 죄 가운데서 형통하며 불법으로 번영을 구가하는 것은 명백한 현실이다.

죄인들은 하나님의 침묵 속에서 장수를 누리기도 한다. 욥은 악인들이 늘 잘 살면서 늙어 죽을 때까지 강한 세력을 유지한다고 말했다. 하나님은 때로 죄의 길을 걷는 사람들을 신속히 징벌하시지만 항상 그러시는 것은 아니다. 인간은 백발이 될 때까지 죄 가운데서 줄곧 번영을 누릴 수 있다.

주님은 때로 형벌을 곧 집행할 듯하시다가도 또다시 지체하신다. 그분은 손을 펼치셨다가 도로 거두어들이신다(시 78:38). 죄인들은 절벽 끝까지 내몰렸다가 간신히 위기를 모면하고 안전한 상태로 되돌아와 그 기회를 악용해 더욱 악을 저지른다. 기회가 더 주어졌지만, 그들은 줄곧 악을 저질렀다(창 6:3, 7:4, 마 24:38 참조).

마침내 형벌이 집행되더라도 한동안은 매우 더디게 진행될 수도 있다. 이는 소낙비가 내리기 전에 부드러운 빗물이 먼저 몇 방울 떨어지는 이치와 같다. 하나님은 회개하지 않은 죄인들을 징벌하실 때 처음에는 부드럽게 시작하셨다가 나중에 온전한 분노를 쏟아내신다. 하나님의 심판은 쇠막대기를 손에 들고 오면서도 마치 납덩이로 된 신을 신고 있기라도 한 듯 천천히 다가올 수도 있다.

더욱이 세상에서 사는 동안에는 형벌의 집행이 완전히 연기되는 경우도 있다. 사람들은 악을 저지르면서도 형통하게 살다가 평화롭게 죽어 명예롭게 장사된다. 나중에 죄의 책임을 물어 형벌을 집행하는 또 다른 세상이 없다면 그들은 악한 행위에 대한 대가를 전혀 치르지 않을 것처럼 보인다.

"그런 후에 내가 본즉 악인들은 장사지낸 바 되어 거룩한 곳을 떠나 그들이 그렇게 행한 성읍 안에서 잊어버린 바 되었으니 이것도 헛되도다"(전 8:10). "한 부자가 있어 자색 옷과 고운 베옷을 입고 날마다 호화롭게 즐기더라……이에 그 거지가 죽어 천사들에게 받들려 아브라함의 품에 들어가고 부자도 죽어 장사되매"(눅 16:19, 22).

"그들은 죽을 때에도 고통이 없고 그 힘이 강건하며"(시 73:4). 때로 하나님은 세상의 눈앞에서 악한 행위를 엄히 징벌하시지만, 사람들은 종종 심판의 더딘 방법이 적용된 덕분에 징벌을 받지 않은 채 눈을 감기도 한다.

그릇된 오해

더딘 심판을 좀 더 설명해야 할 필요가 있다. 왜냐하면 하나님 섭리의 신비는 쉽게 해결하기가 어렵고, 그로 인해 사람들이 안타까운 실수를 많이 저지르기 때문이다.

하나님의 섭리를 자신의 상황에 잘못 적용시켜 파멸을 자초하는 죄인들이 많다(잠 1:32). 죄인들이 세상에서 형통하는 것을 보고 하나님이 그들을 기뻐하시며 그들에게 특별한 사랑과 은혜를 베푸신다고 생각하기 쉽다.

그러나 사실은 그렇지 않다. 주님은 "무릇 내가 사랑하는 자를 책망하여 징계하노니"(계 3:19)라고 말씀하신다. 그런데도 형통한 삶을 누리는 죄인은 하나님이 자신을 총애하신다고 생각하거나 자신의 행위에 대해 분노를 느끼지 않으신다고 착각하고 악한 행위를 일삼는다.

이런 일을 오해한 탓에 무신론적인 태도를 취하고 신앙을 경멸함으로써 스스로를 파멸의 위기로 몰아넣는 이들이 적지 않다. "이는 너희가 말하기를 하나님을 섬기는 것이 헛되니 만군의 여호와 앞에서 그 명령을 지키며 슬프게 행하는 것이 무엇이 유익하리요 지금 우리는 교만한 자가 복되다 하며 악을 행하는 자가 번성하며 하나님을 시험하는 자가 화를 면한다 하노라 함이라"(말 3:14, 15). 믿음의 내적 원리를 지니고 있지 않은 이들이 많다. 그들은 애굽에서 나온 이스라엘 백성 가운데 다른 무리가 섞여 있었던 것처럼 속된 이익을 얻을 수 있을 때만 믿음을 받아들이는 척하다가 죄의 길이 번영하는 것처럼 보이고, 죄인들이 온갖 경고에도 불구하고 그 길로 달려가고 경건한 자들이 모든 약속에도 불구하고 고난을 당하는 것을 보면 말씀의 경고와 약속을 모두 거짓이라고 속단하는 경향이 있다.

하나님의 섭리는 경건한 신자들을 당혹스럽고 곤혹스럽게 만드는 어려움을 동반한다. 우리는 믿음이 아니라 보는 것으로 행하려는 경향이 있다. 예레미야는 감각을 의지하지 않고 믿음으로 행하겠다고 결심했지만 섭리의 신비를 이해하기 어려워했다(렘 12:1, 2). 하박국도 마찬가지였다(합 1:2-4). 아삽은 이런 어려움 때문에 거의 실족할 뻔했다(시 73편).

인간은 하나님이 일을 처리하시는 방식을 온전히 이해할 수 없기 때문에 그분의 완전하신 속성과 섭리의 방법이 서로 모순된다고 생각하기 쉽다. 죄인들은 종종 하나님의 완전하신 속성 네 가지와 관련해 무지하고 성급한 판단을 일삼는다.

"주님은 지켜보지 않으신다"

하나님은 세상에서 이루어지는 일을 모두 알고 계신다. 그분은 전지하시다. "여호와의 눈은 어디서든지 악인과 선인을 감찰하시느니라"(잠 15:3). 사람들은 자신의 사악함을 의식하지만 하나님이 형벌을 내리지 않으시는 것을 보고 "여호와께서 이 땅을 버리셨으며 여호와께서 보지 아니하신다 함이라"(겔 9:9)라고 말하는 경향이 있다.

따라서 시편 저자는 하나님을 의식하지 않고 계속 악을 저지르는 사람들에 대해 이렇게 말했다. "여호와여 그들이 주의 백성을 짓밟으며 주의 소유를 곤고하게 하며 과부와 나그네를 죽이며 고아들을 살해하며 말하기를 여호와가 보지 못하며 야곱의 하나님이 알아차리지 못하리라 하나이다"(시 94:5-7). 욥도 "어찌하여 전능자는 때를 정해 놓지 아니하셨는고 그를 아는 자들이 그의 날을 보지 못하는고"(욥 24:1)라고 말했다.

"하나님은 죄를 묵인하신다"

하나님은 거룩하고 순결하시기 때문에 피조물의 죄와 불결함을 미워하신다. 천사들은 "거룩하다 거룩하다 거룩하다"(사 6:3)라고 찬양했다. 시편 저자도 "주는 죄악을 기뻐하는 신이 아니시니 악이 주와 함께 머물지 못하며 오만한 자들이 주의 목전에 서지 못하리이다 주는 모든 행악자를 미워하시며"(시 5:4, 5)라고 말했다. 그러나 "네가 이 일을 행하여도 내가 잠잠하였더니 네가 나를 너와 같은 줄로 생각하였도다"(시 50:21)라는 말씀대로 사람들은 경건하지 못한 자들에 대한 징벌이 더딘 것을 보고 그런 진리를 믿지 않는다. 그들은 "하나님이 죄를 미워하신다면 어떻게 신성을 모독하고 거룩한 율법을 짓밟는 죄인들의 불경을 용납하실 수 있단 말인가?"라고 생각한다. 이런 이유로 하박국 선지자도 그런 진리를 인정하면서도 그것과 더딘 섭리를 조화시키는 것을 어렵게 생각했다. 그는 "주께서는 눈이 정결하시므로 악을 차마 보지 못하시며 패역을 차마 보지 못하시거늘 어찌하여 거짓된 자들을 방관하시며 악인이 자기보다 의로운 사람을 삼키는데도 잠잠하시나이까"(합 1:13)라고 말했다.

"하나님은 죄를 징벌하지 않으신다"

하나님은 정의롭고 의로우시기 때문에 죄를 미워하실 뿐 아니라 그에 합당한 징벌을 내리신다. "세상을 심판하시는 이가 정의를 행하실 것이 아니니이까"(창 18:25)라는 말씀이 이 사실을 분명히 한다. 하나님은 자신의 독생자를 죽음에 내어주심으로써 이를 확실하게 입증하셨다. 그러나 사람들은 경건하지 않은 자들이 죄를 짓는데도 징벌을 받지 않는 것을 보고(죄가 정당한 보응을 받지 않는 것을 보고) 일부 사람들이 말하는 것과는 달리 하나님이 그렇게 정의롭지 않으시다고 생각하는 경향이 있다. 예레미야는 그런 의문을 품으면서도 "주께서 의로우시니이다"(렘 12:1)라고 고백했다.

"하나님은 자기 백성을 선대하지 않으신다"

하나님은 선하시기 때문에 자기 백성에게 선을 행하신다. 그분은 선한 자들을 선대하신다.

"너희는 여호와의 선하심을 맛보아 알지어다 그에게 피하는 자는 복이 있도다 너희 성도들이 여호와를 경외하라 그를 경외하는 자에게는 부족함이 없도다 젊은 사자는 궁핍하여 주릴지라도 여호와를 찾는 자는 모든 좋은 것에 부족함이 없으리로다"(시 34:8-10)라는 말씀이 이 사실을 분명히 한다.

이사야 선지자도 "너희는 의인에게 복이 있으리라 말하라 그들은 그들의 행위의 열매를 먹을 것임이요"(사 3:10)라고 말했다. 그러나 사람들은 경건하지 않은 죄인들에 대한 징벌이 이루어지지 않고 오히려 경건한 자들이 고난을 당하는 것을 보고 이 진리를 부인하는 경향이 있다.

이런 이유로 아삽은 "하나님이 참으로 이스라엘 중 마음이 정결한 자에게 선을 행하시나"(시 73:1)라고 말했다.

하나님이 더디 징벌하시는 이유

이런 오해를 제거하고 하나님의 더딘 섭리가 적용되는 이유를 생각해보자.

죄인들을 회개로 이끌기 위해

더딘 섭리가 적용되는 이유는 죄인들을 회개로 이끌어 파멸을 피하게 하기 위해서다(벧후 3:9). 하나님이 이 방법을 사용하시는 이유는 자비로운 성품을 지니셨기 때문이다.

이 방법은 죄인들에게 회개할 기회와 장소를 제공한다. 죄인들이 들끓는 정욕에 이끌려 행하는 순간에 징벌을 받는다면 너무 가혹하다고 부르짖을 것이 분명하다. 하나님이 그들에게 들끓는 정욕을 진정시킬 수 있는 시간을 주시는 것은 혹시 나중에라도 스스로 깨닫고 돌이켜 파멸을 모면하게 하시기 위해서다.

그들은 회개의 초청을 받는다. 하나님은 가장 부드러운 방법으로 그들에게 회개를 촉구하신다. 회개하지 않은 자가 경험하는 관용과 풍성한 긍휼과 죄를 억제하는 은혜는 모두 회개의 초청에 해당한다. 그것은 "네 자신을 해롭게 하지 말라"라는 뜻이며, 파멸을 향한 강퍅한 마음을 꾸짖는 의미, 곧 "왜 죽으려고 하느냐? 감사하는 마음이 없구나. 이것이 친구에게 베푸는 친절이냐?"라는 의미를 담고 있다.

· **하나님은 이 방법을 통해 영광을 거두신다**

다른 방법으로는 명확하게 드러나지 않을 하나님의 완전하신 속성이 이 방법을 통해 그 영광을 밝히 드러낸다.

하나님은 오래 참으심과 인내의 영광을 나타내신다. "오직 주께서는 너희를 대하여 오래 참으사 아무도 멸망하지 아니하고 다 회개하기에 이르기를 원하시느니라"(벧후 3:9). 섭리의 방법을 진지하게 관찰하는 자들은 "오, 하나님의 인내는 참으로 놀라워라!"라고 외치지 않을 수 없다. 세상에서 가장 온유한 사람의 인내도 하나님의 인내에 비하면 그 절반에도 미치지 못할 것이다.

하나님은 가엾은 죄인들에게 보편적인 선의를 드러내시어 그 영광을 나타내신다(벧후 3:9). "하나님은 모든 사람이 구원을 받으며 진리를 아는 데에 이르기를 원하시느니라"(딤전 2:4). 하나님은 정의를 베푸시지만 긍휼을 베푸시는 것을 더욱 기뻐하신다. 그분은 노하기는 더디고, 용서는 신속히 베푸신다. 이런 사실이 더딘 섭리 안에 분명하게 드러나 있다.

하나님은 선하심의 영광을 드러내신다. 선을 악으로 갚는 것은 악마적이고 선을 선으로 갚는 것은 인간적이며, 악을 선으로 갚는 것은 신성하다. 악을 선으로 갚는 하나님의 선하심의 영광이 여기에서 찬란한 빛을 발한다(눅 6:35). 이 방법은 하나님의 선하심을 분명하게 드러낸다.

• **죄인은 이 방법을 통해 구원받든지, 아니면 변명의 여지없이 심판을 받는다**

이 방법은 죄인에게 항상 두 가지 중에 한 가지 결과를 가져다 준다. 영적 상태가 회복되어 죄로부터 영혼이 구원받든지 영원히 멸망하든지 둘 중에 하나다. 하나님은 영혼을 귀하게 여기시기 때문에 죄인의 회개를 기다릴 가치가 있는 위대한 일로 간주하신다

(눅 15:7). 성경은 죄인을 회개로 이끄는 일을 고귀한 사역으로 제시한다. "너희가 알 것은 죄인을 미혹된 길에서 돌아서게 하는 자가 그의 영혼을 사망에서 구원할 것이며 허다한 죄를 덮을 것임이라"(약 5:20). 신속한 섭리가 적용되었다면 지금쯤 영원히 저주받았을 자들 가운데 더딘 섭리가 적용된 덕분에 하늘나라에서 할렐루야를 외치고 있는 이들이 얼마나 많은지 아는가? 어떤 사람은 "내 나이 일흔여섯이 되기 전에 죽었더라면 그리스도를 알지 못한 탓에 영원히 멸망했을 것이오"라고 말했다.

그와는 달리 구원받지 못하면 변명의 여지없이 심판을 받는다(롬 1:20). 하나님이 오래 참으시며 회개하지 않은 죄인들에게 더 많은 은혜를 베푸실수록 그들이 변명할 여지는 더욱 없어지고, 그들에 대한 하나님의 엄격한 처벌의 정당성은 더욱더 분명하게 확보된다. 이처럼 더딘 섭리는 하나님의 정의를 확실하게 드러낸다.

장래 세대를 위해

하나님이 더딘 섭리의 방법으로 죄인들을 대하시는 이유는 장래 세대를 생각하시기 때문이다.

· 일반적인 후손

당장 징벌을 당하지 않은 죄인이 회개하거나 회개하지 않거나 인류의 후손들은 그로 인해 유익을 얻는다. 만일 죄인이 회개한다면 후대의 사람들을 독려해 하나님께로 돌이키도록 이끄는 유익을 끼칠 수 있다. 하나님이 바울에게 더딘 섭리를 적용하신 덕분에 많은 사람이 큰 유익을 얻었다. 만일 죄인이 회개하지 않는다면 결국에는 세상 사람들이 보는 앞에서 보응을 받을 것이고, 그것이 후대 사람들에게 경고가 될 것이다.

또한 그가 세상에서 보응을 받지 않는다고 해도 그에 대한 기억은 곧 사라지고, 그의 사악함을 지켜본 모든 사람의 양심도 한동안 침묵을 지키다가 그가 무덤에 묻힌 이후에는 어리석은 삶을 살았다고 증언할 것이다. 세상에는 다른 사람들을 해롭게 하는 것 외에는 아무 쓸모가 없는 사람들이 많다. 하나님은 섭리를 통해 그런 사람들을 유효적절하게 사용하신다.

· **죄인 자신의 후손**

더딘 섭리는 아직 태어나지 않은 죄인의 후손에게 영향을 미친다. 진노의 그릇에게서 긍휼의 그릇이 나올 수도 있다. 은혜 없는 부모 밑에서 은혜로운 자녀들이 많이 태어난다. 세상이 유지되는 이유는 선택받은 자들을 위해서다. 선택받은 자들 가운데 마지막 사람이 태어나 구원받으면 세상은 신속히 종말을 고할 것이다. 율법은 정죄된 여자가 임신한 경우에는 아이를 낳을 때까지 형벌을 연기한다. 하나님은 정죄된 죄인들에게서 태어난 선택받은 자녀들 때문에 그들에게 오랜 인내를 베푸신다(마 24:22). 애굽에서 나온 첫 세대에게 형벌이 선고되었지만, 형벌이 집행되기까지 40년의 세월이 필요했던 것은 그런 이유 때문이었다.

더딘 섭리는 이미 태어난 죄인의 후손에게 두 가지 차원에서 영향을 미친다. 즉 사탄은 부모를 보고 반발해 지나친 금욕과 종교적 열정에 치우치도록 부추기고, 하나님은 부모의 죄와 사악함을 두려워하며 적절히 행동하도록 이끄심으로써 그런 사탄의 술책에 맞서신다. 하나님이 죄인을 오래 참으시는 이유는 그의 후손이 죄의 가증스러움을 볼 수 있는 거울로 삼으시기 위해서다. 죄인들은 비참한 역할을 감당하지만 그로써 거룩하신 하나님의 더딘 섭리에 정당성을 부여한다.

또한 사람들은 후손을 통해 종종 징벌을 받는다. 부모에게 고통을 안겨주는 자녀들이 많다. 부유하고 행복한 가정에 사악한 자녀가 존재하는 경우가 적지 않다. 거룩하고 은혜로우신 하나님은 십계명의 두 번째 계명에서 경고하신 대로 몇 대에 걸쳐 악인을 징벌하신다. "삼사 대"라는 말이 명시된 이유는 인간이 종종 자녀와 손자와 증손자가 태어날 때까지 살면서 그들을 통해 징벌을 받기 때문이다. 이것이 그들에게 더딘 섭리가 적용되는 이유일 수 있다. 시드기야의 경우를 참조하라.

하나님의 백성을 훈련하기 위해

하나님은 죄인들에게 더딘 섭리의 방법을 적용하시면서 자기 백성에게 관심을 기울이신다. "이는 모든 것이 너희를 위함이니 많은 사람의 감사로 말미암아 은혜가 더하여 넘쳐서 하나님께 영광을 돌리게 하려 함이라"(고후 4:15). 세상은 하나님의 백성을 위해 유지된다. 하나님이 세상을 섭리로 다스리시는 이유도 그들을 위해서다. "우리가 알거니와 하나님을 사랑하는 자 곧 그의 뜻대로 부르심을 입은 자들에게는 모든 것이 합력하여 선을 이루느니라"(롬 8:28)라는 말씀대로 섭리의 목적은 하나님의 백성을 유익하게 하는 데 있다. 하나님의 백성이 당하는 극심한 시련도 그들의 유익에 이바지한다. 이것이 하나님이 죄인들에게 더딘 섭리를 적용해 자기 백성이 시련을 당하게 하시는 이유다. 하나님의 백성은 두 가지 경우를 통해 혹독한 시련을 경험한다.

· **악인들의 압제**

하나님의 백성은 악인들의 압제 아래 고통을 당한다. 하나님은 앗수르를 통해 이스라엘 백성을 징계하셨던 것처럼 경건하지 않은 자들을 징계의 회초리로 사용하신다. 하나님의 백성은 종종 회초리에 얻어맞는 듯한 고통을 느낀다. "여호와여 주께서 심판하기 위하여 그들을 두셨나이다 반석이시여 주께서 경계하기 위하여 그들을 세우셨나이다"(합 1:12). 그들은 그런 시련을 당하면서 크게 근심하며 "어찌하여 내게 죄악을 보게 하시며 패역을 눈으로 보게 하시나이까 겁탈과 강포가 내 앞에 있고 변론과 분쟁이 일어났나이다"(합 1:3)라고 부르짖는다. 이렇듯 하나님이 악인들을 당장 불구덩이에 던져 넣지 않고 살려두시는 이유는 선택받은 백성에게 징계의 회초리가 필요하기 때문이다.

이런 현실은 하나님의 백성을 유익하게 한다. 경건하지 않은 자들은 하나님의 백성이 더욱 깨어 기도하며 믿음으로 살 수 있는 계기를 마련해준다. 소돔에서 잘 지내지 못했던 롯처럼 온유한 신자들이 속된 이웃들의 틈바구니 속에서 살아가는 경우가 많다. 경건한 자들은 악한 자들에게 눈에 가시 같은 존재이고, 악한 자들은 종종 경건한 자들에게 줄과 숫돌 같은 역할을 한다.

· **경건하지 않은 자들의 형통**

경건한 자들은 고난을 통해 심한 고초를 겪는다. "그러므로 그의 백성이 이리로 돌아와서 잔에 가득한 물을 다 마시며"(시 73:10). 악인들의 형통함은 경건한 자들의 고난을 크게 가중시킬 뿐 아니라 때로는 거기에 사탄의 술책까지 더해지면서 그들을 위험한 지경으로 몰아넣는다. 아삽은 "볼지어다 이들은 악인들이라도 항상 평안하고 재물은 더욱 불어나도다 내가 내 마음을 깨끗하게 하며 내 손을 씻어 무죄하다 한 것이 실로 헛되도다 나는 종일 재난을 당하며 아침마다 징벌을 받았도다"(시 73:12-14)라고 말했다. 욥의 친구들은 사탄의 대변자가 되어 그의 극심한 고난을 이유로 들어 그를 불의한 사람으로 몰아세우려고 애썼다.

그러나 이런 현실도 하나님의 백성을 유익하게 한다. 그들은 다른 상황에서는 발견하지 못할 은혜로운 구원을 발견하고, 성경에 더욱 깊은 관심을 기울이기에 이른다. 아삽은 "내가 어쩌면 이를 알까 하여 생각한즉 그것이 내게 심한 고통이 되었더니 하나님의 성소에 들어갈 때에야 그들의 종말을 내가 깨달았나이다"(시 73:16,

17)라고 말했다. 고난은 경건한 자들이 자신의 마음을 깊이 성찰하며 더욱 진지해질 수 있도록 이끌어줄 뿐 아니라, 희망과 인내 안에서 감각이 아닌 믿음으로 행하도록 도와준다.

죄인들을 강퍅하게 하기 위해

하나님은 더딘 심판을 통해 죄인들을 강퍅하게 만드는 놀랍고도 거룩한 사역을 종종 행하신다. "그런즉 하나님께서 하고자 하시는 자를 긍휼히 여기시고 하고자 하시는 자를 완악하게 하시느니라"(롬 9:18). 하나님이 죄를 징벌하지 않으시는 것은 가장 두려운 심판이요 재앙이 아닐 수 없다. 그것은 죄를 징벌하는 또 다른 무서운 방법이기도 하다. 그 이유는 다음과 같다.

이것은 영혼에 임하는 영적 재앙, 곧 인간의 육체나 삶에 외적으로 주어지는 재앙보다 훨씬 더 무섭다. 영적 재앙은 생각을 어둡게 하고, 의지를 정욕에 예속시키며, 양심을 무디게 만든다. 오늘날에는 이런 재앙이 만연하다.

이것은 복음의 치료책조차 효과를 발휘하지 못할 만큼 죄의 질병을 심하게 만드는 재앙이다. 마음이 강퍅해지면 전에 억제되던 것이 모두 풀려 마음껏 정욕을 좇아 살게 된다. 은혜의 수단이 혐오의 대상이 되거나 무용지물로 변한다. 강퍅한 마음은 영혼의 양식을 독약으로 변질시킨다.

이것은 완전한 파멸을 위한 두려운 예비 단계다. 더러운 질그릇이 더 더러워져 더 이상 정화되거나 깨끗해질 수 없는 상태에 이르면 산산조각내어 버려지기 마련이다. "너의 더러운 것들 중에 음란이 그 하나이니라 내가 너를 깨끗하게 하나 네가 깨끗하여지지 아니하니 내가 네게 향한 분노를 풀기 전에는 네 더러움이 다시 깨끗하여지지 아니하리라"(겔 24:13). 이처럼 더딘 심판은 매우 두렵다. 그러나 주님의 손에서는 거룩한 사역이 된다. 마음을 부드럽게 하거나 강퍅하게 하는 하나님의 사역은 거룩하다.

하나님은 부드러운 마음을 강퍅하게 만들지 않으신다. 그분은 먼저 스스로를 강퍅하게 하는 자들을 강퍅하게 하신다(롬 1:28). 사람들이 먼저 빛을 보지 않으려고 눈을 감으면, 의로우신 하나님은 그들의 눈을 멀게 만드신다. 그들이 고집스럽게 죄 짓기를 원하면 하나님은 그 뜻대로 놔두신다(호 4:17). 그런 상태에서도 그들을 설득해야 할 책임이 하나님께 있다고 누가 감히 말할 수 있겠는가?

죄는 죄에 대한 합당한 징벌에 해당한다(롬 1:27). 죄로 죄를 징벌하시는 하나님의 처사, 곧 구덩이에 빠져 누워 있게 방치하시는 그분의 처사는 지극히 공평하다.

이처럼 하나님은 더딘 심판을 통해 죄인과 다른 사람들을 강퍅하게 만드는 일을 행하신다.

· **죄인 개인을 강퍅하게 만드신다**

이 방법은 죄인을 강퍅하게 만든다. 하나님은 죄인을 죄에서 돌이키게 하려고 많은 노력을 기울이신다. 그분은 그들을 책망하고 깨우치고 두렵게 하고 불안하게 하실 뿐 아니라 혹독한 고난을 허락하신다. 그러나 그들은 그 모든 것을 거부하고 죄를 좇아 살아간다. 따라서 하나님은 그들을 강퍅하게 하시고 더딘 심판을 통해 그런 두려운 사역을 행하신다.

하나님은 은혜를 거두시거나 베풀기를 거절하시고 그들을 정욕대로 살아가도록 방치하신다. 죄를 억제하는 은혜는 많은 사람에게 주어지지만 그들을 거룩하게 하는 은혜, 곧 선한 생각과 마음과 확신을 마음속에 불러일으키는 은혜는 결코 받지 못한다. 하나님은 그런 은혜를 거두시고, 에브라임에게 행하신 대로 부패한 본성에 따라 행동하도록 방치하신다.

"에브라임이 우상과 연합하였으니 버려두라"(호 4:17). 그들은 빛을 거부했기 때문에 주님은 그 빛이 사라지게 만드신다. 그들은 금제조치를 싫어하기 때문에 하나님은 그것을 거두신다. 그들은 정욕에 이끌려 살기를 좋아하기 때문에 하나님은 그렇게 하도록 놔두신다.

더딘 심판은 죄인을 사탄에게 넘겨주어 하나님의 의로운 보복을 집행하게 하신다(고후 4:3, 4). 사람들은 하나님의 성령을 거부하고 근심하게 만들어 결국 떠나시게 함으로써 자기 자신을 악한 영의 손에 넘겨준다. 악한 영은 사울의 경우처럼 그들을 손쉽게 요리한다. 사탄의 유혹에 맞서려는 힘은 약화되고, 그들에 대한 그의 권세와 영향력은 더욱 강화되고 배가된다.

하나님은 그런 죄인에게 더딘 심판을 적용해 그를 강퍅하게 하는 사역을 행하신다.

죄인들이 징벌을 받지 않는 것을 통해 그들을 더욱 강퍅하게 만든다. 그들은 담대하게 죄를 짓고, 분노하신 하나님은 그들을 벌하지 않고 방치하신다. 사탄과 그들의 부패한 본성이 죄를 짓도록 독려하고 부추긴다. 지옥에서 부는 바람이 그들의 돛을 부풀린다.

이런 이유로 성경은 "악한 일에 관한 징벌이 속히 실행되지 아니하므로 인생들이 악을 행하는 데에 마음이 담대하도다"(전 8:11)라고 말씀한다.

그들의 형통함이 세상에서 그들을 강퍅하게 만든다. "사람들이 당하는 고난이 그들에게는 없고 사람들이 당하는 재앙도 그들에게는 없나니 그러므로 교만이 그들의 목걸이요 강포가 그들의 옷이며"(시 73:5, 6). 태양이 뜨겁게 비칠수록 진흙은 더 단단하게 굳는 법이다. 정욕과 사탄의 권세를 좇아 살아가는 죄인에게 속된 번영의 태양이 강하게 비칠수록 그는 똥더미처럼 더 단단해지고 더 많은 악취를 풍긴다.

더딘 심판이 적용되는 동안 죄인들은 악을 행할 대상과 시기와 수단을 발견한다. 그들은 다른 사람들의 유혹과 아첨과 격려에 이끌린다. 그들은 하나님 섭리의 따사로운 빛이 삶을 형통하게 만들 때 회개해야 마땅하지만, 오히려 그것을 정욕의 수단으로 사용하기 때문에 강퍅한 마음으로 정욕을 좇아 살아가기에 이른다. "어리석은 자의 퇴보는 자기를 죽이며 미련한 자의 안일은 자기를 멸망시키려니와"(잠 1:32). 이것은 폭풍우가 부는 바다에서 바닥짐은 없고 돛만 바람에 잔뜩 부풀은 배와 같은 상황을 만들어낸다.

죄인들을 저지하는 적절한 수단은 하나님의 의로우신 심판이지만 그들에게는 그런 심판도 아무 소용이 없고 오히려 마음을 더욱 강퍅하게 만들 뿐이다. 바로가 대표적인 경우다. 지팡이가 뱀으로 변하고, 물이 피로 변하고, 개구리가 창궐했지만 바로의 눈에는 그것이 마법사들이 행한 일처럼 보였다. 그런 심판은 그에게 아무런 효력이 없었다.

경건하고 진지한 자들이 고난의 섭리를 당하는 것이 죄인들을 강퍅하게 만든다(욥 12:4-6). 사탄은 그런 상황을 교활하게 이용해 경건한 자들과 믿음을 멸시하게 만든다.

· **주위 사람들을 강퍅하게 만드신다**

하나님은 더딘 심판으로 경건하지 못한 대중을 강퍅하게 만드신다. 실족하게 하는 일들로 인해 세상에 화가 있다(마 18:7). 사람들은 대개 신앙에 관심이 부족하고, 하나님 섭리의 비밀을 이해하는 통찰력이 없기 때문에 형통한 삶을 사는 것을 최선의 길로 생각하는 경향이 있다. 이런 이유로 거짓 종교를 참 종교로 생각했던 세대가 있었다.

"우리 입에서 낸 모든 말을 반드시 실행하여 우리가 본래 하던 것 곧 우리와 우리 선조와 우리 왕들과 우리 고관들이 유다 성읍들과 예루살렘 거리에서 하던 대로 하늘의 여왕에게 분향하고 그 앞에 전제를 드리리라 그 때에는 우리가 먹을 것이 풍부하며 복을 받고 재난을 당하지 아니하였더니 우리가 하늘의 여왕에게 분향하고 그 앞에 전제 드리던 것을 폐한 후부터는 모든 것이 궁핍하고 칼과 기근에 멸망을 당하였느니라 하며"(렘 44:17, 18).

이처럼 주님은 속되고 육신적인 사람들에게 거룩한 섭리를 베푸시지만 그들의 마음이 강퍅하고 무지한 탓에 오히려 걸림돌이 되어 멸망을 자초하기에 이른다.

하나님은 이 세상에서 자신의 원수들을 관대하게 대하신다

세상을 경영하는 하나님의 일반적인 섭리는 하나님의 원수들에게는 관대하고 그분의 자녀들에게는 가혹해 보인다. "만일 그리스도 안에서 우리가 바라는 것이 다만 이 세상의 삶뿐이면 모든 사람 가운데 우리가 더욱 불쌍한 자이리라"(고전 15:19). "무릇 내가 사랑하는 자를 책망하여 징계하노니"(계 3:19). 양쪽의 경우 모두 더러 예외는 있지만 이것이 일반적인 규칙처럼 보인다. 물론 하나님의 원수들은 혹독한 시련을 당하고, 그분의 자녀들은 형통한 삶을 사는 경우도 있다. 그러나 일반적으로는 전자에게는 관대하고 후자에게는 엄격해 보이는 측면이 있다.

하나님은 우리를 자녀로 대우하신다

하나님의 자녀들은 특별한 섭리를 통해 시련을 당할 때 그분의 원수들보다 더 엄격하게 다루어진다.

하나님은 다른 사람들의 경우에는 간과하실 일을 자신의 자녀들에게는 용납하지 않으신다. 이런 이유로 욥은 "내가 범죄하면 주께서 나를 죄인으로 인정하시고 내 죄악을 사하지 아니하시나이다"(욥 10:14)라고 말했다. 이는 "한 사람이 울타리 너머를 기웃거릴 때 다른 한 사람은 말을 훔쳐간다(작은 도둑은 교수형을 당하고 큰 도둑은 안전하고 편안하게 살아간다는 의미의 스코틀랜드 속담/역자 주)"라는 일반적인 속담과 일맥상통한다.

하나님의 자녀는 헛된 생각만 해도 다른 사람들이 악한 행위를 저질렀을 때보다 더 큰 대가를 치르고, 성급한 말 한마디만 내뱉어도 다른 사람들이 신성모독을 일삼으며 악을 도모할 때보다 더 엄격한 징벌을 받을 때가 많다.

모세도 제멋대로 내뱉은 말 한마디 때문에 큰 징벌을 당하지 않았던가? "그들이 또 므리바 물에서 여호와를 노하시게 하였으므로 그들 때문에 재난이 모세에게 이르렀나니 이는 그들이 그의 뜻을 거역함으로 말미암아 모세가 그의 입술로 망령되이 말하였음이로다"(시 106:32, 33).

다음 말씀과 비교해보라.

"모세와 아론이 회중을 그 반석 앞에 모으고 모세가 그들에게 이르되 반역한 너희여 들으라 우리가 너희를 위하여 이 반석에서 물을 내랴 하고 모세가 그의 손을 들어 그의 지팡이로 반석을 두 번 치니 물이 많이 솟아나오므로 회중과 그들의 짐승이 마시니라 여호와께서 모세와 아론에게 이르시되 너희가 나를 믿지 아니하고 이스라엘 자손의 목전에서 내 거룩함을 나타내지 아니한 고로 너희는 이 회중을 내가 그들에게 준 땅으로 인도하여 들이지 못하리라 하시니라"(민 20:10-12).

"그들의 입은 하늘에 두고 그들의 혀는 땅에 두루 다니도다 그러므로 그의 백성이 이리로 돌아와서 잔에 가득한 물을 다 마시며"(시 73:9, 10).

하나님의 백성과 죄인들 모두 악한 행위에 대해 책망을 받지만 전자가 더 큰 책망을 받을 때가 많다. 이런 이유로 예레미야는 "지나가는 모든 사람들이여 너희에게는 관계가 없는가 나의 고통과 같은 고통이 있는가 볼지어다 여호와께서 그의 진노하신 날에 나를 괴롭게 하신 것이로다"(애 1:12)라고 탄식했다.

고린도 교회의 신자들 가운데는 성찬에 무분별하게 참여한 탓에 육신이 병들거나 심지어는 죽음을 당한 이들까지 있었다. "그러므로 너희 중에 약한 자와 병든 자가 많고 잠자는 자도 적지 아니하니"(고전 11:30).

하나님의 백성이 시련을 당하는 것은 정상이다

하나님의 백성은 이 세상에서 특별히 많은 시련을 당한다. 세상은 자신의 친구들에게만 미소를 짓는다. "이것을 너희에게 이르는 것은 너희로 내 안에서 평안을 누리게 하려 함이라 세상에서는 너희가 환난을 당하나 담대하라 내가 세상을 이기었노라"(요 16:33). "그러므로 그의 백성이 이리로 돌아와서 잔에 가득한 물을 다 마시며"(시 73:10).

하나님의 백성과 교회는 이 세상에서 시련을 당하는 것이 일반적인 규칙이고 번영하는 것이 예외인 것처럼 보이고, 세상 사람들의 경우에는 번영하는 것이 일반적인 규칙이고 시련을 당하는 것이 예외인 것처럼 보인다.

이런 현실은 성경에서 분명하게 확인된다. 신구약 성경의 성도들은 모두 시련의 회초리를 얻어맞으며 걷는 길에 익숙했다. 경건한 자들은 종종 고난의 무게에 짓눌려 신음했고, 사악한 원수들이 형통하는 것을 지켜보며 의아하게 여겼다. 가나안 족속들은 성읍을 건설했고, 그들 사이에서는 노랫가락이 끊이지 않았지만 하나님의 백성은 광야에서 천막을 치고 생활했다.

아브라함은 약속의 땅에서 이방인처럼 지냈고 저주받은 가나안 족속은 그 땅의 열매를 마음껏 누렸다. 야곱의 후손은 애굽에서 노예로 생활했고 에돔 족속은 왕을 세워 국가를 건설하고 평안히 지냈다. 물론 유대 민족도 가나안에서 세속적인 번영을 누렸다. 그 이유는 그들의 경건한 신앙과 그들에게 주어진 일시적인 약속이 이루어진 결과 때문인 듯하다. 그러나 그들을 다른 민족들과 비교해보라. 그러면 번영의 시기는 이웃 나라들에 비해 매우 짧았고 역경의 시기는 매우 길었다는 사실을 발견하게 될 것이다.

"그들이 화석류나무 사이에 선 여호와의 천사에게 말하되 우리가 땅에 두루 다녀보니 온 땅이 평안하고 조용하더이다 하더라 여호와의 천사가 대답하여 이르되 만군의 여호와여 여호와께서 언제까지 예루살렘과 유다 성읍들을 불쌍히 여기지 아니하시려 하나이까 이를 노하신 지 칠십 년이 되었나이다 하매"(슥 1:11, 12).

이것은 신약성경에서 더욱 분명하게 나타난다. 주님은 이를 정해진 섭리의 방법으로 제시하셨다. "아브라함이 이르되 얘 너는 살았을 때에 좋은 것을 받았고 나사로는 고난을 받았으니 이것을 기억하라 이제 그는 여기서 위로를 받고 너는 괴로움을 받느니라"(눅 16:25, 눅 6:20-26을 읽어보라).

경험과 관찰로도 이것이 사실로 확인된다. 눈을 들어 세상을 둘러보면 하나님과 믿음에 관심이 없는 사람들이 세상에서 가장 큰 호사를 누리는 것을 알 수 있다. 사악한 자들은 승승장구하고 경건한 자들은 고초를 겪는다. 죄인들은 종종 웃고 성도는 종종 운다.

이것은 하나님의 지혜다. 이런 식으로 악이 좋은 것을 맛보고 선이 나쁜 것을 맛본다. 하나님이 장차 끝없는 슬픔을 맛보게 될 자들을 인내로 대하시는 이유는 그들에게 회개를 촉구하기 위해서다. 그리고 지금 슬픔의 시련을 당하는 자들은 장차 영원히 기쁨을 누리게 될 것이다.

아버지가 종보다 자녀의 잘못에 더 큰 관심을 기울이고 더 엄하게 다루는 것처럼 하늘에 계신 아버지께서도 자신의 자녀들을 그렇게 다루신다. 하나님은 많이 사랑하실수록 더 많이 징계하신다. "내가 땅의 모든 족속 가운데 너희만을 알았나니 그러므로 내가 너희 모든 죄악을 너희에게 보응하리라 하셨나니"(암 3:2). 하나님과 영원히 거하게 될 자들이 있고 그분을 영원히 떠나야 할 자들이 있다. 따라서 하나님이 후자보다 전자를 깨끗하게 하는 일에 더 많은 관심을 기울이시는 것은 너무나도 당연하다.

이런 원리는 하나님이 자신의 독생자와 그분의 원수들을 대하신 태도와도 정확히 일치한다. 그리스도께서는 세상에 계실 때 슬픔과 질고를 아셨다. 그분은 십자가에서 잔인한 죽음을 맞이하시기까지 항상 시련과 역경에 부딪치셨다.

도끼가 유대 민족과 그들이 신봉했던 종교의 뿌리 위에 놓여 있었지만, 그분이 그들 가운데 계시는 동안에는 물론이고 그 후로도 40년 동안 휘둘러지지 않았다. 하나님의 더딘 심판도 그런 유형을 따른다.

"하나님이 미리 아신 자들을 또한 그 아들의 형상을 본받게 하기 위하여 미리 정하셨으니 이는 그로 많은 형제 중에서 맏아들이 되게 하려 하심이니라"(롬 8:29).

인간의 관점에서만 지체하는 것처럼 보일 뿐이다

더딘 심판은 근시안적인 우리 인간에게는 이상하게 보일지 몰라도 무한히 완전하신 하나님의 관점에서 보면 조금도 이상하지 않다. 얕은 물에서는 눈에 보이는 것도 깊은 바다에 던져 넣으면 보이지 않는다. 인간을 보면 더딘 섭리가 이상하게 생각되지만 하나님을 보면 조금도 이상하지 않다.

하나님은 영원무궁하시다(시 90:2). 사람들의 경우는 일을 서둘러 해결하지 않으면 죽음이 찾아와 그 일을 다 끝마치지 못할 수도 있다. 그러나 하나님은 일을 아무리 오래 지체해도 언제든 그 일을 끝마치실 수 있다. 왜냐하면 영원하시기 때문이다.

영원하신 하나님께 시간의 차이는 존재하지 않는다. 그분에게는 모든 것이 현재다. 시간은 무한한 존재가 아닌 창조된 존재에게만 적용된다. 따라서 인간에게는 수천 년과 하루가 큰 차이가 있지만 하나님께는 둘 다 똑같다. "주의 목전에는 천 년이 지나간 어제 같으며 밤의 한순간 같을 뿐임이니이다"(시 90:4). 베드로 사도도 "사랑하는 자들아 주께는 하루가 천 년 같고 천 년이 하루 같다는 이 한 가지를 잊지 말라"(벧후 3:8)라고 말했다.

하나님은 회개하지 않은 죄인들을 징벌하기 위해 정하신 때를 알고 계신다. 그때가 되면 그 일이 잠시도 지체하지 않고 곧바로 이루어질 것이다. "이 묵시는 정한 때가 있나니 그 종말이 속히 이르겠고 결코 거짓되지 아니하리라 비록 더딜지라도 기다리라 지체되지 않고 반드시 응하리라"(합 2:3). 인간은 일의 시작과 중간은 알지만 그 결말은 예견할 수 없다. 하나님이 경건하지 않은 죄인들에 대해 오래 참으시는 이유는 그들의 종말이 신속히 다가오고 있다는 것을 알고 계시기 때문이다(시 37:13). 그러니 하나님이 서두르실 필요가 없지 않겠는가? 그분은 악한 피조물이 쇠락하고 있고, 머지 않아 무덤 속으로 사라질 것을 알고 계신다.

하나님은 자신이 의도하신 일을 잘 알고 계신다. 아무도 그 일을 방해할 수 없다. "그(하늘의 왕)의 일이 다 진실하고 그의 행하심이 의로우시므로 교만하게 행하는 자를 그가 능히 낮추심이라"(단 4:37). 반란자들을 두려워하는 군주는 그들이 세력을 규합하기 전에 진압하려고 노력할 테지만 마음만 먹으면 언제라도 진압할 힘이 있는 군주는 그들이 세력을 다 규합하기까지 기다릴 것이다.

하나님은 회개하지 않은 죄인들에 대해 오래 참으셔도 얼마든지 자신의 영광스런 계획을 실행하실 수 있다. "성경이 바로에게 이르시되 내가 이 일을 위하여 너를 세웠으니 곧 너로 말미암아 내 능력을 보이고 내 이름이 온 땅에 전파되게 하려 함이라 하셨으니"(롬 9:17). "갑자기 재난이 닥쳐 죽을지라도 무죄한 자의 절망도 그가 비웃으시리라"(욥 9:23)는 말씀대로 하나님은 무죄한 자가 시련을 당할 때도 웃으며 바라보신다. 이는 아버지가 깊은 물에서 어린 자녀를 팔로 안고 있을 때 아이는 울어도 아버지는 미소를 짓는 이치와 같다.

하나님은 스스로 무한히 행복하시다. 하나님을 거역하는 그 어떤 피조물도 그분께 상처를 입히기는커녕 그분을 조금도 놀라게 할 수 없다. "그대가 범죄한들 하나님께 무슨 영향이 있겠으며 그대의 악행이 가득한들 하나님께 무슨 상관이 있겠으며……그대의 악은 그대와 같은 사람에게나 있는 것이요 그대의 공의는 어떤 인생에게도 있느니라"(욥 35:6, 8). 피조물 전체가 하나님을 대적하기로 공모하고, 하늘을 향해 함성을 외치며, 있는 힘을 다해 대항하더라도 하나님은 그들의 무기력한 악의를 멸시하실 것이다. 그들의 대항은 계란으로 바위를 치는 격이다. 아무리 시간이 오래 지나도 하나님을 지치시게 만들 수 없다. "너는 알지 못하였느냐 듣지 못하였느냐 영원하신 하나님 여호와, 땅 끝까지 창조하신 이는 피곤하지 않으시며 곤비하지 않으시며 명철이 한이 없으시며"(사 40:28).

신속한 심판과 더딘 심판이 둘 다 필요하다

하나님이 무신론에 치우친 부패한 세상을 다스리시는 데는 더딘 심판과 신속한 심판이 둘 다 필요하다.

신속한 심판이 필요한 이유는 세상을 심판하시는 하나님이 살아 계시다는 것을 보여주기 위해서다. "의인이 악인의 보복당함을 보고 기뻐함이여 그의 발을 악인의 피에 씻으리로다 그 때에 사람의 말이 진실로 의인에게 갚음이 있고 진실로 땅에서 심판하시는 하나님이 계시다 하리로다"(시 58:10, 11). 더딘 심판이 일반적이지만 때로는 경건하지 않은 죄인들에게 신속한 심판이 임한다. 그것이 필요한 이유는 하나님의 존재와 인간사를 관장하는 그분의 섭리를 증언하기 위해서다. 신속한 심판 가운데는 모든 사람의 경각심을 일깨우는 것이 많다.

더딘 섭리가 필요한 이유는 장래에 심판이 있을 것을 보여주기 위해서다.

> "그러므로 너희가 견디고 있는 모든 박해와 환난 중에서 너희 인내와 믿음으로 말미암아 하나님의 여러 교회에서 우리가 친히 자랑하노라 이는 하나님의 공의로운 심판의 표요 너희로 하여금 하나님의 나라에 합당한 자로 여김을 받게 하려 함이니 그 나라를 위하여 너희가 또한 고난을 받느니라 너희로 환난을 받게 하는 자들에게는 환난으로 갚으시고 환난을 받는 너희에게는 우리와 함께 안식으로 갚으시는 것이 하나님의 공의시니 주 예수께서 자기의 능력의 천사들과 함께 하늘로부터 불꽃 가운데에 나타나실 때에"(살후 1:4-7).

더딘 섭리는 속된 세상의 무신론적인 사고를 부추기는 사두개주의를 예방하기 위해 필요하다. 모든 사람의 사악한 행위가 이 세상에서 다 징벌을 받는다면 사후의 심판은 없다는 결론이 도출된다. 그러나 악한 행위에 대한 형벌 가운데 지금 당장 실행되지 않는 것이 있다면 그것은 곧 장래의 심판이 있다는 증거다.

가장 더딘 심판이 가장 확실할 것이다

회개하지 않은 죄인들에게 가장 더디게 임할 심판이 가장 확실한 심판이 될 것이다. 심판이 더딜수록 막상 닥치면 더욱 고통스러울 것이다. "그들이 실족할 그 때에 내가 보복하리라 그들의 환난 날이 가까우니 그들에게 닥칠 그 일이 속히 오리로다"(신 32:35).

죄인들은 그리 오래 용납되지 않을 것이다. 그들이 행한 악한 일 가운데 단 한 가지도 잊히거나 간과되지 않을 것이다. 그들은 자신의 행위를 잊을지 몰라도 하나님은 절대 잊지 않으신다. 성도의 선한 말과 행위만이 아니라 악인의 악한 행위를 일일이 기록한 책이 있다. "여호와께서 야곱의 영광을 두고 맹세하시되 내가 그들의 모든 행위를 절대로 잊지 아니하리라 하셨나니"(암 8:7). "네가 이 일을 행하여도 내가 잠잠하였더니 네가 나를 너와 같은 줄로 생각하였도다 그러나 내가 너를 책망하여 네 죄를 네 눈앞에 낱낱이 드러내리라 하시는도다"(시 50:21).

죄인들이 오래 용납될수록 그들의 죄는 더 늘어난다. 모든 죄가 단번에 심판을 받게 될 것이다(눅 11:50, 삼상 3:12). 가난한 자들이 진

빚을 한꺼번에 다 갚게 되면 완전히 파산할 것이 분명하다. 조금씩 갚도록 허용하는 것이 그들에게 은전을 베푸는 것이다. 마찬가지로 하나님이 한꺼번에 죄를 묻지 않고 그때그때 책망하시는 것이 오히려 더 낫다.

회개하지 않은 죄인들의 경우, 하나님은 죄의 원리금과 이자를 합쳐 청구하실 것이다. 그들은 악한 행위의 대가만이 아니라 하나님이 베푸신 관용과 긍휼을 망각한 죄의 빚까지 감당하게 될 것이다. "혹 네가 하나님의 인자하심이 너를 인도하여 회개하게 하심을 알지 못하여 그의 인자하심과 용납하심과 길이 참으심이 풍성함을 멸시하느냐 다만 네 고집과 회개하지 아니한 마음을 따라 진노의 날 곧 하나님의 의로우신 심판이 나타나는 그 날에 임할 진노를 네게 쌓는도다"(롬 2:4, 5). 죄를 더 많이 지으면 단죄와 형벌의 강도가 그만큼 더 늘어날 것이다.

경건하지 않은 죄인들, 곧 악을 행하는 자들에 대한 형벌이 아무리 오래 지체되고, 그들이 외적으로 아무리 형통한 삶을 살더라도 장차 임할 형벌의 엄중함을 생각하면 지극히 짧고 하찮은 것에 지나지 않는다. 그들은 결국 멸망할 것이다(마 24:51). 하나님이 시뻘건 불길 속에서 그들을 징벌하실 것이다. 그들은 살아 계신 하나님의 심판 아래 놓이게 될 것이다.

형벌이 영원히 계속된다는 것을 기억하라. 하나님을 떠나 영원한 불속에 들어가는 것이 형벌의 무서움이다. 그곳에는 그들에게 들러붙은 구더기도 영원히 죽지 않고, 불도 영원히 꺼지지 않는다.

■ **적용**

1. 세상에서의 번영과 안락함이 하나님의 특별한 호의를 입증하는 증거는 아니다. 그러나 사람들은 그렇게 생각하는 경향이 있고, 인간의 거짓된 마음은 그렇게 결론짓도록 유도한다. 그런 증거와는 무관하게 형벌이 선고되어 진노의 상태에 있는데도 그런 삶을 누리는 사람들이 많다.

2. 지금 아무 형벌을 받지 않고 번영과 안락함을 누린다고 해서 장차 임할 심판으로부터 안전할 수는 없다. 사람들은 장래를 안심해하며 그때도 여전히 평안함을 누릴 것이라고 생각한다. "그의 마음에 이르기를 나는 흔들리지 아니하며 대대로 환난을 당하지 아니하리라 하나이다"(시 10:6). 지금은 건재해 보여도 머지않아 모든 것이 뒤집힐 것이다. 태양이 소돔을 아름답게 내려쬐던 날 아침, 하나님은 그곳에 불과 유황을 쏟아부으셨다. 부자는 낮에 온통 안락한 삶만 생각하다가 그날 밤 세상을 떠났다(눅 12:18-20).

3. 우리가 흔히 생각하는 것과는 달리 외적인 번영이 그 자체로 가치가 있고 고난이 그 자체로 나쁜 것은 결코 아니다. 거룩하고 지혜로우신 하나님은 진노의 대상들을 위해서는 가장 좋은 것을, 사랑의 대상들을 위해서는 가장 나쁜 것을 준비하고 계시지 않는다. 만일 우리가 생각하는 대로 세상의 부

와 안락함과 명예와 건강과 권세와 은과 금이 그 자체로 가치가 있고 시련과 역경이 그 자체로 나쁜 것이라면 정죄된 죄인들이 전자를 가장 많이 누리도록 허락받고, 의롭다 하심을 받은 신자들이 후자를 가장 많이 경험하도록 방치되는 것이 어찌 옳은 일이겠는가? 그런 잘못된 판단은 겉으로 드러난 외관과 우리가 먹는 양식과 같은 물질을 지나치게 가치 있게 여기는 인간의 근시안적인 관점에서 비롯한다. 그런 것을 현미경으로 들여다보면 모든 가치가 사라져 보일 것이 틀림없다. 믿음이 바로 그 현미경이다.

4. 하나님은 오래 참으시며 인내하시는 하나님이시다. 그분은 우리처럼 격정에 지배되지 않으신다(벧후 3:9). 만일 하나님이 우리처럼 격정에 지배되신다면 세상은 이미 수없이 잿더미로 변했을 것이다. 세상의 죄는 거룩하신 하나님을 크게 분노하시게 한다. 그러나 유한한 인간은 악인들이 온갖 소동을 일으키는 것을 지켜보면서도 평안하고 안락한 삶을 누리기에 여념이 없다.

5. 오랫동안 잘 피해왔지만 슬프고 심각한 재앙이 이 땅과 이 세대에 닥칠 수도 있다. 주님은 교리와 실천에 있어 믿음을 저버린 이 세대를 묵묵히 오래 참고 계신다. 그동안 오랜 시간에 걸쳐 우리에게 경고가 주어졌다. 징벌이 지체되자 우리

는 "날이 더디고 모든 묵시가 사라지리라"(겔 12:22)고 말한다. 그러나 유예는 용서가 아니다. 우리 가운데 살아서 유예 기간이 끝나는 날을 지켜볼 사람들이 있을지도 모른다.

6. 경건하지 못한 죄인들에게 악을 뉘우치고 하나님의 인내하심을 남용하지 말라고 권고하라. 지금까지 더딘 심판을 논리적으로 해명한 내용을 들었다. 이후부터 형벌을 받지 않고 형통함을 누린다는 이유로 죄를 지으면서도 안전하다고 생각한다면 그것은 스스로의 눈을 가리는 것이다. 나중에는 아무 변명도 할 수 없을 것이고, 자신의 피가 자신의 머리로 돌아가게 될 것이다.

7. 감사하는 마음으로 회개하라. 악한 일을 행하는 순간에 하나님이 징벌을 가하셨다면 지금 어떤 상태가 되었을 것인지 생각해보라. 필경 회복의 가능성과 희망을 찾아보기 어려운 지경에 이르렀을 것이 분명하다. 우리가 목숨을 부지할 수 있는 이유는 하나님의 섭리가 더디게 베풀어지기 때문이다. 우리의 영혼이 구덩이에 빠지지 않는 이유는 하나님이 오래 참으시기 때문이다. 그러니 회개하라. 더 죄를 짓지 말라.

8. 더딘 심판을 설명한 내용을 들었으니 그것을 남용하는 행위를 당장 중단하라. 더딘 섭리를 죄를 짓는 근거로 삼을 수 없

다는 것을 깨달았을 줄 안다. 그래도 계속 더딘 심판을 남용한다면, 그것은 가장 진지하고 지혜로운 섭리를 비웃는 것이요 음식을 독으로 바꾸고 대낮에 실족하는 것이나 다름없다. 그것은 영원한 파멸이 임할 것을 확실하게 보여주는 전조다. "누가 지혜가 있어 이런 일을 깨달으며 누가 총명이 있어 이런 일을 알겠느냐 여호와의 도는 정직하니 의인은 그 길로 다니거니와 그러나 죄인은 그 길에 걸려 넘어지리라"(호 14:9).

9. 경건하지 않은 죄인, 곧 악을 행하는 자들과 더불어 더딘 심판을 비웃지 않도록 조심하라. 그런 사람들에게 말할 때는 항상 주의하라. 말로 그들의 부패한 마음을 부추기지 않도록 조심하라. 스스로 생각할 때 더딘 섭리를 제아무리 논리적으로 논박했다고 하더라도 조만간 욥이나 아삽처럼(욥 42:3, 시 73:22) 은혜로운 회개를 통해서나, 아니면 하나님의 진노를 통해 그 말을 취소해야 할 테니 말이다.

10. 하나님의 섭리는 신비로울 뿐, 그 안에 불의나 실수나 잘못은 존재하지 않는다. "그는 반석이시니 그가 하신 일이 완전하고 그의 모든 길이 정의롭고 진실하고 거짓이 없으신 하나님이시니 공의로우시고 바르시도다"(신 32:4). 우리가 알 수 없는 섭리의 깊은 의도와 지혜를 묵묵히 찬양하라. 하나님이 경건하지 않은 악한 죄인들에게 적용하시는 더딘 심

판에는 심원한 뜻이 담겨 있다. 우리가 생각하기에는 더딘 심판이 하나님의 영광을 실추시키는 것처럼 보이지만, 하나님은 그것을 통해 큰 영광을 거두실 것이 틀림없다.

11. 경건하지 않은 자들에게 적용되는 하나님 섭리의 신비는 결국 세상 앞에 확연히 드러나 겸손히 인내하는 모든 신자를 만족하게 하고 회개하지 않은 악인들과 불평하는 자들과 비웃는 자들을 크게 당혹스럽게 만들 것이다. "그러므로 때가 이르기 전 곧 주께서 오시기까지 아무것도 판단하지 말라 그가 어둠에 감추인 것들을 드러내고 마음의 뜻을 나타내시리니 그 때에 각 사람에게 하나님으로부터 칭찬이 있으리라"(고전 4:5). 성급히 굴지 말고 종말을 기다리라. 그러면 옳게 판단할 수 있을 것이다. "사연을 듣기 전에 대답하는 자는 미련하여 욕을 당하느니라"(잠 18:13). 어찌 섭리의 신비가 드러나기 전에 그것을 섣불리 판단하려는 것인가?

12. 초조해하지 말고 악인의 형통함을 부러워하지 말라. "네 마음으로 죄인의 형통을 부러워하지 말고 항상 여호와를 경외하라"(잠 23:17). "악을 행하는 자들 때문에 불평하지 말며 불의를 행하는 자들을 시기하지 말지어다"(시 37:1). 단죄된 죄수가 오랜 유예 기간을 허락받아 철장 안에서 많은 위로를 누린다고 해서 그를 부러워할 사람이 누가 있겠는가?

경건하지 못한 죄인은 세상에서 아무리 편안한 삶을 누린다고 해도 결국 그런 신세밖에는 안 된다. 따라서 그들을 불쌍히 여기고 동정할지언정 부러워해서는 안 된다. 세상의 온갖 행복을 다 누리면서 진노와 단죄를 받는 것보다는 세상에서 불행한 삶을 살더라도 죄 사함을 받는 편이 더 낫다. "사람이 만일 온 천하를 얻고도 제 목숨을 잃으면 무엇이 유익하리요 사람이 무엇을 주고 제 목숨과 바꾸겠느냐"(마 16:26).

13. 그런 초조함과 시기심은 병든 마음에서 비롯한다. "내가 이같이 우매 무지함으로 주 앞에 짐승이오나"(시 73:22). 그런 생각은 무지, 경솔, 무분별, 불신앙, 세속적인 성향이 모두 혼합되어 나타나는 징후다. 그 유일한 치유책은 눈을 크게 뜨고 상황을 올바르게 인식하는 것이다. 온당하지 못한 욕구를 버리고, 세상과의 관계를 끊고 믿음으로 행하라. "악을 행하는 자들 때문에 불평하지 말며 불의를 행하는 자들을 시기하지 말지어다 그들은 풀과 같이 속히 베임을 당할 것이며 푸른 채소같이 쇠잔할 것임이로다"(시 37:1, 2).

14. 모든 사람의 상태는 하나님 앞에서의 상태에 따라 달라진다. 하나님을 친구로 삼은 사람은 세상이 말을 건네지도 않고 친절한 표정을 짓지 않더라도 무한히 행복하고, 그분을

원수로 삼은 사람은 세상의 모든 사람과 상황이 그의 뜻대로 움직여준다고 해도 무한히 불행하다. 현재의 안전은 하나님 앞에서의 상태에 달려 있다. 영원한 행복이냐 저주냐가 이것으로 결정된다.

15. 하나님이 세상을 경영하시는 방법을 본보기로 삼아 행동하는 법을 배워라. 그분의 방법은 우리가 본받아야 할 본보기로 주어졌다. "그러므로 사랑을 받는 자녀같이 너희는 하나님을 본받는 자가 되고"(엡 5:1).

16. 우리는 하나님의 더딘 심판을 통해 분노를 자제하고 인내하는 법을 배울 수 있다. 지극히 높으신 하나님은 우리를 그토록 오래 참아 주시는데 화가 날 때마다 동료 인간들에게 분노를 쏟아낸다면 얼마나 악한 일인가? 온유하고 인내심 있게 행동할수록 우리의 본이 되시는 하나님을 더 많이 닮을 수 있다.

17. 죄인들이 회개하기를 기다리며 오래 참는 법을 배워라. "형제들아 사람이 만일 무슨 범죄한 일이 드러나거든 신령한 너희는 온유한 심령으로 그러한 자를 바로잡고 너 자신을 살펴보아 너도 시험을 받을까 두려워하라"(갈 6:1). 할 수 있는 한 최선을 다해 죄를 제거하려고 노력하는 것으로 족할

뿐, 그것을 용인할 이유는 없다. 하나님은 악을 선으로 바꾸실 수 있지만 우리는 그럴 수 없다. 하나님은 그런 섭리의 방법까지 우리에게 본받으라고 요구하지 않으신다. 그러나 우리는 세상에서 가장 악한 죄인들을 희망이 없다고 포기하지 않고 여전히 인내로 대하시는 하나님을 본받아야 할 필요가 있다.

18. 무가치하고 감사할 줄 모르는 악한 죄인들에게 선을 행하라. "오직 너희는 원수를 사랑하고 선대하며 아무것도 바라지 말고 꾸어 주라 그리하면 너희 상이 클 것이요 또 지극히 높으신 이의 아들이 되리니 그는 은혜를 모르는 자와 악한 자에게도 인자하시니라"(눅 6:35). 세상은 다른 사람들에게 선을 행하라고 독려하는 원리가 필요할 만큼 악하다. 우리에게 선을 행하는 사람에게만 선을 행한다면 다른 사람들보다 더 나은 것이 무엇인가? 친절을 받을 가치가 있는 사람에게만 친절을 베푼다면 그것은 오직 피조물인 인간만을 위한 행동에 그칠 것이다. 그러나 우리가 하나님을 본받는 자라고 주장한다면 마땅히 모든 사람에게 선을 행하며 기독교의 원리에 따라 행동해야 한다.

19. 우리가 살고 있는 이 나라와 오늘의 세대를 안전하게 생각하지 말자. 우리 선조들이 경건한 신자들을 배신하고 잔인

하게 핍박했던 일을 하나님이 잊으셨다거나 그분이 배교와 박해를 일삼던 이전 세대처럼 복음의 진리와 거룩함을 저버린 오늘날의 세대를 묵인하신다고 생각하지 말라. 형벌은 아직 집행되지 않고 잠시 연기되었을 뿐이다. 회개하지 않으면 형벌을 자초하게 될 것이다.

REPENTANCE
죄에서 떠나
하나님께로 돌아가라

REPENTANCE
죄에서 떠나
하나님께로 돌아가라

8

REPENTANCE

하나님의 인내를
남용하는 죄인들

: "멸망이 갑자기 그들에게 임하리라"

평안하다, 안전하다 할 그 때에
임신한 여자에게 해산의 고통이 이름과 같이
멸망이 갑자기 그들에게 이르리니
결코 피하지 못하리라
데살로니가전서 5:3

죄인들은 형벌의 집행을 늦추는 하나님의 인내를 남용해 악을 행하려는 생각을 마음속에 가득 채우고 갈수록 죄를 더 많이 짓는 경향이 있다.

죄인들은 형벌의 지체를 어떻게 남용하는가

죄인들은 형벌의 지체를 육신적인 안전감을 느끼는 기회로 삼는다. "그의 마음에 이르기를 나는 흔들리지 아니하며 대대로 환난을 당하지 아니하리라 하나이다"(시 10:6). 그들은 하나님이 형벌을 집행하지 않으시는 것을 보고 스스로가 위험하지 않다고 결론짓고, 그분의 경고를 한갓 허수아비와 같은 것으로 치부한다. "그의 길은 언제든지 견고하고 주의 심판은 높아서 그에게 미치지 못하오니"(시 10:5). 따라서 그들은 안심하고 경건하지 못한 행위를 계속한다.

그러나 언젠가는 형벌이 그들에게 느닷없이 임할 것이다. "주의 날이 밤에 도둑같이 이를 줄을 너희 자신이 자세히 알기 때문이라 그들이 평안하다, 안전하다 할 그 때에 임신한 여자에게 해산의 고통이 이름과 같이 멸망이 갑자기 그들에게 이르리니 결코 피하지 못하리라"(살전 5:2, 3).

죄인들은 형벌의 지체를 육신적인 삶을 사는 기회로 삼는다. 그들의 목적은 깨끗한 양심을 유지하는 것이 아니라 "내가 내 영혼에게 이르되 영혼아 여러 해 쓸 물건을 많이 쌓아 두었으니 평안히 쉬고 먹고 마시고 즐거워하자 하리라"(눅 12:19)라고 말했던 부자처럼 세상에서 자신의 형편이 허락하는 대로 육신을 만족시키는 데 있다.

따라서 하나님의 섭리가 외적인 축복을 더 많이 허락할수록 그들은 더욱 육신적이 되어 육신과 마음의 욕망을 채우며 살아간다. "그들이 먹여 준 대로 배가 불렀고 배가 부르니 그들의 마음이 교만하여 이로 말미암아 나를 잊었느니라"(호 13:6).

많은 사람의 삶이 육신을 돌보는 일, 곧 "육신의 정욕과 안목의 정욕과 이생의 자랑"을 위해 헛되이 낭비된다. "모든 만물이 피곤하다는 것을 사람이 말로 다 말할 수는 없나니 눈은 보아도 족함이 없고 귀는 들어도 가득 차지 아니하도다"(전 1:8)라는 말씀대로 그런 일이 끝없이 계속된다.

죄인들은 형벌의 지체를 부끄러움 없이 죄를 저지르는 기회로 삼는다(렘 6:14, 15). 하나님이 죄를 짓는 죄인들을 징벌하시고 하늘의 손이 그들을 범법자로 지목하면 즉시 스스로를 부끄럽게 여길 것이 분명하다.

그러나 죄를 짓는데도 삶이 형통하면 죄인들은 마치 하나님의 섭리가 악행을 위한 면허장이라도 되는 것처럼 조금도 부끄러워하지 않고 죄를 저지른다. "사람들이 당하는 고난이 그들에게는 없고 사람들이 당하는 재앙도 그들에게는 없나니 그러므로 교만이 그들의 목걸이요 강포가 그들의 옷이며"(시 73:5, 6).

죄인들은 형벌의 지체를 하나님과 신성한 모든 것을 멸시하는 기회로 삼는다. "그들의 입은 하늘에 두고 그들의 혀는 땅에 두루 다니도다"(시 73:9).

아굴은 이런 올무의 위험을 의식하고 "헛된 것과 거짓말을 내게서 멀리 하옵시며 나를 가난하게도 마옵시고 부하게도 마옵시고 오직 필요한 양식으로 나를 먹이시옵소서 혹 내가 배불러서 하나님을 모른다 여호와가 누구냐 할까 하오며 혹 내가 가난하여 도둑질하고 내 하나님의 이름을 욕되게 할까 두려워함이니이다"(잠 30:8, 9)라고 기도했다.

불행히도 이스라엘은 그런 올무에 걸리고 말았다. "그런데 여수룬이 기름지매 발로 찼도다 네가 살찌고 비대하고 윤택하매 자기를 지으신 하나님을 버리고 자기를 구원하신 반석을 업신여겼도다"(신 32:15).

경건하지 않은 자들은 하나님을 사랑하지 않는다. 만일 그들이 그런 감정을 조금이라도 내비친다면 그것은 그분에 대한 두려움, 곧 그분의 진노를 의식한 노예적인 두려움 때문이다. 그런 감정은 자기애에서 비롯한다. 사랑하지도 두려워하지도 않는 경우에는 멸시의 감정만 존재할 뿐이다. 죄인들은 거룩한 모든 것을 멸시한다.

죄인들은 형벌의 지체를 좀 더 방만하고 자유롭게 다양한 정욕을 만족시키는 기회로 삼는다(렘 7:9, 10). 한 가지 죄가 또 다른 죄로 이어진다. 죄를 지으면서도 삶이 형통하면 온갖 죄가 싹트는 온상이 된다. 이는 배가 아플 때 음식을 더 많이 먹으면 복통이 더욱 심해지는 이치와 같다. 죄의 길을 걸으면서도 승승장구하면 더 많은 악을 저지르기 마련이다.

죄인들은 형벌의 지체를 더욱 열심히 죄를 짓는 기회로 삼는다. "그들이 감각 없는 자가 되어 자신을 방탕에 방임하여 모든 더러운 것을 욕심으로 행하되"(엡 4:19). 정욕은 만족시킬수록 더 강해져 더욱 힘써 만족을 추구하도록 부추긴다. 그런 마음은 마치 돛에 바람이 가득 실린 배처럼 악을 향해 질주한다.

죄인들은 형벌의 지체를 돌이킬 수 없는 강퍅함으로 죄를 짓는 기회로 삼는다(렘 22:21). 형통한 삶을 살아가는 죄인들은 책망을 무시한다(호 4:4). 고난은 사람을 겸손하게 만들지만 번영은 은혜롭지 못한 마음을 교만하게 부풀린다. 교만으로 부푼 마음은 하나님이 은혜나 심판을 베풀어 겸손하게 만들기까지 고개 숙이기를 거부한다.

죄인들이 형벌의 지체를 남용하는 이유는 무엇인가

죄인들이 하나님의 인내를 남용하는 이유는 무엇일까?

경건하지 않은 자들은 죄의 지배를 받는다. 그들의 경우에는 진노에 대한 두려움이 악행을 자제하고 선행을 유도하는 가장 강력한 동기로 작용한다.

따라서 형벌의 지체로 인해 그런 억제책이 느슨해지면 그들의 마음은 자연스레 본래의 성향으로 되돌아가 야생 암나귀가 발정기에 헐떡거리는 것처럼 죄를 갈망한다(렘 2:24 참조). 오직 거룩한 것과 하나님을 본받는 것을 사랑하는 마음만이 그런 성향을 잠재울 수 있다.

죄인들은 섭리의 의도를 오해한다. 그들은 형벌이 지체되는 것을 잘못 해석한다.

더딘 섭리의 목적은 그들을 회개로 이끌기 위한 것이지만 그들은 그 사실을 알지 못한다. 그들은 마치 그것을 하나님이 자신들의 길을 인정하시는 증거로 받아들인다. 그들은 하나님이 자신들을 사랑하시기 때문에 분노하지 않으신다고 착각한다. 그들은 더딘 섭리 덕분에 번영을 누리는 동안, 하나님이 자신들에게 얼마나 크게 분노하고 계시는지 알지 못한다.

모든 인간의 마음속에는 무신론적인 본성이 도사리고 있다. 그런 본성이 경건하지 않은 자들을 지배한다. "어리석은 자는 그의 마음에 이르기를 하나님이 없다 하는도다"(시 14:1). 하나님이 이따금 죄인들을 심판하심으로써 자신의 존재와 섭리와 정의를 입증하지 않으신다면 그들은 그분을 온전히 잊고 부인하려 들 것이 분명하다.

인간의 부패한 본성에는 하나님이 없다는 생각, 또는 그분이 계신다고 하더라도 성경이 그분에 대해 증언하는 것과는 다를 것이라는 생각이 깊게 뿌리를 내리고 있다. 따라서 그들은 자신들의 입장에 유리한 것은 무엇이든 받아들일 준비가 되어 있다.

주님은 종종 그런 식으로 죄인들을 강퍅하게 하시는 거룩한 사역을 행하신다. 인간의 악한 본성과 사탄은 서로 공모해 그런 식의 남용을 부추긴다.

■ 적용

1. 죄인들이 죄를 짓고도 무사한 채 또 다른 죄를 짓고, 이를 거듭 반복해 더욱더 악해져도 오히려 외적인 축복을 더 많이 누린다고 해서 의아하게 생각할 필요는 없다. 그것은 성경의

성취일 뿐이다. 하나님의 섭리는 성경을 통해 확인하기 전까지는 우리가 보기에 이상할 때가 많다. 성경을 살펴보면 그런 현상이 말씀대로 정확히 이루어지는 것임을 알 수 있다.

2. 섭리를 통해 자주 징계를 받는 것이 사람에게 유익하다. 고난은 고통스럽지만 우리를 더 안전한 삶으로 이끈다(시 119:71). 사람들은 마음속에 죄를 품으면 자기 자신과 하나님을 망각하는 경향이 있다. 고난을 통해 안일하고 형통한 삶을 남용하는 인간의 부패한 성향을 깨닫는다면 큰 유익을 얻을 수 있다.

3. 더딘 심판은 마침내 매우 고통스런 심판으로 다가올 것이다. 심판이 더딜수록 죄는 더 많아진다. 하나님이 회개하지 않은 자들에 대한 형벌을 늦추실수록 그들은 진노의 날에 임할 진노를 더 많이 쌓게 된다. 죄의 빚이 계속 늘어날 것이다. 따라서 현세에서 주어지든 내세에서 주어지든 형벌은 갈수록 더 혹독해질 것이다.

4. 인간의 본성은 크게 부패했다. 인간의 부패한 본성은 하나님의 긍휼과 선하심을 멸시한다. 그런 본성은 그토록 놀라운 사랑에도 꿈쩍도 하지 않는다. 이로 인해 우리에게 유익한 것이 독으로 바뀌고, 우리의 행복을 위한 것이 올무와 덫으

> 로 바뀐다. 감사할 줄 모르는 인간의 부패한 본성은 가장 큰 은혜를 베풀어주시는 하나님을 조금도 고맙게 생각하지 않는다.

하나님의 인내를 시험하지 말라

오래 참으시는 하나님의 인내를 남용하지 않도록 주의하라. 그분의 은혜와 선하심과 관용을 방탕한 행위를 위한 기회로 삼지 말라. 하나님이 참으시는 동안 마음속에 악을 행하려는 생각을 품지 않도록 조심하라.

하나님의 인내를 시험하는 것은 악이다

그것은 악이다. 이는 우리가 마치 가혹한 대우를 받지 않을 자격이 충분하기 때문에 시혜자이신 하나님께 대해 아무런 의무가 없는 것처럼 우리 자신을 과대평가하는 죄에 해당한다. "그물에 제사하며 투망 앞에 분향하오니 이는 그것을 힘입어 소득이 풍부하고 먹을 것이 풍성하게 됨이니이다"(합 1:16).

하나님의 선하심을 통해 더 나아지지 않는 사람들은 그분이 인내하시는 동안 그 마음이 더욱 교만하게 부풀어 오른다. "사람들이 당하는 고난이 그들에게는 없고 사람들이 당하는 재앙도 그들에게는 없나니 그러므로 교만이 그들의 목걸이요 강포가 그들의 옷이며"(시 73:5, 6).

그들은 고난의 섭리를 경험하는 이들을 비웃는다. 이런 이유로 욥은 "평안한 자의 마음은 재앙을 멸시하나 재앙이 실족하는 자를 기다리는구나"(욥 12:5)라고 말했다.

평안한 삶을 사는 사람들 가운데 다른 사람들이 심한 고난을 당하는 것을 경시하는 이들이 참으로 많지 않은가? 그들은 그런 사람들이 마치 열등한 부류에 속한 인간인 양 눈길조차 건네지 않는다. 만일 하나님의 선하심과 오래 참으심을 의식한다면 자신이 그런 시련을 당하지 않는 것을 오히려 이상하게 여기며 그들을 동정할 것이 분명하다.

그들은 삶의 즐거움과 축복을 그릇 남용한다. 삶의 즐거움을 위해 여러 가지 축복이 인간에게 주어졌다. 그런 축복은 항상 하나님의 영광을 위해 사용되어야 한다. 그러나 하나님의 인내를 남용하는 자들은 하나님을 섬기라고 허락된 것을 도리어 그분을 대적하는 무기로 사용한다.

"그런데 여수룬이 기름지매 발로 찼도다 네가 살찌고 비대하고 윤택하매 자기를 지으신 하나님을 버리고 자기를 구원하신 반석을 업신여겼도다"(신 32:15). 그들이 간음을 행한 자들로 불리는 이유는 하나님이 허락하신 좋은 선물을 정욕을 위해 사용했기 때문이다. 이것이 피조물 전체가 경건하지 않은 악인들의 무게에 짓눌려 신음하는 이유다(롬 8:22).

그들은 주권자요 왕이신 주님께 마땅히 드려야 할 것을 드리지 않는다. 우리가 가진 것은 모두 하나님의 값없는 은혜에서 비롯했다. 왕궁에 사는 왕이든 거적 위에서 잠을 자는 거지든 모두 하나님의 세입자일 뿐이다.

좋은 것이든 나쁜 것이든 음식과 의복을 비롯해 삶의 편의를 위한 것은 모두 하나님이 허락하신 것이다. 우리는 입술과 삶으로 찬양을 드리는 것 외에는 아무것도 하나님께 드릴 것이 없다. 그런데 죄인들은 그마저 거부한다.

감사하지 않는 것은 진정 큰 죄가 아닐 수 없다. "어리석고 지혜 없는 백성아 여호와께 이같이 보답하느냐 그는 네 아버지시요 너를 지으신 이가 아니시냐 그가 너를 만드시고 너를 세우셨도다"(신 32:6).

온갖 은혜에도 조금도 감사할 줄 모르는 마음의 성향은 참으로 악하기 그지없고, 온갖 선한 것에도 조금도 이끌리지 않는 정신은 참으로 저속하기 짝이 없다. 긍휼을 남용하는 자들은 하나님이 축복을 더 많이 베풀어주실수록 그분의 분노를 더 많이 격발시킨다. 은혜가 넘치기 때문에 죄를 더 지으려는 것인가? 악행에 대한 형벌이 신속히 집행되지 않기 때문에 마음속에 온통 악을 행하려는 생각을 품을 셈인가?

그것은 신성모독, 곧 가증한 일을 위해 고용된 일꾼처럼 행동하는 것이나 다름없다. 복음의 교리를 남용해 방탕을 일삼는 사람들은 그리스도를 죄의 사역자로 만든다.

하나님의 선한 섭리를 그런 목적으로 남용하는 사람들은 하나님이 세상을 그런 식으로 경영하시는 것처럼 보이게 만든다. 하늘이 베풀어준 외적인 축복을 그런 식으로 사용하는 것은 신성을 모독하는 것이다.

그들은 하나님을 멸시하며 그분이 존재하지 않으시는 것처럼 살아간다. 그들은 마치 하나님이 인간사에 아무 관심도 없으신 것처럼 그분의 섭리를 부인한다. 그들은 말씀의 경고를 비웃는다(벧후 3:3, 4). 그들은 하나님의 거룩한 본성을 오해하고, 그분께 도전하며, 그분의 멍에를 벗어 던진다(시 12:4).

경고를 무시하는 태도는 매우 위험하다

말씀의 경고를 무시하고 그런 태도를 계속 고집하면 회복을 더욱더 절망스럽게 만들 뿐이다. 죄는 더 멀리 흐를수록 더 깊어지는 강물과도 같다.

선한 것을 거부하고 죄를 지을수록 마음은 더 강퍅해지고, 양심은 더욱 무감각해진다. 더욱이 그런 태도는 하나님의 분노를 초래해 사람들을 더 이상 돌이키게 하려고 애쓰지 않으시고 정욕대로 행하도록 버려두심으로써 마귀에게 속박되고 더욱 강퍅해지게 만드는 결과를 낳는다.

그런 태도를 고집하면 하나님이 혹시라도 죄인에 대해 선한 생각을 품으시더라도 회복하기가 더 어려울 수밖에 없다. 심각한 질병에는 강력한 치료약이 필요하다. 하나님의 인내를 오랫동안 남용한다면 온 몸이 만신창이가 될 것이 틀림없다.

설혹 구원을 받더라도 불 가운데서 구원을 받은 것 같을 것이고, 더욱더 쓰라린 회개를 경험하게 될 것이다. 회개하지 않은 상태로 제멋대로 방종을 일삼을수록 새 탄생으로 인한 고통은 그만큼 더 혹독할 것이다.

하나님의 인내도 끝이 있다. 죄를 짓는 것도 끝나고, 하나님이 오래 참으시는 일도 끝날 것이다. 이 두 가지가 끝나면 하나님이 친히 더는 인내를 남용할 수 없다는 것을 깨우쳐주실 것이다. "우매한 자들의 웃음소리는 솥 밑에서 가시나무가 타는 소리 같으니" (전 7:6).

장차 하나님이 일어나 심판을 베푸실 때 죄인들은 모두 잠에서 깨어날 것이다. 회개하든지 하나님의 심판에 의해 멸망하든지 둘 중에 하나가 될 것이다.

죄인에 대한 하나님의 인내는 느닷없이 갑작스레 끝날 것이다 (살전 5:2, 3). 부자의 경우도 그랬다 (눅 12:19, 20).

하나님은 옛 세상에 대해 오래 참으셨다. 그러나 그들이 속된 쾌락과 환락을 즐기는 도중에 결국 거대한 홍수가 천둥처럼 갑자기 몰아닥쳤다. 하나님은 오랫동안 인내를 남용한 것에 대한 정당한 보상을 요구하실 것이다.

남용된 인내가 한계를 넘어서면 큰 분노의 불길로 활활 타오를 것이다. 하나님이 형벌을 오래 미루실수록 일단 집행되면 더욱 무섭게 몰아닥칠 것이다.

돈을 많이 빌릴수록 빚은 더 많아져 채권자들이 들이닥치면 청산하기가 더욱 어려워지는 법이다. 편안하고 안락한 삶은 육신에게는 즐겁지만, 그런 삶을 남용하다가는 무서운 심판을 받게 될 것이다.

REPENTANCE
죄에서 떠나
하나님께로 돌아가라

9

REPENTANCE

더디지만
확실한 형벌의 집행

: "선악 간에 모든 일을 심판하시리라"

하나님은
모든 행위와 모든 은밀한 일을
선악 간에 심판하시리라
전도서 12:14

형벌은 더디지만 회개하지 않은 악한 죄인들에게 확실하게 집행될 것이다.

―

흔들릴 수 없는 확신

회개하지 않은 악한 죄인들에 대한 형벌은 어떤 점에서 확실할까? 죄인들의 악한 행위를 빠짐없이 심판한다는 점에서 확실하다.

"하나님은 모든 행위와 모든 은밀한 일을 선악 간에 심판하시리라"(전 12:14). 죄가 아무리 많거나 아무리 오랫동안 감추어져 왔더라도 단 하나도 간과되지 않을 것이다. 죄인이 그동안 살아오면서 저지른 모든 악한 행위에 대한 대가가 정확히 청구될 것이다. 하나님은 그들의 악행을 낱낱이 기록한 장부를 가지고 계신다. 그 장부는 마지막 날에 공개될 것이다(계 20:12). 그분은 그들의 죄를 단 하나도 잊지 않겠다고 맹세하셨다(암 8:7).

죄인들의 악행으로 인한 모든 악이 단죄를 받게 될 것이다(유 15절). 의로우신 하나님이 회개하지 않은 죄인이 저지른 죄의 내용과 방식까지 낱낱이 기억하실 것이다. 악행을 저지른 시기와 장소와 상황이 모두 기억될 것이다. 은혜를 남용하고, 빛을 거부하고, 말씀과 섭리의 경고를 무시하고, 다른 사람들에게 악한 영향을 미치고, 그들을 실족하게 만든 모든 행위에 대해 형벌이 부과될 것이다.

양심의 가책을 통해 형벌을 받을 것이다. 죄인들은 지금은 여러 가지 방법을 동원해 악행을 은폐하거나 변명하거나 부인한다. 그들은 다른 사람들의 권고나 책망을 허용하지 않고 온갖 변명을 내세워 자신을 옹호한다. 그러나 심판의 날에는 교만하게 말하는 혀와 거짓을 말하는 입술이 침묵하게 될 것이다(마 22:12). 지금은 한밤중의 어둠과 같은 양심의 빛이, 그때에는 환한 대낮처럼 밝게 빛나서 그들이 치러야 할 대가와 그들에게 집행될 하나님의 정의를 확실히 깨우쳐줄 것이다. 그들은 그때에는 더 이상 부인하지 못할 것이다.

그들의 악행에 대한 정의로운 형벌이 집행될 것이다(살전 5:3). 하나님이 지체하시는 동안 죄인들은 아각처럼 죽음의 위기가 지나갔다고 생각한다(삼상 15:32, 33). 그러나 사무엘이 칼을 들고 주님 앞에서 그를 죽였던 것처럼 결국 스스로 속았다는 것을 알게 될 것이다. 그들은 정당한 죄의 대가를 면할 수 없을 것이다. 바늘이 실을 달고 오는 것처럼 죄는 결국 진노를 불러들일 것이다. 죄에는 심판이 그림자처럼 뒤따른다.

죄와 그에 대한 형벌이 정확히 일치할 것이다. 하나님은 경건하지 않은 죄인들의 죄와 그에 대한 형벌을 빠짐없이 기록하신다. 아도니 베섹처럼 세상에서 그런 대가를 치를 수도 있고(삿 1:7) 어리석은 부자처럼 사후에 심판을 받을 수도 있다(눅 16:19, 24). 죄인들은 구더기도 죽지 않는 곳에서 악행을 저지른 것을 영원히 후회할 것이다. 형벌의 강도는 죄의 경중에 따라 정확하게 결정될 것이다. 많은 죄를 지은 사람은 많은 형벌을 받게 될 것이다.

하나님의 인내가 끝나면 형벌이 확실하게 집행될 것이다.

"좁은 문으로 들어가기를 힘쓰라 내가 너희에게 이르노니 들어가기를 구하여도 못하는 자가 많으리라 집 주인이 일어나 문을 한 번 닫은 후에 너희가 밖에 서서 문을 두드리며 주여 열어 주소서 하면 그가 대답하여 이르되 나는 너희가 어디에서 온 자인지 알지 못하노라 하리니"(눅 13:24, 25).

긍휼의 문은 오랫동안 열려 있지만 결국은 닫히고 말 것이다. 그때가 되면 심판을 피할 수 없다.

1. 하나님의 전지하신 능력이 가장 은밀한 죄까지 모두 찾아내고 어떤 변명도 통하지 않게 만들 것이다. "지으신 것이 하나도 그 앞에 나타나지 않음이 없고 우리의 결산을 받으실 이의 눈앞에 만물이 벌거벗은 것같이 드러나느니라"(히 4:13). "내가 주의 영을 떠나 어디로 가며 주의 앞에서 어디로 피하리이까"(시 139:7). 전지하신 재판관의 눈이 보지 못하는 것은 아무것도 없다.

2. 하나님의 전능하신 능력이 죄인을 붙잡아 죄에 대한 의로운 대가를 치르게 할 것이다. "그는 마음이 지혜로우시고 힘이 강하시니 그를 거슬러 스스로 완악하게 행하고도 형통할 자가 누구이랴"(욥 9:4). 그 누구도 하나님의 전능하신 능력을 거부하지 못할 것이다. 제아무리 강한 죄인도 분노하신 하나님 앞에서 물처럼 쏟아질 것이다.

3. 시간이 지나면 아무리 애걸해도 매몰차게 거절당할 것이다 (눅 13:24, 25). 하나님이 기회를 허락하시는 동안 그분의 긍휼을 무시한 자들은 때가 지나 심판을 받을 때는 긍휼을 얻지 못할 것이다.

형벌은 일단 집행되면 중단되지 않을 것이고, 일단 시작되면 멈추지 않을 것이다. 지옥에서는 구더기도 죽지 않고 불도 꺼지지 않는다. 하나님이 존재하시는 한 끝까지 죄를 추적하실 것이다. 경건하지 않은 자들은 세상에 있는 동안 항상 죄를 짓는다. 그들은 아무리 오래 살더라도 죄의 길에서 돌이키지 않는다. 하나님은 일단 심판을 시작하시면 그들의 죄를 끝까지 물으실 것이다.

죄인들에 대한 형벌이 확실한 것은 하나님이 자신의 거룩한 본성을 탁월하게 반영하는 율법을 높이 존중하신다는 사실을 통해서도 분명하게 드러난다. 죄인들은 율법을 짓밟고 그 계명들을 멸시하고 그 경고를 무시한다.

죄인들이 의무를 행해 율법을 존귀하게 여기지 않으면, 결국에는 심판을 통해 그 존귀함을 깨닫게 될 것이다. 하나님이 자신의 율법을 존귀하게 여기신다는 것은 다음과 같은 사실을 통해 분명하게 드러난다.

1. **섭리의 사역을 통해.** 죄가 세상에 들어와 율법이 깨지는 순간 세상에 대한 하나님의 섭리도 크게 바뀌었다. 그때 이후로 모든 피조물이 크든 작든 영향을 받아왔다(롬 8:22). 죄인들이 거룩한 율법을 멸시한 죄를 벌하기 위해 종종 격렬한 폭풍우 같은 섭리가 임했다. 아담은 낙원에서 쫓겨났고, 세상은 홍수에 잠겼으며, 소돔은 불에 탔고, 예루살렘은 파괴되었다. 회개하지 않은 죄인들에게 끔찍한 재앙이 수없이 임했다.
2. **구원의 사역을 통해.** 하나님은 영원 전에 일부를 구원하기로

작정하셨다. 그러나 그들은 율법을 어긴 자들이기 때문에 속량을 받아야 했고, 율법의 명예를 위해 온전한 배상의 책임을 짊어져야 했다. 따라서 하나님의 아들이 그들의 구원자가 되셨다. 하나님은 율법의 명예를 위해 자기 아들도 아끼지 않으셨다. "자기 아들을 아끼지 아니하시고 우리 모든 사람을 위하여 내주신 이가 어찌 그 아들과 함께 모든 것을 우리에게 주시지 아니하겠느냐"(롬 8:32). 이처럼 하나님은 선택하신 자들을 구원하기 위해 자신의 아들을 희생시키면서까지 율법을 존중하셨다.

하나님의 진리와 진실하심이 형벌의 집행을 확실시한다. 그분은 형벌을 집행하시겠다고 말씀하셨다. "네가 먹는 날에는 반드시 죽으리라"(창 2:17). 성자께서도 회개하지 않은 죄인들은 심판을 피하지 못할 것이라고 말씀하셨다. "너희도 만일 회개하지 아니하면 다 이와 같이 망하리라"(눅 13:3). 성경은 도처에서 이와 같은 진리를 전하고 있다. "하나님은 사람이 아니시니 거짓말을 하지 않으시고 인생이 아니시니 후회가 없으시도다 어찌 그 말씀하신 바를 행하지 않으시며 하신 말씀을 집행하지 않으시랴"(민 23:19). 하나님의 진리가 참되다면 경건하지 않은 죄인들은 결국 심판을 받게 될 것이다.

하나님의 정의가 심판을 요구한다. "세상을 심판하시는 이가 정의를 행하실 것이 아니니이까"(창 18:25). 사람은 불의한 재판관이 될 수 있어도 하나님은 그러실 수 없다. 그분은 모든 범죄를 정의로운 형벌로 다스리신다. 왜냐하면 그분은 그렇게 할 능력이 있으시고 그분의 본성이 그것을 요구하기 때문이다. 하나님은 죄를 미워하신다. 그분은 죄를 미워하지 않으실 수 없다. 따라서 한동안 형벌을 연기하시더라도 결국에는 확실하게 집행하실 것이다.

지금까지 이루어진 섭리가 이를 확증한다. 세상에는 경건하지 않은 자들이 차고 넘친다. 그러나 우리는 "그를 거슬러 스스로 완악하게 행하고도 형통할 자가 누구이랴"(욥 9:4)라고 묻지 않을 수 없다. 오랫동안 형벌을 받지 않은 이들이 더러 있었지만, 그들도 결국에는 모두 하나님 앞에 머리를 조아리거나 멸망하지 않았는가? 바로, 고라, 다단, 아비람과 같은 구약의 거물들이 모두 어떻게 되었는가? 그런 심판이 이루어진 이유는 우리에게 경고하기 위해서다. 이 세상에서 형벌을 면제받았다면 그것은 곧 저 세상에서 형벌을 당할 것이라는 확실한 증거가 아니겠는가? 어리석은 부자만 보더라도 분명히 알 수 있다.

우주적인 심판의 날이 확실하게 정해진 사실이 심판의 확실성을 보증한다.

"알지 못하던 시대에는 하나님이 간과하셨거니와 이제는 어디든지 사람에게 다 명하사 회개하라 하셨으니 이는 정하신 사람으로 하여금 천하를 공의로 심판할 날을 작정하시고 이에 그를 죽은 자 가운데서 다시 살리신 것으로 모든 사람에게 믿을 만한 증거를 주셨음이니라"(행 17:30, 31).

그 일을 담당할 재판관이 이미 임명되었다. 주님께 그 임무가 주어졌다는 사실이 그분의 부활로 입증되었다. 이것은 우주적인 심판이다. 만민이 주님에 의해 심판받을 것이다. 주님은 경건하지 않은 자들에 대한 판결을 벌써 생각해두셨다. 그때가 되면 그들에게 "나를 떠나 마귀와 그 사자들을 위하여 예비된 영원한 불에 들어가라"(마 25:41)고 말씀하실 것이다.

■ **적용**

경건하지 않은 악인들에게 —

1. "나는 흔들리지 아니하며 대대로 환난을 당하지 아니하리라"(시 10:6)라고 말했던 악인처럼 당장에 형벌을 당하지 않는다고 해서 내세에도 안전할 것이라고 착각하지 말라. 스스로가 산처럼 건재할 것이라고 자신할지 몰라도 순식간에 무너질 수도 있다. 회개하지 않으면 필경 그런 종말을 맞이할 것이다. 하나님이 지금 회개할 기회를 허락하고 계신다. 너무 늦어 회개할 수 없게 되기 전에 이 기회를 하찮게 여겨 헛되이 흘려보내지 말기 바란다.

2. "교만한 자가 복되다 하며 악을 행하는 자가 번성하며 하나님을 시험하는 자가 화를 면한다"(말 3:15)라고 말했던 악인들처럼 다른 죄인들의 형통함을 보고 마음을 강퍅하게 만들어

더욱 죄를 짓지 않도록 조심하라. 죄인들이 많은 죄를 짓는데도 하나님이 오래 참으시는 것은 종종 지켜보았을 테지만 그 종말은 아직 보지 못했다. 성경은 "네가 심는 날에 울타리를 두르고 아침에 네 씨가 잘 발육하도록 하였으나 근심과 심한 슬픔의 날에 농작물이 없어지리라"(사 17:11)라고 말씀한다. 아침에는 날씨가 좋아 오래 지속되다가도 저녁에 급격히 사나워질 때가 많다. 그와 마찬가지로 진리의 말씀이 거짓이 아니라면 지금 죄의 길을 고집하면서 형통한 삶을 사는 죄인들도 결국에는 혹독한 회개를 경험하든지, 아니면 완전히 멸망하든지 할 것이다.

3. 늦지 않게 경고를 받아들여 장차 임할 진노를 모면하라. "너희는 여호와를 만날 만한 때에 찾으라 가까이 계실 때에 그를 부르라 악인은 그의 길을, 불의한 자는 그의 생각을 버리고 여호와께로 돌아오라 그리하면 그가 긍휼히 여기시리라 우리 하나님께 돌아오라 그가 너그럽게 용서하시리라"(사 55:6, 7). 방탕하고 음란한 길을 고집하면서 끝까지 형통할 수는 없다. 사악함에 물든 세상을 떠나 믿음으로 그리스도께 나와야 한다. 죄를 버리고 회개해야 한다. 그렇지 않으면 멸망한다. 회개하지 않으면 경고를 듣고서도 한 귀로 흘려버린 잘못을 영원히 슬퍼하며 살게 될 것이다.

경건한 자들에게 —

1. 마음속에 시기심의 우상을 품어 하나님의 노를 격발시키지 않도록 주의하라. 그분의 심판은 공정하다. 심지어는 그분의 백성조차도 죄를 지으면 안전할 수 없다. "야곱이 탈취를 당하게 하신 자가 누구냐 이스라엘을 약탈자들에게 넘기신 자가 누구냐 여호와가 아니시냐……그들이 그의 길로 다니기를 원하지 아니하며 그의 교훈을 순종하지 아니하였도다"(사 42:24). 그리스도 안에 있는 덕분에 정죄는 면했더라도 엄격한 징계를 당할 수 있다. 영혼의 구원을 잃지는 않겠지만 죄를 지으면 혹독한 고통을 당하게 될 것이다.

2. 주님의 길을 걷는 동안, 다른 사람들은 편안하게 사는데 자신은 많은 시련을 당하더라도 낙심하지 말라. 일하는 소는 목에 멍에를 짊어지우고 도살할 소는 살찌게 기르는 법이다. 전자의 목숨은 보존되고 후자는 도살되어 조각조각 잘린다.

모두에게 —

1. 하나님은 거룩하고 질투하는 분이시라는 것을 기억하라. 죄의 길은 위험하고 그 끝은 아무런 평화가 없을 것이다.

2. 심판의 날에 하나님을 만날 준비를 갖춰라. 세상을 향한 하나님의 심판은 더디지만 확실하고 혹독할 것이다. 하나님은

우리 아래 있는 땅을 진동하게 하시고, 우리 위에 있는 하늘로부터 분노를 쏟아내실 것이다.

사명선언문

너희가 흠이 없고 순전하여……세상에서 그들 가운데 빛들로
나타내며 생명의 말씀을 밝혀 _ 빌 2:15-16

1. 생명을 담겠습니다
만드는 책에 주님 주신 생명을 담겠습니다.
그 책으로 복음을 선포하겠습니다.

2. 말씀을 밝히겠습니다
생명의 근본은 말씀입니다.
말씀을 밝혀 성도와 교회의 성장을 돕겠습니다.

3. 빛이 되겠습니다
시대와 영혼의 어두움을 밝혀 주님 앞으로 이끄는
빛이 되는 책을 만들겠습니다.

4. 순전히 행하겠습니다
책을 만들고 전하는 일과 경영하는 일에 부끄러움이 없는
정직함으로 행하겠습니다.

5. 끝까지 전파하겠습니다
모든 사람에게, 땅 끝까지, 주님 오시는 그날까지
복음을 전하는 사명을 다하겠습니다.

서점 안내

광화문점 서울시 종로구 새문안로 69 구세군회관 1층
02)737-2288(T) 02)737-4623(F)

강남점 서울시 서초구 신반포로 177 반포쇼핑타운 3동 2층
02)595-1211(T) 02)595-3549(F)

구로점 서울시 구로구 시흥대로 577 3층
02)858-8744(T) 02)838-0653(F)

노원점 서울시 노원구 동일로 1366 삼봉빌딩 지하 1층
02)938-7979(T) 02)3391-6169(F)

분당점 경기도 성남시 분당구 황새울로 315 대현빌딩 3층
031)707-5566(T) 031)707-4999(F)

신촌점 서울시 마포구 서강로 144 동인빌딩 8층
02)702-1411(T) 02)702-1131(F)

일산점 경기도 고양시 일산서구 중앙로 1391 레이크타운 지하 1층
031)916-8787(T) 031)916-8788(F)

의정부점 경기도 의정부시 청사로47번길 12 성산타워 3층
031)845-0600(T) 031)852-6930(F)

인터넷서점 www.lifebook.co.kr